侗族传统伦理道德

民族文化大典

杨明兰 ○ 著

中国书籍出版社
China Book Press

序 一

王先琼　傅安辉

侗族是我国南方的一个少数民族。主要居住在贵州、广西、湖南和湖北。此外，美国学者说越南北部山区也有侗族居住，但是，没有得到我国的确认。据2010年第六次全国人口普查，全国有侗族人口2 879 974人。在全国55个少数民族中侗族人口数排第10位。贵州省侗族人口143万人，黔东南州有101万人。黔东南州的侗族人口占全国侗族人口的1/3。黔东南州辖16个县市。州内侗族的世居地主要在黎平县、天柱县、锦屏县、从江县、榕江县、三穗县、镇远县、剑河县、岑巩县这九个县内。现在州内侗族主要居住在黎平县、天柱县、锦屏县、从江县、榕江县、三穗县、镇远县、剑河县、岑巩县、凯里市十个县市。历史以来侗族在黔东南这块土地上栖息繁衍，使这里成了全国侗族文化的富矿区。

一

为保护、传承、繁荣和开发利用侗族文化，2013年黔东南州侗学研究会决定编纂《黔东南侗族文化大典》丛书。《黔东南侗族文化大典》内容涉及侗族哲学、宗教、伦理、人物春秋、习惯法、语言、民俗风情、节会、服饰、饮食、建筑、医药、健身、耕种养技艺、村寨文化、音乐、舞蹈、书画、民间文学、作家文学、文物等方面。《黔东南侗族文化大典》的编纂，力求具有史料性、知识性、权威性和学术性，计划用10年左右的时间完成。通过《黔东南侗族文化大典》的编纂出版发行，而把博大精深、丰富多彩的黔东南侗族文化展示在读者面前，为地方政府和侗族人民保护、传承、开发利用侗族文化做好基础性的工作。

文化是民族共同体的本质特征，看一个民族，主要是看他们的文化。在历史长河中，经济、社会和人的因素促进了文化的发展，而各种各样的文化因素又在推进经济社会和人的全面发展。一个民族的文化最能体现一个民族的特色和风格。文化也是一个民族立于世界的凭借。黔东南这块土地，侗族人民在这里勤劳耕耘，留下了丰富的文物古迹、故事传说、风情习俗、思想精神，成为中华灿烂文化中的一枝奇葩。书画艺术，传统的民族文化及其所包含的民族精神不仅凝结成了它的过去，成就着它的今天，也可以滋生出新的未来。尤其是其中所包含的民族特有的优秀精神品质，对于这个民族的发展、进步，都是必不可少的。从文化本身来看，"只有民族的才是世界的"已成为人们的共识。保护民族文化的特色，才可能使民族文化具有世界性意义。

所以，我们要通过编纂出版发行《黔东南侗族文化大典》，向世人展示侗族文化的风采，宣传黔东南州丰富多彩的民族文化资源，目的也是在提升民族文化的竞争力。

二

黔东南侗族和我国其他地方的侗族一样，以民族的智慧创造了丰富多彩的文化。说到侗族文化，人们常称赞："侗族三件宝，大歌鼓楼风雨桥。"大歌被视为侗族文化的第一个宝物。侗族因为民间有多声部和声艺术——侗族大歌，故被称为"音乐的民族"。侗乡被誉为"诗的海洋""歌的世界""故事的摇篮""侗戏的天堂"。其中"歌的世界""侗戏的天堂"就与音乐密不可分。在历史发展进程中，代表侗族民间音乐水平的侗族大歌与侗族人民的族群认同、文化教育、生产生活、人生礼仪等息息相关。黔东南侗族的大歌、劝世歌等很有社会教化功用。甚至有时侗乡发生民事纠纷，可用侗歌教育劝解，不必通过行政和司法渠道。我国著名文化学者余秋雨先生考察黔东南的民族文化时，认为"侗族村寨里的很多问题都会在歌声中消融掉。其他地方的纠纷，需要通过打架或上法院来解决，在这里只要通过劝世歌就可以解决。这说明了艺术的目标，形成了起点性与终点性的拱性结构"。"剑拔弩张的社会矛盾能够在这里被歌声解决，这是一个理想社会。原来以为这些只能是美学家的一种期盼，其实在侗寨肇兴就得到了体现。这是侗寨人的精神自足传统。"千百年来，侗族通过唱歌来处理好人际关系、保持家庭和睦、维护社会稳定、促进社会的文明与进步。侗族的歌实际上已经成为侗族人民进行家庭伦理和社会道德教育的教科书。

歌的进一步发展，必然会产生戏剧。学者吴宗源在《〈侗戏大观〉序》

里说:"诗歌发展到极致,就产生戏剧。"在清代道光年间,吴文彩创立了侗戏。侗戏仍然以唱为主,充分保持了侗族人爱好歌唱、以唱传情、以唱达理的鲜明特色。侗戏的产生,走完了从单首歌唱到长篇说唱的旅程,进到了戏剧演唱的艺术阶段,标志着侗族文化艺术走向了成熟。侗戏吸收了汉戏之长,又发挥侗族说唱艺术之优,是植根于侗族文学沃土上的民族优秀文艺形式,是绽放在中华民族艺苑上的一枝奇葩。

黔东南侗族世居地大量存在的鼓楼、风雨桥已经成为侗寨的标志。鼓楼因侗族村寨氏族议事制度和侗款制度的需要而修建。人们在鼓楼里祭祀、议事、唱歌、迎宾,甚至集结用于防御外侵。鼓楼文化习俗延续了侗族浓厚的原始规范和集体主义价值观。鼓楼结构严密、造型独特、工艺精湛,是我国民族民间文化的精萃。侗族鼓楼是宝塔型结构,主要材料是杉木,造型酷似一棵站立的挺拔巨杉,既有宝塔之英姿,又有楼阁之优美,巍峨庄严,秀丽挺拔。侗族鼓楼既代表了侗族建筑艺术的最高成就,也是世界木结构建筑史上独特的有创造性的建筑形式。侗族鼓楼直接秉承了干栏式民居建造技术,不用一钉一铆,这在木质结构史上也是一种创造。侗族风雨桥,不仅用于交通,因桥上修楼,以长廊连接,还可避风雨。长廊中间留着通道,两侧安有长凳,可以坐下休息。特别是在炎热的夏天,人们纷纷来桥上纳凉,是一种避暑的极好享受。大家聚在桥上交谈,传递信息,或讲故事,对歌传情,其乐融融。村寨还在桥上举行迎送往来等民俗活动,侗族许多礼俗歌就是在风雨桥上唱的。侗族风雨桥雄奇壮观,一直为国内外游客所青睐,现在已经成为侗乡发展旅游业的重要看点。当然,还有鳞次栉比的"干栏式"木楼,这一侗族人民喜爱的传统住房,也是侗寨的夺目景观。

三

其实,侗族传统稻鱼鸭种养技艺和侗族大歌一样具有国际影响力。继2009年9月30日侗族大歌被联合国教科文组织列入世界非物质文化遗产代表作目录之后,2011年6月10日以黔东南州从江县为代表的侗族传统"稻鱼鸭共生农艺系统"也被联合国粮农组织列为"全球重要农业文化遗产"。稻鱼鸭共生农艺非常环保,体现了农业上的生态文明。第一,稻鱼鸭共生农艺有效地控制了病虫草害。第二,稻鱼鸭共生农艺增加了土壤肥力。第三,稻鱼鸭共生农艺减少了甲烷排放。第四,稻鱼鸭共生农艺发挥了隐形水库的作用。第五,稻鱼鸭共生农艺保护了生物的多样性。第六,稻鱼鸭共生农艺产出的农产品安全、可靠。稻鱼鸭共生农艺蕴含了绿色环保的生态奥秘。一是食物网趋于完善。稻鱼鸭系统内的食物链复杂，实现多营养级利用各种资源，使系统稳定性增强。二是人为控制稻鱼鸭三者相克，促成三者共生。如今侗族是东方国家唯一全民没有放弃这一传统耕作方式和技艺的民族。"稻鱼鸭共生农艺"没有对自然环境造成污染，而在有限的稻田空间里多种经营，增加收入，属于生态农业，显示了侗家人的农耕智慧，顺应了时代要求，因此凭借其农业系统的独特性和民族性，该农艺被联合国粮农组织在全球有水稻种植的国家推广。

历史上，黔东南侗族人除了种田开荒生产粮食，还在江边大量植树造林，生产木材，创造了以植杉为中心的"人工育林"技术和林业生产方式，使林业成为侗乡支柱产业之一。侗族人民长期以来利用清水江和都柳江的黄金水道，对外开展木材贸易，创造了木商文化。黔东南侗族人在长期的生产、生活中积累了丰富的强身健体、治伤医病的经验，侗医侗药广在民间应用。黔东南侗族人自纺纱自织自染葛、麻、棉布来缝制衣服，配以刺绣品和银饰品，创造了自己的民族服饰，而油茶、腌鱼、腌肉、牛瘪、羊瘪等成了侗族人民的特色食品。侗年是侗族人的传统年节，三月三、吃新节、祭萨节、林王节等是侗族人的传统节日。在传统年节或节日中，以集体进行狂欢而创造形成并发展延续了"多耶"等民族舞蹈和"斗牛"等民族体育项目。

四

侗族地区被称为"没有国王的王国"，建立了以"款"为代表的制度文化，并发挥了社会治理的作用。如从江县占里村，从明代开始就按款组织的规定执行计划生育，一对夫妇只生两个孩子。由于"款"的作用，许多侗族村寨几百年来都没有发生过盗窃案件，更没有凶杀案件；黔东南侗族历史上几乎没有发生过支系与支系、村寨与村寨之间的争斗，与苗、瑶、布依、水、汉等兄弟民族之间也没有发生过战争，内外都能和睦相处，相互尊重，友好交往。侗乡议款而形成款词。黔东南侗乡浩如烟海的"款词"，博大精深，是集侗族历史、政治、经济、哲理、法制、教育等知识于一身的"百科全书"，成为民族内聚的强力纽带，产生了强大的民族向心力，并传承和光大了侗族文化。

五

侗族人的价值取向不推崇个人，而是群体。侗家人始终认为个人只是群体的一员，只是群体的一个参与者。群体是伟大的，是有力量的。个人在群体面前是微不足道的，个人的见解是有限的，个人的力量是渺小的，个人只能依存于群体。因此，侗族以群体为荣，以群体为上，提倡群体利益高于一切。故而传统的侗家人把公益事业看得大如天。如今人们走进侗寨，仍然可以看到当年侗家人所办公益事业的遗留物，如鼓楼、风雨桥、戏台、凉亭、祠堂、萨坛、庵堂、庙宇、土地公寺、石凳、指路碑、斗牛场、练歌房、歌舞坪、青石水井、洗衣塘、鹅卵石村道等，都是人们一钱一粮、一砖一瓦捐献而来的。侗家人维护群体的价值观在公益事业上得到了很好的表现。既然世界、生活是群体创造的，那么一切也就应该由群体来享受。这在侗家人心目中是天经地义的事情。侗族人主张资源共有，寨物公用，反对独吃，主张共享。主张个人服从家庭，家庭服从宗族，宗族服从村寨，村寨之事由寨老或首领召集民间议事组织来商议和决断。

六

侗族人主张以理服人。他们认为，动物和人类的交往都有情感的表现，但是能够说理、依理、认理、服理则是人类特有的品质。所以，侗家人以理修身，以理处世。侗族人民特别看重"理"，他们坚信以理服人。对于人理、情理、事理、物理和世理等的感悟和认识很有见地。黔东南侗族人认为："千刀不如一斧，万句不如一理""有斧砍得倒树，有理服得倒人""有理一句重，无理万句轻""理字并不重，千人抬不动"，说明有理才能服人，理的分量最重。他们还认为理是客观存在的，"谷子生在地里，道理摆在世上"。他们认为世上的理是数不尽，学不完的，"走不完的路，知不完的理""一网打不尽江中鱼，一人道不尽世间理"。正因为如此，才有那么多人来说理，才有那么多人来讲理，才产生了浩如烟海的说理作品。侗家人习惯通过说理，提高对人理、物理、事理、世理的认识，一生追求真理，做一个懂理讲理的人，以理与人交往，以理进入村寨，以理走遍天下。在歌唱类民间文学里，侗族有事理歌、劝世歌和古歌来说理。在赋类民间文学里，有浩如烟海的说理赋，而说理赋之中，又有数量非常多的理词作品，用以阐明人理、世理、物理、事理等。在故事类民间文学里，有许多故事都是用来说明道理的。在表演类即侗戏里，更有不少台词和唱词是用来陈述事理的。侗族说理作品因文辞华丽，说理明白，很能打动人心，启人心智，开蒙发聩，使人遵规守约，知晓道理，提升品质，达到德才兼备。侗族说理作品深受侗族人民喜爱，大量被应用于社会各种场合的交际。

七

温善儒雅是侗族人突出的性格特点之一。侗族源于我国古代百越民族，一直生活在祖国的南方，没有经历过残酷战争的洗礼，所以，侗族人形成了不尚武的品质，追求与其他少数民族和睦相处。侗家人长期受到"款"的规范、"劝世歌"的熏陶、"说理"的影响，人们处世讲究亲和力，与人交往，时时处处做到温和、善待、恭敬、节俭、忍让，追求一种"我为人人，人人为我""互帮互让，相敬如宾""你好我好大家都好"的和谐社会生活境界。在黔东南侗乡，尊老爱幼、敬贤尊能、行善积德、群体至上、女士优先、重义轻利、热情好客等是侗族人民经久保持的传统美德。

历史上黔东南侗族的行为方式以趋静求稳见长。趋静就是追求恬静自然的田园生活；求稳就是追求平安无忧的日常生活。黔东南侗族人要过的是一种恬静自然、平平稳稳、无忧无虑的生活。当然，改革开放以来，黔东南侗族人纷纷走出山门，到外界去打工，很多人告别了传统的生活方式和生产方式，舍弃了旧的谋生门路，走上新的营生路途。在这当中，他们接受了新文化，也改变了一些传统的人生观和价值观，传统的民族文化也在扬弃之中。改革给黔东南侗族社区带来了文化涵化、发展、创新的契机，也促进了侗乡的变化。

侗族历史源远流长，文化丰富多彩，具有鲜明的风格和特点，是中华民族灿烂文化中的重要组成部分。弘扬民族优秀文化，提升国家文化软实力，包括侗族文化的保护、传承和利用。黔东南州侗学研究会作为侗族社会的一个学术团体，理应参与其中，谋求贡献。

侗族文化博大精深，涉及方方面面，知不完道不尽的侗族文化，人们不能在短时间内全面了解，事实上今天我们编纂本书，仅试择主要而概述，算是抛砖引玉，不足之处由后人批评与弥补。

2013年12月8日

序 二

杨序顺

侗族有着数千年的悠久历史，在漫长的演进中创造了灿烂的文化。侗族尊重自然，顺应自然，保护自然生态环境，侗族地区青山长在，绿水长流，人与自然和谐发展；最著名的侗族大歌是无指挥无伴奏的多声部合唱艺术，已列为世界非物质文化遗产；稻鱼鸭复合种养技艺，在水田里同时种稻、养鱼、养鸭，已被联合国粮农组织列为"全球重要农业文化遗产"；依山傍水，鳞次栉比的吊脚楼构成的侗寨，与周围的田园、山水、林木融为一体，形成人与生态融合的天然画卷；雄伟壮观的鼓楼、壮丽美观的风雨桥，代表了侗族建筑艺术的最高成就，其文化习俗延续了侗族浓厚的原始集体主义价值观；比较完善的制度文化——侗款，在侗族社会发展进程中，进行内部自我管理、自我管控，对社会治理产生了很大的作用；侗戏，一朵绽放在中华戏剧艺苑上的奇葩，标志着侗族文化艺术已经走向成熟。侗族文化博大精深，丰富多彩。

侗族的生态文化、宗教文化、伦理道德、制度文化、歌舞文化、其他民俗文化等，都有一个共同的价值取向，这就是追求"和谐"。崇尚和谐是侗族文化的精髓。侗族的社交理念认为与人交往"和为贵""忍为上"，因为只有"和气"才有合作，只有"人和"才能办事。"人和"是侗族最为重要、最为核心的社交价值选择。侗族人的和谐境界，有一个完整的体系。第一，谋求人与大自然的和谐；第二，谋求家庭成员之间的和谐；第三，谋求人与人之间的和谐；第四，谋求个人与社会群体的和谐；第五，谋求人与社会发展进步的和谐。为了得到这些和谐，侗族讲究个人修养、传统美德、社会公德。在生产生活中，尊重自然规律，注重生态建设和构建和谐社会。用侗族大歌、集体"多耶"踩歌堂等歌舞来熏陶和谐；用集体做客、村寨联欢来促进和谐；用说理劝世、村寨议款来保障和谐，从而达到和睦相处，长治久安。所以，在当下侗族传统村落的保护、美丽侗乡的建设，一定要继承好和谐的价值观。

侗族是一个重伦理、讲道德的民族。侗乡是礼仪之乡。侗家人把勤奋刻苦、诚实守信，宽容忍让、仁厚善良，以和为贵、与邻为善，礼貌待客、文明交往，平等互助、热心公益等作为对社会成员道德修养的内在要求，希望每个成员积极改造自我、管控自我、提高自我、完善自我、努力培养自己高尚的道德情操，升华自己的精神境界。千百年来，侗族传统伦理道德在侗族民间传承发展，规范和引领侗族社会成员及族群的思想、言论和行动，对侗族共同心理素质、共同价值取向、共同行为习惯的培养，对侗族地区良好社会风尚的形成及民族的生息繁衍发挥着重要作用，使之成为侗族一项宝贵的文化遗产。但一个时期以来，由于外来文化的影响及市场经济的冲击，侗族地区出现道德缺失现象，侗族传统伦理道德文化面临失传的危机。

杨明兰先生的《侗族传统伦理道德》一书，对侗族社会成员优秀的道德品质、高尚的道德修养及侗族社会群体的传统美德、劳动道德、政治道德、婚姻道德等的内容和表达形式进行了比较系统的叙述，在挖掘、整理和抢救濒临失传的传统文化，尤其是在挖掘和抢救侗族优秀的道德文化方面做了一项有益的探索。该书的出版有助于侗族优秀的道德传统得到更好的传承和发展，促进更有效的践行、推广和弘扬。祝愿侗族优秀的伦理道德文化在侗族地区物质文明、精神文明建设以及和谐侗乡、美丽侗乡建设中发挥越来越重要的作用。

2016年10月29日

（作者系贵州省人大常委会原副主任，省侗学研究会原会长）

目 录

序 一 ··· 1
序 二 ··· 7

上篇 侗族传统伦理道德的形式和内容

第一章 概 述 ··· 1
一、侗族传统伦理道德的概念、内容和形式 ················· 1
二、侗族传统伦理道德的基本特征 ······························ 3
三、侗族传统伦理道德的现实价值和社会作用 ············· 4

第二章 侗族传统伦理道德的载体 ······························ 8
一、口传文化的载体 ·· 8
二、风俗习惯的载体 ·· 11
三、历史文献的载体 ·· 13

第三章 侗族传统社会成员的道德品质 ······················ 21
一、正直 ·· 21
二、诚实 ·· 22
三、温和 ·· 22
四、善良 ·· 23
五、有同情心 ·· 24
六、有责任心 ·· 24
七、有良心 ··· 25
八、有荣誉感 ·· 25

九、有羞耻感 …………………………………………… 26
　　十、有义务感 …………………………………………… 26

第四章　侗族传统社会成员的道德修养 …………………… 28
　　一、宽容 ………………………………………………… 28
　　二、忍让 ………………………………………………… 28
　　三、节制 ………………………………………………… 29
　　四、仁厚 ………………………………………………… 31
　　五、勤奋 ………………………………………………… 32
　　六、刻苦 ………………………………………………… 32
　　七、节俭 ………………………………………………… 33
　　八、机智 ………………………………………………… 33

第五章　侗族传统社会美德 ………………………………… 35
　　一、公正平等 …………………………………………… 35
　　二、互助友爱 …………………………………………… 38
　　三、诚实守信 …………………………………………… 39
　　四、文明礼貌 …………………………………………… 39
　　五、谦恭礼让 …………………………………………… 41
　　六、热心公益 …………………………………………… 42
　　七、尊老爱幼 …………………………………………… 44
　　八、孝敬父母 …………………………………………… 46
　　九、和亲睦邻 …………………………………………… 50
　　十、忠厚老实 …………………………………………… 50

第六章　侗族传统劳动道德 ………………………………… 53
　　一、守职敬业 …………………………………………… 53
　　二、勤劳勇敢 …………………………………………… 54
　　三、吃苦耐劳 …………………………………………… 55
　　四、齐心协力 …………………………………………… 55
　　五、爱护资源 …………………………………………… 56
　　六、保护耕牛 …………………………………………… 57
　　七、珍惜粮食 …………………………………………… 58

第七章　侗族传统政治道德 · 59
　一、尊贤敬能 · 59
　二、德法共治 · 60
　三、倾心内聚 · 62
　四、共御外辱 · 63
　五、民族亲和 · 65
　六、平等团结 · 65

第八章　侗族传统社会的婚姻道德 · 67
　一、多样自由的恋爱方式 · 67
　二、古朴明快的婚姻缔结形式 · 73
　三、富于象征意义的婚俗礼仪 · 78
　四、侗族地区历史上的婚姻改革 · 85

第九章　侗族民间社会的宗教道德 · 95
　一、以"萨"为偶像的祖先崇拜和英雄崇拜 · 95
　二、泛神论的自然崇拜 · 105
　三、图腾崇拜 · 113
　四、禁忌 · 118

下篇　侗族传统社会的道德实践与道德教育

第十章　生产劳动实践及劳动道德教育 · 123
　一、守职敬业、奉献社会的劳动道德理念教育 · 123
　二、勤劳勇敢、吃苦耐劳的道德理念教育 · 132
　三、齐心协力、互助友爱的道德原则规范教育 · 138
　四、生产劳动中的综合性道德教育 · 143

第十一章　日常生活中的道德教育 · 144
　一、文明礼貌的人生礼仪教育 · 144
　二、向善从良的道德品质教育 · 148
　三、仁爱孝悌的传统美德教育 · 152
　四、自由自主的恋爱婚姻道德教育 · 158

五、日常生活中的综合性道德教育 …………………………… 161

第十二章　款组织活动中的道德教育　　**163**
　　一、法律规范与道德规范的认知教育 …………………… 163
　　二、遵守款规款约的观念教育 …………………………… 169
　　三、执行款规款约的体验教育 …………………………… 172
　　四、对款众进行自卫意识教育 …………………………… 172

第十三章　家族宗族活动中的伦理道德教育　　**175**
　　一、家规教育实例——若水杨氏家规 …………………… 175
　　二、族规教育实例——金子岩杨氏十甲族规 …………… 180
　　三、家约教育实例——都甫杨氏十甲家约 ……………… 183
　　四、家训教育实例——江东杨氏家族家训 ……………… 185

第十四章　宗教巫术活动中的道德教育　　**189**
　　一、家祭习俗中的尊老敬老及孝顺父母的道德理念教育 … 189
　　二、神明裁判习俗中的公正平等道德理念教育 ………… 201

第十五章　文娱活动中的道德教育　　**205**
　　一、歌谣中的道德教育 …………………………………… 205
　　二、侗戏中的伦理道德教育 ……………………………… 211
　　三、传说故事中的道德教育 ……………………………… 212

第十六章　侗族传统社会特殊的道德教育　　**216**
　　一、对社会成员过失的责罚 ……………………………… 216
　　二、对社会成员犯罪现象的惩罚 ………………………… 220

附　　录 ……………………………………………………… 225
参考文献 ……………………………………………………… 248
后　　记 ……………………………………………………… 251

上篇　侗族传统伦理道德的形式和内容

第一章　概　述

一、侗族传统伦理道德的概念、内容和形式

侗族传统伦理道德是指侗族古代社会产生和践行的伦理道德，主要是指侗族民间在封建社会及其以前的社会形态下，为了调整人与人之间及个人与社会之间利益关系而产生和试行的道德理念，道德原则及道德规范。侗族是一个古老的民族，也是一个社会发展十分迟缓的民族，农业社会经历了漫长的历史时期。唐宋时期，侗族先民就完成了由氏族社会向阶级社会的过渡，跨入了封建社会，形成了民族共同体，并创造了稻鱼鸭并作的农业文明。但直至1949年以前，广大侗族地区社会经济仍停留在男耕女织，自给自足的农业社会形态阶段，封建社会生产关系仍是社会关系的交流，许多地区甚至还保留比较浓厚的原始社会的遗风。侗族传统伦理道德产生和流传的经济基础和社会条件尚完整保存。因此，我们可以说，侗族传统伦理道德也应包括侗区在1949年以前民间产生和践行的伦理道德。为了表述方便和统一，并不至于造成概念的模糊和紊乱，这里把基于封建社会及其以前社会形态下产生和践行的侗族伦理道德统称为侗族传统伦理道德。

侗族传统伦理道德博大精深、内容丰富、形式多样，按其思想内容和表现形式的不同，大体可划分为以下几个方面。

其一，侗族社会成员的道德品质。侗族社会成员的道德品质，指的是侗族社会成员必备的道德品质。主要有正直、诚实、温和、善良、有同情心、有责任心、有良心、有荣誉感、有羞耻感、有义务感等内容。这些道德品质，也可以看成侗族每个社会成员应当具备的美德。

其二，侗族社会成员的道德修养。侗族社会成员的道德修养，指侗族

社会成员遵循既定的道德原则和道德规范而进行的反省活动及这些反省活动中所形成的道德情操和达到的道德境界。侗民族非常重视成员的道德修养问题。他们把宽容、忍让、节制、仁厚、勤奋、刻苦、节俭、机智等作为对社会成员的道德修养的内在要求。侗族传统社会要求每个成员在道德实践活动中，严格要求自己，积极改造自我、管控自我、完善自我、提高自我、努力培养自己高尚的道德情操，升发自己的精神境界。

其三，侗族社会的传统美德。侗族社会的传统美德主要指侗族传统社会协调人际关系的道德原则、道德规范以及侗族传统社会全体社会成员都认可并愿意遵照执行的道德原则和道德规范。在漫长的历史时期，侗族民间在调节人际关系及公共活动中，逐步形成了一系列道德原则和道德规范，如公正平等、互助友爱、扶贫济困、有难相帮、和衷共济、见义勇为、诚实守信、文明礼貌、热心公益、热情好客、尊老爱幼、忠厚老实、与人为善、博纳大度、勤劳勇敢、节俭持家等。

其四，侗族传统劳动道德。侗族古代社会是传统的农业社会，稻作农业是侗族传统社会的主要职业，并兼营林业及手工业。为了搞好农业、林业及手工业生产，满足人们日常生产生活的需要，千百年来，侗族人民在生产劳动中约定俗成，形成了本民族的劳动道德。主要有守职敬业、勤劳勇敢、齐心协力、吃苦耐劳、爱护资源、保护耕牛、珍惜粮食等。

其五，侗族传统政治道德。侗族是中华民族大家庭的一员，历史上还没有形成独立的民族国家。但在漫长的历史时期，侗族内部一直沿袭着侗款制政治制度，在广大侗族地区长期存在中央王朝的郡县制与侗族内部的侗款制并存的二元制政治治理局面。侗款制是侗民族历史上推行的一种内部自治制度，它以合款结盟为基本组织形式，以家族为血缘基础，以村寨为地缘纽带，以款约为法律遵循，依靠社会头人（房长、族长、寨老）和款首实施世俗统治和习惯法治理，被誉为"没有国王的王国"。在侗款制的长期治理和影响之下，侗族传统社会形成了独特的政治道德传统和道德规范。主要有尊贤敬能、德威并重、倾心内聚、共御外辱、民族亲近和睦、主张民族平等及倡导民族团结等。

其六，侗族传统社会的婚姻道德。侗族是强烈追求自由解放、渴望得到美满幸福婚姻的民族。恋爱自由、婚姻自主成为侗族传统社会婚姻道德遵循的基本原则。这一道德原则主要表现为多样自由的恋爱方式、古朴明快的婚姻缔结形式及富于象征意义的婚姻仪式等方面。

其七，侗族传统社会的宗教道德。侗族尚无完整意义的宗教。因此，侗族民间没有系统的教规教义和宗教伦理道德。侗族民间的宗教道德隐含于侗族民间的原始信仰之中。侗族民间的原始信仰主要有以"萨"为偶像的祖先崇拜和英雄崇拜、泛神论的自然崇拜、种类繁多的图腾崇拜和各种禁忌。

二、侗族传统伦理道德的基本特征

侗族传统伦理道德是侗族传统文化的精髓，是中华民族传统文化的奇珍异宝，具有鲜明的民族特色和个性风格。侗族传统伦理道德的特征主要表现在以下几个方面。

1. 统一性

侗族传统伦理道德一个最重要的特点就是统一性。侗族传统伦理道德论述的是关于做人的道理，论述人们应该怎么说怎么做，不应该怎么说怎么做的理念、原则和规范。它源于人们的生产、生活与斗争实践，是侗族民间在各项实践活动中的经历、感受、体验、思考或经验教训的概括总结。它与侗族人民的日常生活紧密关联，一旦形成就会作为侗族民间的实用哲学、行动指南，在民间的经济生活、政治生活和文化生活中得到践行、彰显和体现。因此，侗族传统伦理道德具有道德理念与道德实践相一致、道德原则规范与道德行为相统一的特点。简言之，侗族传统伦理道德具有知行合一的特点。如侗族传统伦理道德中有关于正直、诚实、善良、有良心等道德品质的理念，侗族民间的道德实践活动中就会有体现这些道德品质的众多鲜活事例；侗族民间提出宽容、忍耐、节制、勤奋、刻苦、吃苦耐劳等关于道德修养的要求，侗族民间的道德实践活动中就会涌现众多彰显宽容、忍耐、节制、勤奋、刻苦、吃苦耐劳等道德修养的典型事例；侗族社会提出公正平等、互助友爱、尊老爱幼、热心公益、谦恭礼让等道德要求，侗族民间的道德实践活动中就会有到处彰显这些美德的生动场景和鲜活画面。

2. 交织性

交织性是指侗族传统伦理道德的道德规范往往与侗族民间的法律规范（习惯法）交织重合的特点。侗族民间的法律规范与道德规范往往没有严格的界限，许多规范既是法律规范，又是道德规范，没有纯粹的道德规范，也没有纯粹的法律规范，道德规范与法律规范相互重合难以截然分开。如侗款约属于习惯法的范畴，对族人具有强制的法律效力。同时，款约又是侗族民间的道德规范，是侗族民间的行为准则，对侗族民间的言行具有约束力，如有违反就会受到社会的谴责和惩罚，在调解社会矛盾，增强民间向心力，凝聚力，维护侗区社会和谐稳定等方面发挥着积极作用。

从侗族道德规范的一些内容来看也是这样。如侗族传统道德中有尊老敬老、禁止偷盗、禁止乱伦的规定。这既是作为道德规范把人们的行为约束在一定的范围内，又是作为法律规范强制人们只能这样做，不能那样做，违反了就要受到处罚。如侗族社会中，虐待老人、辱骂老人要被族人罚跪认错，甚至被房长、族长痛打责罚；偷牛盗马的要被罚款赔偿。

3. 长效性

长效性是指侗族传统伦理道德对社会的规范教化作用具有长期性。侗族传统伦理道德理念、道德原则和道德规范，一旦形成便具有相对稳定的性质，会在民间长期流传，并影响和制约着人们的思想和言行，对人们的规范和教化作用具有长期性，这种作用不会因岁月的流逝和时代的变迁而丧失。如侗族民间的许多传统美德是古已有之的美德，时至今日仍在侗族民间保存。以侗族民间文明礼貌的美德为例，宋代文献就有关于侗族民间开展群体社交礼俗的记载。但这些礼俗至今仍在侗族民间保存并流传。现在侗族南部方言区开展群体社交活动，仍有拦路迎宾、踩堂多耶、鼓楼对歌、炉傍说唱、合宴待客、拦路留宾等程序和礼仪。

三、侗族传统伦理道德的现实价值和社会作用

侗族传统伦理道德，尤其是侗族民间创立和践行的公正平等、互助友爱、同心协力、文明礼貌、热心公益、尊老爱幼、诚实守信、勤劳勇敢等美德，乃人类所共有的道德准则，具有普世价值，与我党提出和倡导的富强、民主、文明、和谐、自由、平等、公正、法制、爱国、敬业、诚信、友善的社会主义核心价值观也是相聚合、一致的，值得大力弘扬和践行推广。侗族传统伦理道德仍具有重要的现实价值和社会作用。这种价值和作用主要表现在以下几个方面。

1. 有利于侗区乡风文明建设

当前，广大侗族地区根据党中央关于践行社会主义核心价值观的要求，正在广泛开展道德实践活动。以诚信建设为重点，加强社会公德、职业道德、家庭美德、个人品德教育，积极开展乡风文明建设。弘扬和践行侗族传统美德，有利于当前广大侗族地区的乡风文明建设。以诚实守信的道德理念和原则为例，此乃侗民族的传统美德。千百年间，侗寨中盛行的"传牌斗牛""传帖唱戏"的约定也都是以古规口传为凭，一诺千斤。鼓楼里议款立规、骑木凳划分山界、栽岩立法等，都没有文字记载，而万民世代遵循、千古不移。乡场里、集市上的买卖交易，只要双方一言为定，谁也不会反悔。凡听到村寨鼓楼的鼓声、传事的喊寨的锣声、款区哨位上信炮的响声或见到标明缓急程度的款牌，人们就会按照既定要求，及时赶到出事地点，应对相关事宜，从不违反有关规定……这种诚实守信的传统美德可为当前的道德实践活动，尤其是诚信教育实践活动提供道德楷模和道德风范。

又如，侗族民间热心公益的道德传统。侗区现存的石板路、花街路、鼓楼、风雨桥、凉亭、水井都是侗族民间捐资捐物、投工投劳共同兴建或个人兴建的。他们的爱心和善举至今还铭记在侗乡保存至今的碑刻上。如天柱县坌处镇三门塘侗寨自今保存完好的40多通石碑就记载了数百年间当地村民捐资修建渡口、码头、道路、桥梁、水井、凉亭、学堂等公共设施和公共工程的善心和义举。这可成为当前侗区道德教育的好教材和人们践行的道德风范。

又如侗族人民互助友爱的道德传统，对解决当前侗区普遍存在的空巢老人及留守儿童存在的困境及其他需要解决的困难也大有帮助。

当然，侗族传统伦理道德内容和形式也有一些消极因素，这主要体现在宗教道德方面。彰显侗族民间宗教道德的祖先崇拜、自然崇拜、图腾崇拜及各种禁忌，是侗族先民对客观世界的虚幻、歪曲的反映，具有迷信色彩，对人们的思想有麻痹作用。但侗族民间信仰方面仍有扬善抑恶、公平正义等道德成分，还可增强民间的向心力及凝聚力。我们应取其精华，弃其糟粕，注意发挥侗族民间宗教道德在侗区精神文明建设中的积极作用，推动侗区乡风文明建设。

2. 有利于侗区社会主义现代化建设

在漫长的历史时期，侗族地区社会经济发展迟缓，生产力水平不高，社会经济长期处于落后状态。1949年中华人民共和国成立后，尤其是改革开放后，侗族地区社会经济有了长足的发展，但与全国先进地区相比，社会经济仍然落后。目前，侗族聚居区还有大批集中连片贫困区。当前，广大侗族地区人民正为实现我党提出的实现中华民族伟大复兴的中国梦的两个一百年奋斗目标而奋斗，大力开展社会主义现代化建设和扶贫攻坚战斗，努力改变侗区后进面貌。这需要侗区人民付出更加艰辛的劳动及加倍的努力。践行和弘扬侗族人民守职敬业、勤劳勇敢、吃苦耐劳、同心协力，爱护森林、土地、水源等自然资源等劳动道德，对于改变侗区落后面貌具有更加突出的作用。以侗族地区生态建设为例，侗族聚居的黔、湘、桂毗邻地区，是全国重要的林区，也是长江和珠江两大江河的重要水源涵养地，而侗族人民具有爱林护林的道德传统，并创造了育林营林文书、人工栽培八年杉、十八杉及涌现了育林营林全国劳动模范——杉木王等育林营林文化品牌及英雄模范人物，在生态建设和保护方面创造了辉煌业绩，积累了成功的经验。目前，全国侗族聚居的黔东南苗族自治州森林覆盖率达65%，部分侗族主要聚居县森林覆盖率高达70%以上，在营建国家生态屏障和水源涵养地方面做出了重要贡献。弘扬和践行侗族人民爱林护林的道德传统，对加速侗区社会主义现代化建设，尤其是对加强长江、珠江两水系的生态屏障建设将发挥越来越重要的作用。

3. 有利于侗区和谐社会建设

侗族是一个重视德治的民族，也是一个重视法制的民族。在漫长的历史时期，侗民族在民族内部实施内部自治的侗款制政治制度，依靠各种款规款约构成的习惯法体系实行世俗统治和习惯法制治理。侗族民间践行的习惯法既是法律规范，又是道德规范。经千百年的践行实施，侗族民间形成了遵纪守法，重伦理，讲道德的社风尚，侗区偷盗抢劫事件很少发生，社会秩序比较稳定，牛儿放养在山上没有人牵走，柴火放在大路旁没有偷扛，鱼儿养在田塘里没有人偷捕，粮食挂在禾浪上没有人偷食。1949年新中国成立后，尤其是改革开放后，侗区社会进行了一系列改革，侗款组织为各级人民政府所代替，侗族习惯法——款规款约为国家制定的法律条文所代替，侗款制依循的习惯法也不复存在。但侗族民间还普遍制定有乡规民约。这些乡规民约是侗族习惯法在新时期的延续和发展，它们既是对国家法律制度的补充，也是侗族基层组织对民间社会制定的道德规范。如天柱县高酿镇章寨村村规民约中就要求村民维护农村土地的集体所有制、实行计划生育、爱护公共卫生、保护水利和其他公共设施、保护森林等条款。在社会治安一章中规定：

第一条　凡毁坏、盗窃、偷摸集体和个人财物者，除追回原物外，交纳违约金500～1000元。

第二条　遵纪守法，不参加邪教组织，不参与赌博；不参与吸毒贩毒种毒；不私藏枪支弹药及危险物品；不驾驶无牌无证无照车辆，不乘坐非客运车辆，不酒后驾驶、不违法违章载客。违者将上报司法机关予以处理。

第三条　树立正确的依法维权意识，依法依规反映合理诉求，发生纠纷时，本着团结友爱、互谅互让的原则平等协商解决，不无理取闹，恃强凌弱、激化矛盾，不非访、不闹访、不缠访，村民发生民事纠纷或婚姻纠纷等不能协商解决，必须先到村里申请调解，不得未经村里调解，直接到政府申请调解。为了防止村民无事找事，引起不必要的纠纷，在村民调解过程中所发生的开支，由无理当事人承担。

第四条　第五条对维护自身安全和村寨及维护村公共组织作出了相关规定。（详尽内容略）

第五条　提倡讲文明，树新风，讲礼貌，尊老幼；讲正义，持真理，讲道德，正原则，家庭和睦，邻里团结；尊师重教，助残济贫；胸襟大度，诚实守信；美化村容，绿化村庄。

各地的村规民约在维护侗区社会秩序和长治久安、帮助侗族地区建设和谐社会方面发挥了重要作用。

第二章　侗族传统伦理道德的载体

侗族是一个重伦理讲道德的民族，在漫长的历史长河中创造了博大精深的伦理道德文化。但由于自身社会发展的局限，历史上既没有创造本民族的文字，也没有产生和出现有重大社会影响的本民族的知识分子，尤其没有产生本民族的哲学家和伦理学家。因此，侗族传统社会没有产生和流传论述本民族伦理道德的长篇巨著，侗族传统伦理道德主要表现在侗族民间的口传文化、风俗习惯及历史文献之中。侗族民间的口传文化及千百年来形成的风俗习惯成为侗族传统伦理道德的最重要载体。

一、口传文化的载体

口传文化是指侗族民间广为流传的民间谚语、民间歌谣、民间念词、民间戏剧及民间传说故事。侗族民间口传文化是侗族传统社会生活的反映，是侗族人民智慧的结晶，也是侗族社会伦理道德的重要载体。但由于各种口传文化在反映社会生活的方式方面各有不同，它们承载侗族传统伦理道德的方式方法也各有特点。下面对几种主要的载体作些简要说明。

1. 民间谚语的载体

民间谚语是指侗族民间广为流传的成语、俗语、理语和格言。它是侗族民间对人理、事理、物理的体验与认识，也是人们生产生活与斗争的经验教训的理性思考与概括总结，不仅富含世界观、方法论等哲学思想，也隐含深邃的伦理道德思想和价值观念，成为侗族传统伦理道德的一项重要载体。在侗族谚语中，道德诸多范畴都有所涉及。如关于公正、正直方面的问题，谚语就有"杠子要直，做人要正""心眼正、人尊敬；心眼歪，人走开""只要行得正，不怕鬼迷魂"等论述。关于勤劳就有"靠勤立家，靠勤立业""黄金本有种，出自勤人家""人比万物灵，全靠双手勤"等论述。关于节俭就有"收粮万石，莫忘粗茶淡饭""三年节省砌幢楼，三年稀饭买斗牛"等。关于节制则有"书要多读两三卷，酒要少饮一两杯""少吃三杯人吃酒，多吃三杯酒弄人"等论述。（以上谚语参见傅安辉编《侗族口传经典》）

2. 民间歌谣的载体

侗族民间歌谣种类繁多，反映了侗族民间广阔的社会生活。它既是一种民族文化，又是民族文化一个巨大载体。当然也成为侗族伦理道德重要载体。如侗族民间一些有关民族起源、民族迁徙、民族斗争的叙事歌彰显了侗民族勇敢顽强、吃苦耐劳等道德理念；侗族的许多坐夜歌、玩山歌就隐含着侗族人民追求恋爱自由、婚姻自主和忠贞爱情的道德理念；许多礼俗歌就彰显了文明礼貌、热情好客等道德理念。特别值得一提的是，侗族歌谣中还有一个特别的种类——劝世歌。它是侗族民间专门宣传本民族伦理道德的一类民歌。如《父母歌》《婆媳歌》《劝告懒人歌》《酒色财气歌》《十劝》《劝用功学》《劝酒歌》《孝顺父母》等。劝世歌的主要内容就是劝教戒世。它以歌咏的形式，形象生动地向人们宣讲本民族的伦理道德。如劝人行善、劝人勤俭、劝人孝敬父母、尊敬公婆、团结和睦、敬老爱幼、公平正义等。因此，民间歌谣也是侗族传统伦理思想一个重要载体。

3. 民间念词的载体

侗族民间念词是指侗族民间流传的赋体类口传文化，如侗族款词、理词、祝赞词等，以款词最具代表性。

侗族款词是指侗族民间口头流传的习惯法文本。初始，侗族民间流传的习惯法仅为枯燥乏味的法律条款。为扩大宣传效果，让广大款民心领神会，不断增强款约的执行力，款首在宣讲款词的过程中，对各种款规款约内容进行了形象化的描述，并努力使款词合辙押韵，使其成为具有强烈节奏感和艺术性的口头流传的文学艺术形式。这种款词，不仅把侗族民间贯彻实施的习惯法条款作为主要内容，也把民间普遍倡导和推行的道德准则和行为规范列入其中。这样，侗族款词就成为侗族传统伦理道德一个重要载体。如《从江县高增侗寨十二条款约》中，不仅对偷鸡偷鸭、偷狗偷猪、偷牛盗马、偷菜偷粮等违法犯罪行为制定了惩处的条款，还提出了尊老敬亲、孝敬父母、谈婚论嫁、夫妻合睦及防火减灾等民生问题的行为规范（参考（《侗族口传经典》）96～97页）

4. 民间戏剧的载体

这里的民间戏剧专指侗族民间流传的侗戏。它诞生于19世纪二三十年代，是一种综合性的民间表演艺术。民间经常演唱的侗戏剧目前有《李旦凤姣》《梅良玉》《珠郎娘美》《三郎五妹》《莽隋留美》《甫桃及桃》等五十多个剧目。侗戏脚本来源各异，究其题材和内容而言，大都是赞颂忠诚、反对贪婪；劝人行善、反对贪财；提倡婚姻自主，歌颂忠贞爱情；呼吁孝敬父母、尊敬公婆的；提倡婚姻夫妻恩爱鞭挞溺于酒色，等等。其内容主要是贬恶扬善，成为侗族传统伦理道德一个重要载体。如《梅良玉》就通过歌颂忠臣、鞭挞奸臣倡导了扬善抑恶的道德观，《珠郎娘美》就彰显了恋爱自由婚姻自主的道德观，《甫桃乃桃》就宣传了爱情专一的道德观，《丁郎龙女》则倡导人要有良心的道德理念。如侗戏《丁郎龙女》说龙女外出路途迷失方向遇险，被丁郎相救。龙女为了报答丁郎的救命之恩，从龙宫来到人间与丁郎成婚，建立家业。丁郎的表妹索梅见丁郎家业兴旺，使用"姑妈家女儿应嫁舅家娃"的侗家古理，要丁郎纳她为偏房。丁郎信了索梅"自古谁见铁树开花，自古谁见龙女生娃"的谗言，冷淡龙女。东海龙王日夜担心龙女，便派虾兵出海打听消息。龙王得知龙女痛苦的遭遇，盛怒之下，大雨淹了丁郎家，索梅被大水淹死，龙女返回龙宫，丁郎又重新过上贫穷的生活。作者通过赞扬龙女知恩必报和谴责丁郎忘恩负义的行为倡导了人要有良心的道德理念。

5. 民间故事的载体

民间故事是侗族民间产生和流传的神话故事、英雄人物故事、机智人物故事、鬼神故事、风物传说故事、爱情故事、生活故事等叙事性口传文化。它内容丰富，语言生动，艺术特色浓郁，多角度全方位地反映侗族人民的社会生活，被誉为侗族人民的口头小说，是侗族民间流行最广、数量最多、社会影响最大的口传文化，甚称侗族传统文化的巨大宝库和大百科全书。一个个栩栩如生的故事不仅反映了侗族人民的哲学思想和审美情趣，也彰显了侗族人民的伦理观念和道德风范，成为侗族民间伦理道德的重要载体。如《姜良姜美》《救太阳》《救月亮》等神话故事就通过侗族先民战天斗地斗魔的英雄壮举，彰显了侗族人民英勇顽强、勤劳勇敢等道德理念；《吴勉的传说》《林王的传说》等英雄人物传说就彰显了英雄顽强、意志刚毅等道德品质；《补贯》《开甲的故事》等机智人物故事就彰显了侗族人民公正直率、胸怀坦荡、心地无私而又足智多谋的道德理念和道德修养。《癞蛤蟆娶亲》讲述的故事是：一个单身婆崽一岁守寡，十四岁时崽又夭折，天天到坟上哭崽，感动天王老子，派一位神仙变成癞蛤蟆做她的崽，并娶妻成亲，使寡妇晚年不仅有着落，还过得有滋有味，幸福美满，老年的她终于得到了回报，该故事倡导善有善报的道德观（参见秦秀强《金山夜话》）。

二、风俗习惯的载体

侗族民间产生和流传的风俗习惯也是侗族传统伦理道德的一个重要载体。侗族民间形成的独特的生产习俗、生活习俗、交往习俗、节令习俗、娱乐习俗、婚姻习俗等风俗习惯，是侗族人民在漫长的历史时期逐步养成的具有稳定性的社会风俗和行为常规，它与道德规范紧密相连。侗族民间某一具体的风尚习俗往往含有一定的道德理念和行为规范，民间风俗习惯的活动过程，往往成为某些道德理念和行为规范实践的过程。因此，侗族民间流行的风俗习惯，往往成为彰显和展示侗族传统伦理道德的场所和平台，成为侗族传统伦理道德的重要载体。下面对几种重要的习俗载体作些简介。

1. 生产习俗的载体

侗族传统社会是典型的农业社会，农业生产是社会的主要生产劳动，并兼营林业、手工业，或进行一些狩猎及采集活动。侗族民间产生和流传的农业、林业、手工业及其他生产习俗，是侗族人民在千百年间劳动生产过程中的共同体验、认知的传承与积淀，并约定俗成，而形成的道德行为与道德规范。人们按照传统习惯进行各项生产劳动，就是践行了各项劳动道德。如农业劳动者起五更睡半夜，晴天一身汗，雨天一身泥，终年在田间劳作，以夺取农业丰收；林业劳动者钻密林，爬高山、越深涧、淌急流、过险滩，进行伐木、盘木、拉厢、放羊、扒排等林业生产劳动，把一根根硕大修长的园木远销千里之外，以获取经济利益和劳动报酬；手工业劳动者，或精心设计，精心施工；或千锤百炼，精雕细刻，把一座座房屋或一件件农具、用具和手工艺品奉送民间社会，服务大众，就体现和彰显了侗族民间守职敬业、勤劳勇敢、吃苦耐劳、齐心协力等道德品质、道德修养和传统美德。

2. 节庆习俗的载体

侗族有多种民族节日。民族节日是侗族民间自筹资金举办的民间艺术节。一般都要精心谋划、组织协调，还要普遍举行文化娱乐、交际联谊、体育竞技等民俗活动。节日筹备工作彰显了侗族民间团结协作、尽职尽责、诚实守信等美德；交际活动展现了热情好客、文明礼貌等美德；各种体育竞技活动则展现了勇敢顽强、意志刚毅等美德……这里还须指出的是，侗族民族节日多为蒙昧时期的产物，它们或起源于对英雄的崇拜，或起源于对祖先的祭祀，或起源于获得农业丰收的祝颂，或起源于男女忠贞的爱情。各类民族节日起源不同，但一般都有美丽的传说，具有传奇色彩和诗情画意，反映了侗族先民的期翼、愿望与要求，成为侗族人民的理想追求和道德风范。如剑河、锦屏毗邻地区的高坝歌会就是为了纪念八仙女为兴修水利不仅献出了青春、献出了爱情、献出了一生，死后还变成八尊巨石守护水利工地的敬业精神和献身精神，以及婵娟姑娘坚持兴修水利而获得爱情的传奇经历而兴起来的，彰显了侗族民间守职敬业、奉献社会的道德理念。

3. 交往习俗的载体

侗族民间人际交往频繁。婚嫁、起造、生儿育女、祝寿及祭奠活动等红白喜事，人们要相互往来，彼此道贺；地区之间、村寨之间、青年男女之间，以及耶队、歌队、锦队、芦笙队、龙灯队、侗戏班之间还相互交往、集体做客。各种交往活动都有一定的程序和礼仪，并有交往礼仪程序化、交往程序礼俗化的特点。人们之间这些交往活动集中彰显了侗族人民文明礼貌、热情好客、互助友爱、有难相帮、和衷共济等传统美德。以村寨之间群体交往为例，村寨之间相互交往要有拦路迎宾、踩堂多邪、鼓楼对歌、炉旁说唱、合宴待客、拦路留客等程序和礼俗。人们开展交往活动的过程，就是侗族民间热情好客、文明礼貌等伦理道德理念和行为规范践行、彰显的过程。

4. 婚姻习俗的载体

侗族传统社会的婚姻习俗主要有形式多样的恋爱方式、古朴明快的婚姻缔结形式和风趣典雅的婚俗礼仪几个方面。这些习俗也是侗族伦理道德一个重要载体，尤其是侗族婚姻道德的一个重要载体。如侗族恋爱习俗就有行歌坐夜、玩山对歌、赶歌场、讨葱蒜、爬窗孔、坐仓楼等多种形式。各种不同方式反映了不同侗族地区恋爱方式的不同，却共同彰显了侗族民间恋爱自由、婚姻自由的道德观。

5. 信仰习俗的载体

侗族尚无完整意义的宗教，侗族传统社会的宗教信仰尚停留在祖先崇拜和英雄崇拜、自然崇拜和图腾崇拜阶段，人们认为万物有灵、迷信鬼神。侗族民间认为，凡坚持民间信仰，崇拜祖先、崇拜英雄、崇拜自然、迷信鬼神的都是道德的；反之，则是不道德。因此，侗族民间信仰习俗即成为侗族民间道德，尤其是成为侗族宗教道德的重要载体。侗族民间的信仰是侗族民间信众对侗族社会生活虚幻的反映，在侗族民间社会生活中有一定消极作用。但人们崇拜祖先、崇拜英雄也含有尊老敬老、尊贤敬能的普世道德理念；自然崇拜中也隐含保护森林、土地等自然自源的优良道德观；民间迷信的鬼神也有善恶之分，也彰显了人类扬善抑恶的普世价值观及道德理念；侗族民间的神明裁判带有荒诞色彩，但隐含着公平正义的道德理念。

6. 丧葬习俗的载体

丧葬习俗也是侗族传统论理道德一个重要载体。侗族民间人们过世后，尤其是老人过世后，都要依照一定的程序和礼仪举行葬礼。因地域不同，葬俗程序和礼仪也各有差异，各种程序和礼仪都表达了人们对过世老人的哀思和怀念，彰显和体现了侗族人民尊老敬老、孝顺父母的传统美德。如北部侗族地区老人过世后上家祭的习俗就通过跪拜、上香、焚帛、鸣炮、赋诗、作乐等一系列程序和礼仪，充分表达了侗族民间尊老敬老、孝顺父母的传统美德。

三、历史文献的载体

历史文献的载体是指汉文献关于侗族伦理道德方面的相关文献。侗族历史上没有自己的文字，但明清以后，随着中央政府对侗族地区治理的加强，汉人大量进入侗区，汉文化教育也在侗区陆续兴起。随着汉文化在侗区的传播与普及，侗族民间开始推广汉语、使用汉字。因此，有些在汉文献反映了侗族民间伦理道德理念和道德规范。这些文献主要有碑刻和族谱两大类。

1. 碑刻文献的载体

碑刻文献的载体，主要是指侗族民间彰显体现侗族民间道德理理念、道德原则和道德规范的一些汉字碑刻。如乡规民约碑、功德碑等一类汉文字碑刻文献。乡规民约碑含有法律规范和道德规范的内容。如：

（1）高增寨款碑

为尝闻施事以靖地方，朝廷有法律，乡党有禁条，所以端士俗。近年吾党之中，有好强过人者，肆行无忌，勾串油火，敲诈勒索，危害庶民，凡是不依寨规款法，殊堪痛恨。是以齐集诸父（老）于楼前议款，严设禁条。凡婚姻、田土、民情纠葛之事，遵以长辈理论，其有不清，另请乡正、团长理明，决不容横行无理，奔城具控，咬情生事。倘敢仍入前辙，众等严处。地方欲兴盛，长宜正、老宜公，树以良风正气。鼓楼共育人，族长教子孙，老少同协力，有福同享，有祸同当。倘有受贿作弊，贪赃违纪，与犯同罪。立此禁条，开列于后：

——议偷牛、马、猪、羊、鸡、鸭，与挖墙拱壁、盗窃禾谷、衣服银钱、放田摸鱼等，共罚银钱二千文；

——议砍伐山林，风水树木，不顾劝告，罚银三千文；

——议男女婚姻，男不愿女，女不愿男，出纹银八两八，钱一千七百五十文，禾十二把；

——议男女行歌坐月，身怀六甲有孕，强奸妇女，女方出嫁，男出钱三千三百文赔礼；

——议内勾外引，偷鸡摸狗，伙同劫抢，为非作歹者，退赃物外，罚银一两四钱，严重众议；

——议男女拐带，父母不愿，男方赔礼十千，肉一盘洗面。父母养女，不得补钱；

——议山场杉树，各有分界，若有争执，依据为凭。理论难清，油锅为止；

——议卖田作典，不得翻悔，将典作断，一卖百了，粮税随田，不能无田有税，有税无田（当为"无税有田"——录者注）宜各理清；

——议横行大小事，不得具控，如有生端行蛮，众等罚银五十二两；

——议进行油火、嫁祸与人等项，罚银二十四两整；

——议偷棉花、茶子，罚钱六千文整，偷堆柴、瓜菜、割蒿草，火烧或养牲践踏五谷，罚钱一千二百文整；

——议失火烧房，凡自烧已屋，惟推火神与"割汉"；若有烧寨，须用两个猪推送火殃；火苗蔓延他寨，猪两个外，又罚钱三百三十文，失火烧石坟雕墓者，亦同处罚。

康熙十一年七月初三立

功德碑往往是反映侗族民间从事修建道路、码头、桥梁及其他公共工程方面善举和功德一类的碑刻。如天柱县石洞镇摆洞至槐寨之间十多里石板路傍就竖有《永留百代碑》《万古不朽碑》《修路碑记》及《指路碑》四块碑刻。前三块碑分别记载了修建此路的动机、目的、损资人名及捐款数额等内容。现将《永留百代碑》刊录如下：

（2）永留百代碑

常开视金载在《周礼》，必川荡此为家。周到咏于《毛诗》，亦川旦彼为尚爱。岑广路虽非车马周行，实属往来要道。无如崎岖，艰于步履。徒行且忧险阻难于行；肩负荷益困时际，明由来跋涉之苦'境遭泥泞，更怀匍匐之愁。攀石工于楚省，彼此齐心，至此路于康庄，涉于降均便。今当工程告竣，勒石永垂不朽。

喜修信人立于左：

杨通贵捐银十两六

吴昌才捐银十两六钱

杨门龙氏晚女捐银六两六钱

杨通盛损银三两六钱

杨桂莲捐银一两六钱

石匠谢佑才谢佑元

乾隆五十八年岁次癸丑年菊月吉日立

（参见凯里学院人类学高级论坛秘书处《人类学原生态文化——第九届人类学高级论坛暨首届原生态民族文化高峰论坛文集381~384页》）

此碑彰显了侗族人民乐善好施、热心公益的传统美德。除乡规民约碑、功得碑一类的载体外，碑刻中还有关于职业道德方面的碑刻。如天柱县垄处镇三门塘侗寨清朝乾隆年间竖立的《禁条碑记》就是一通有关过渡行业（职业）方面的行为准则和道德规范的碑刻。该碑共10条，分别对司渡的粮田管理、司渡者权利与义务、过渡人权利与义务等方面的问题进行了规范。该碑刻全文如下。

（3）禁条碑记

天柱县由义里三门塘渡口众等，为抄奉禁条，刻碑遵守，以杜后患事：

缘因大河一带，有隔江之难。于雍正五年，幸蒙善僧字悟透者，苦化渡船，至今乐沾其惠。虑恐事历久远，刁顽之徒，坏此良规，当即呈请前任县主洪，颁赐禁条，印簿俱在。内开：两岸码头，不许木船阻塞码头，有防过渡一条为要。因前未刻碑禁谕于此，以后至罔利之徒，突踵其蔽。众等累插禁牌，视为虚文，直至过渡人物，竟受其害。今不得不奉颁簿内禁条，备列刻碑，以视客商知悉。倘有不法之徒，不遵禁约，仍蹈故辙，立即执簿送官，以正欺官蔑法之罪。凡遇客商，遵禁远吊，无至后悔无及。计开列禁条于后：

一禁：捐买司渡粮田，钱粮应在司渡完纳。而料理钱粮之人，不得私行外派。倘水涝损田，司渡之人，即宜修砌，如有懈怠不整，将禾花追出另招。如抗，鸣官究治。

一禁：司渡者，凡往来客贩货物，不得勒索，如私伙地棍暗取，将渡田追退外，鸣官究治。

一禁：司渡者，专任乃事，不得兼谋生理。若误往来商旅，亦追退田禾，另招司渡。

一禁：遇洪水之时，独力难扒，倘一时不急，不得出言元状。亦不许客吊船木在两岸码头，有防过渡。违者，鸣官究治。

一禁：司渡之人，若非轮流，恐久怠玩。议：每年正月初一日更换，交代禾花，半分下手。如强者，鸣官究治。

一禁：过渡之人，不得恃强争先。而寨内捐资者，不得倚酒唬吓。司渡之人，不时照料。恐雨绸之泛，缆索朽坏误事，在司渡赔偿，如违，鸣官究治。

一禁：船支司渡，任为专业。倘有寨中支持强过，并借载石者，明禁在前，不遵，送官究治。

一禁：船支当招老成。会众公立承认付约合同，若始勒终怠，渡田凭众区处。如抗，鸣官究治。

一禁：渡田在司渡招人耕种，施主与寨内人等，不得强种，如违，鸣官究治。

一禁：外买田，截取二把，另招一人耕种。将禾逐年积凑买木，倘舡朽坏，以备整造。如有期满，并强耕者，鸣官究治：

以上十条，俱遵县主颁赐，刻碑世守，永垂不易。

乾隆五十年秋月吉日立

2. 谱牒文献的载体

明清以后，汉文化在侗区广为传播与普及，汉族地区的谱牒文化也开始传入侗区。修家谱续族谱成为侗族民间广为流行的民俗事项和民间活动。侗族民间修家谱，续族谱除记载家族源流世系方面的内容外，一般还登录本家族制订并普遍推行的家规、族规、家训、家约，提出本家族必须遵循的道德理念和行为规范。因此，侗族民间产生和流行的家谱和族谱也成为侗族传统伦理道德重要载体。如湖南会同岩头侗族吴氏道光17年修定的《吴氏家谱》把谨祭祀、顺父母和兄弟、厚犹子、睦宗族、和邻里、训子孙、慎婚嫁、守丧礼、溺风水作为族人遵循的家规；会同漠滨杨氏六甲族谱把"先国家、敦孝友、重丧祭、肃闺门、守耕读、务勤俭、戒斗论、正婚姻、严继接、勤钗录、禁自借、择经理"作为本氏族人的家规，会同若水的《杨氏族谱》则以"孝、悌、忠、信、礼、义、廉、耻"及"酒色、财、气、骄、奢、游、荡"为题材写成诗文，要求族人牢记"孝、悌、忠、信、礼、义、廉、耻"的道德要义及道德修养要求以修身养性。

这一家规是中华民族传统美德与侗族人民的传统美德精华的集聚与凝练。个别条款虽有时代的局限缺失，但总体上体现了中华民族和侗族传统道德的道德理念、道理原则和道德规范，是一份难得的伦理道德文献。

杨氏六甲家规

①先国家

普天率土，莫非国民，践土食毛，皆荷国泽。故纤紫绝青，固当忘家殉国，即负锄秉耒，亦应先公后私，只承法度，服勤稼穑，以供国课，此兆人之忠也。先儒又谓国课早完，即囊蠹无余，自得至乐，勉之慎之。

②敦孝友

鞠育之恩，昊天罔极，埙篪之谊，一体而分。故天下无不是父母。世间最难得者兄弟，生养死葬要在随分尽礼，分赀析产务须以让化争，勿重货财，而高堂薄，勿听逸譖，而手足参商服内，固属周亲服外，何非一脉吉凶庆吊礼，意流通衣食解，推思绸缪，老以及老，幼以及幼，则孝友睦姻，一团和气，德门仁里，可表吾家矣。

③重丧祭

丧以送死，祭以追远，孝子慈孙舍是，无以为力。文公家礼规制精祥，大约衣衾宜周备，棺椁宜坚厚，一切华靡皆属虚文，若夫诵经礼忏谓可荐福消灾，最是妄诞不经，尤宜屏除，以节浮费。祭则齐戒沐浴，优见气闻器皿必洁，品物必丰，拜跪必恭，毋得草率。具文推之，冠婚悉当放家礼而行之。

④肃闺门

君子之道造端夫妇，古人椸枷簟笰虽夫妇必有别，何况余人。故凡内外左右出入迎送皆有定则，所以杜乱源肃家政也。世俗托言大方，不自检束，不知一招物议，百世遗羞，为家长者必须率之以正，御之以严，规矩既立，风格自端。至于乱家之女，切勿贪慕富贵，轻结丝萝，致贻后悔。

⑤守耕读

谚曰，有田不耕仓廪虚，有书不读子孙愚，故耕不必自秉耒，读不必定为官，此是天地间两条正路，人家少他不得，舍此弗由，便入丛荆棘中了。此外，工商杂技犹是谋生常业，唯盗匪娼妓两途亦未闻有乘此发迹，即或发迹，乃遭万世骂名，凡我后嗣纵凡或势际艰难，慎勿错走此路，宁巫毋失宁巫，毋匠择亦之道也。

⑥务勤俭

开财之源不外乎勤，节财之流惟在乎俭，平天下且然，何况治家。人生精力不用不见，有余日用未常不足，况流水不腐，户枢不蠹，凡属本业务须尽心竭力，夙夜不怠，自有得力好处。至粗衣淡食，原是耐久之道，细流不塞。寻且坏堤，斗靡争奢，败将胡底。与其悔之于后，曷若谨之于始。

⑦戒斗讼

人生七情，怒气最不易制，亡身及亲。好勇斗狠论孟，皆垂戒惩。且好讼之子，靡不受刑，多讼之家，无不破产。仔细想来，到底忍字大有受用。若夫良言解争积德非小巧，舌生事遭孽孔多。纵不上遵祖训，亦当下顾后人。又恃强凌弱，逞众暴寡，加之本族，固为欺宗，施之他人亦系藐法。慎勿自恃丁多年富，轻干国宪。

⑧正婚姻

考周礼，同姓百世不婚。律载同姓为婚，男女各杖，离异归宗，财礼人官，殊吾族中昔与江东渡马等处误联婚，此蛮风陋俗，不堪一述，故向年修谱改以易姓。公议自今为始，已婚配者姑且不究，未婚配者不许再婚。倘敢犯，合族按律公治，决不绚容。至若弟收兄嫂兄赘弟妇，律犯更重，几在服内固不容隐，虽属服外，并宜痛戒。愿我族人，慎勿自罗家法。

⑨严继接

绝世用继，祀祧所关，须自血侄而堂而从至亲服内，挨次相继不可凌越，或服内无至愿继，再择本房，或本房无侄愿继，再择本族，不许族外籍同姓篡夺。又其甚者异姓之人不可乱宗，随母之子不容承祧，奴仆之辈不许混祧，罕若无子分孙，俗愚误有其说。不知既无其子，何以有孙，非属私故，即为夺产，公议禁止各宜归正。

⑩勤叙录

三十不修，谓之不孝。四十不续，厥咎维均。夫族众丁繁，官夺私系，聚首实难，然存没岂可悬揣，字讳焉能偏知，苟非亲写送录，孰肯家改户稽，而代为急其所不急哉。虽或间有修谱，又茫无定期。远者杳无音信，近著率多延误，又或承录之人偶不相善，隔阂不报，或无知之辈闻有笔墨征费，吝而不前，此皆脱漏之根。历有年岁，醇朴者宜然，相安点桀者辄执漏谱为词，或谬指为异姓，或混诬为家奴，伊既莫知其由，众亦无从置喙。诸如此类，势所必至。兹疑每年迎谱之期，照房轮点，各将祖父名字、官阶，生殁年齿、行实及妻妾姓氏，所生男娶何氏，女嫁何姓，一切葬坟年徙等项，同众备录，庶无遗忘，挟私之弊。又每家汇存一册历年登载分明。临期不致自误。其各房外徙他郡及别省者，必令操录家谱封贮，契秦箱内，庶得自知由来，且便久后认识云。

⑪禁自借

敛赀放债购置祭田，无非图隆祀典起见，虽我族之众款尚属无多，然前人既费此心，后人须当遵守。近观族内无论公众私众每在族内自借居多，固一二家还之不起，即有力之家类皆以此为借口，你抚我推，甚至杖恃人力擅种公田，擅吞田款，几乎春秋祀典付之缺如，意欲从严勒追，均系伯叔昆季，谁肯犯颜，且又有伤睦族之遗意。兹则公同议决，自今以后，本房之人除种田一项须经值年首士许可外，其余田谷公款不惟不许擅取，即借贷亦皆禁止，免得一家难还，多家借口，复酿前情，如敢故违，借债人固当重罚，即放债经理亦应同科，愿我族人共体此意。

⑫择经理

众款既储，非择人经理不可。而择人不当，尤不可。必须择以廉洁自爱三四人共同经理，庶几余款无虞，祀典有靠，然该辱理每年迎谱，尤须将所管之账，或造清册，或贴报单，待众稽核。一年无弊再理二年，否则即另行祀替，不得年深月久，匿账不报，使族众无可稽查。至于族内季昆除账目而外，亦须听经理指挥，毋得胡言乱作，有妨族规。倘有此辈理经，人得量情处罚。

（摘自会同县漠滨六甲《杨氏家谱卷首》）

第三章　侗族传统社会成员的道德品质

侗族传统社会成员的道德品质主要指侗族社会成员必备的道德品质。主要有正直、诚实、温和、善良、有同情心、有责任心、有良心、有荣誉感、有羞耻感等方面的内容。现将侗族社会成员道德品质的主要内容介绍如下：

一、正直

侗族民谚说："杠子要直，做人要正""人要正、称要平""为人应当心术正，穷莫乱整富莫横"。"正直"是侗族社会成员做人的基本要求和必备的道德品质。侗族传统社会要求社会成员成为公正直率，胸怀坦荡，光明磊落的人，而反对社会成员成为偏私狡诈、心胸狭窄、奸邪狠毒的人，尤其反对那些心术不正、利欲熏心嫉妒贤能加害于人的小人。侗族民间就流传着许多倡导公正直率和鞭挞偏私狡诈、奸邪狠毒的传说故事，如《正字的传说》《宝镜断案》《"王乔星"的传说》等。《正字的传说》讲述一个农民先后跟木匠、铁匠、篾匠、石匠和瓦匠做徒弟学手艺，都因手艺超过了师傅而遭到了师傅的嫉恨，农民无法又回到家里种庄稼。这个农民的后人在探讨其中的原因时悟出了一个道理。其原因就是师傅的"心术不正""妒贤妒能"，使同行成为了冤家，要改变这种情况的方法唯有一个"正"字。"心眼正，人人敬。心不正，同行是冤家，不同行也会成为对头。"《宝镜断案》则揭示了老好人、黑心人都不能公正断案，只有公正直率的人才能公正断案的道理。《"王乔星"的传说》讲在边关当了大官的王乔回家探亲，途中遇见一个外出寻父的小伙子剑术、箭术都十分高强，害怕他夺了自己的高位，就把这个青年杀了。回到家中后知道自己杀的是自己的儿子，妻子为此悲愤而死，王乔悔恨交加，心痛欲裂。在天快亮时，吻剑而死，变成了那颗刚出东方不久就消逝在黎明的光亮之中的（王乔星）启明星。由于他心术不正，嫉贤妒能，他永远见不到自己的儿子和妻子了，该故事对心术不正妒贤妒能之辈进行无情的鞭挞。

二、诚实

侗族民谚说："树靠根稳，人靠心诚。"诚实是侗族传统社会要求所有社会成员具备的优良品德。侗族民间主张人们思想言行表里如一，说话办事实事求是，情真意切，而反对那种无事生非、弄虚作假的作为。侗族民间故事《仙人露底》及《八个钱也值得》等民间故事就通过鞭挞和嘲讽那些弄虚作假的行为表达了侗族人民崇尚诚实的道德理念。《仙人露底》故事中说一个"神仙"吹嘘自己能不吃不喝，有长生不老之术；一个"神仙"说自己有腾云驾雾之功，行走无影无踪；一个"神仙"说有上天入地探金取宝的秘诀招收徒弟，但徒弟跟随"神仙"学徒后，发现"仙人"所谓"不吃不喝""腾云驾雾""探金取宝"的本事都是假的，同时离开了"仙人"，不再上当受骗，揭穿了"仙人"骗人的花招。

《八个钱也值得》这个故事讲了一个看牛娃手中有八个小钱，被一个早餐尚未有着落的算命先生看上了，他叫看牛娃算个命，看牛娃拿出四个小钱算了一个命，算命先生说他的命不好。看牛娃问："可不可以改？"算命先生算说"可以"。看牛娃拿出手中的另外四个小钱交给算命先生，算命先生说他的八字很好，给他开了八字单。看牛娃的八字单被主人家员外看到后，把女儿许配看牛娃为妻，上床睡觉时看牛娃翻了一个筋斗说"八个钱也值得"。员外的女儿受到欺凌后不愿做看牛娃的妻子，员外没办法便打发五百两和一千两银子叫看牛娃外出做生意，企图借他人谋财害命杀掉女婿了结这门亲事。但看牛娃都巧妙地应对过去了，并上京考上状元，离开了这个是非之家。这个故事，以看牛娃的人生经历对这些造假、传假、信假，并企图假关爱，打发女婿外出做生意而借刀杀掉看牛娃女婿的员外的假慈悲行为进行无情的鞭挞。

三、温和

生性温和是侗民族具有的独特的民族性格，也是侗族社会成员具有的一项优良品德。侗族社会成员具有温和的优良品质，这与侗族所处的生存环境和生活方式是密切相关的。侗族是世居"溪洞"的民族，他们祖祖辈辈都居住在黔湘桂毗邻的山间平坝和溪河谷地。由于山水阻隔，交通不便，与外界交往少，民族内部又长期推行侗族款制自治制度，侗族传统社会长期由头人（房长、族长、寨老）和款首实行世俗统治和习惯法治理，形成一个"没有国王的王国"，这里男耕女织，生息繁衍，青年男女，白天劳动，晚上走村窜寨，行歌坐夜，谈情说爱。时逢节庆，地区之间、村寨之间及青年男女之间还经常开展群体性交往活动，成百上千，乃至整个村寨的人都到邻近村寨做客，开展唱歌对歌、踩堂多耶、讲款讲锦及玩龙灯、抬官人、吹芦笙等文化娱乐活动，村寨与村寨往往世代友好。他们政治上合款结盟，经济上互相支持，并相互联姻，人们的关系比较融洽，社会秩序比较稳定。这种独特的社会环境及人们的生活方式造就了侗民族温和的民族性格，也养成了侗族温和的优良品德。人们举止文明，态度谦和，语言甜美，性情温柔。千百年来，侗族社会成员这一品德就像传唱于侗族民间的甜美亲切的侗族大歌，牢牢地记在侗族人们的脑海中，融在侗族人民的血液里，成为侗族社会成员一项优良的品德。

四、善良

侗族人民心地纯洁，与人为善，提倡人们多做好事、善事，不说伤害他人的话，不做损害他人利益的事，对社会的弱势群体及有难之人，尽其所能，给予帮助，乃至慷慨解囊，全力帮助，或路见不平，拔刀相助。《秀妹挑郎》这则民间故事就通过阿良这一形象对侗族社会成员这一优良品德进行了形象化的诠释。该故事叙述秀妹母女二人与阿良阿亮两兄弟在危难中相遇相识，秀妹母女得到阿良两兄弟的热情帮助，彼此产生了爱意，妈妈也建议秀妹早点出嫁。她要求秀妹在漂亮与善良二者之间作出选择，秀妹选择了长得漂亮的哥哥阿亮，但在成婚的路上，对秀妹早怀有占有之心的毒蛇精对阿亮大打出手，抢走了秀妹。阿亮贪生怕死，对毒蛇精未做任何反抗就跑回了家。当阿良知道自己的嫂嫂被毒蛇精抢入山洞后，邀约哥哥阿亮去救秀妹，阿亮胆怯不愿去，阿良与随后赶来的秀妹娘一同去救秀妹。当秀妹被阿良从毒蛇精洞里救回来交给哥哥阿亮时，阿亮还怀疑秀妹的贞节，不愿接受秀妹为妻；当毒蛇精潜入阿良家再次把秀妹抢入洞内逼婚，并对阿亮施毒时，阿良又找来降龙草与秀妹娘一起潜入毒蛇精潜藏的洞中杀死毒蛇精，救出秀妹。秀妹看到阿良舍命相救，愿意改嫁阿良。阿良因遭毒蛇施放的毒液毒害，全身溃烂，生命垂危，不愿接受秀妹的爱意。为了不拖累秀妹，阿良纵身跳入抛撒毒蛇死尸的水地里，以借助毒蛇精的毒力了结自己的生命，并以此谢绝秀妹的爱意。但阿良跳入毒蛇精死尸浸泡的池中，不仅没有毒死自己，还把自己溃烂的身体治好了。这时，外表漂亮而内心不良的阿亮因毒蛇精施放的毒汁染身，身体溃烂，病死在窝棚里。阿良与秀妹终于结为终身伴侣。故事通过对品质恶劣的阿亮的鞭挞和谴责及对阿良的歌颂与赞扬，宣扬了善良这一道德理念。

五、有同情心

　　侗族是一个有同情心的民族。社会成员对被压迫、被剥削、被欺凌的人们及社会弱势群体成员的处境与遭遇往往产生心理上的共鸣，给予同情和关爱，而反对那种对人们的不幸处境与遭遇视而不见、漠不关心甚至痛下毒手加以摧残和迫害的行为和态度。侗族民间流传的《雷打塘的故事》就很好地表达了侗族民间的这一道德理念。相传一个被称为"雷打塘"的水塘曾是一个侗族村寨，但只住着财主陶八一家，其他的人都被陶八逼走了。一天傍晚，一个衣衫褴褛的老太婆到寨中找个住处，不仅没有找到，还无故遭到陶八一家大小的凌辱，只得到牛圈边的草堆里歇息下来。陶八家的佣人杨莲嫂正去牛棚添草喂水，看见睡在草堆上的老太婆非常可怜，就赶忙把她扶到自己的房间，给她换衣服，端水给她洗脸洗脚，替她敷药疗伤，还把仅有的一碗米熬成了稀饭让老太婆吃，然后又同老太婆在一个床上睡下，待如亲人。事后，老太婆告诉杨莲嫂晚上要有狂风暴雨，并教她避灾的方法。半夜三更，狂风大作，雷鸣电闪之中，整个寨子变成一片汪洋，大雨停息之后，寨子变成了三个大水塘，陶八一家人全部被淹死，唯杨莲嫂遵老太婆之嘱平卧床上，紧闭双眼，随水漂流，不仅保全了生命，还回到了原来住的地方。故事通过对待借宿的老太婆的不同态度而得到的不同结局倡导了人要有同情心。

六、有责任心

　　侗族民间认为，人生在世，身份各有不同，但都有一定的社会责任。人们应各尽其责。如《郎义成仙》这则民间故事就提出并解决了儿女对父母应尽的养老责任这个重大的伦理道德品质问题。郎义青年时期听了修道会成仙的故事后，一身想外出修道成仙，在老母健在期间他曾有外出修道的强烈愿望，并一度外出修道，但赡养老人的社会责任和家庭责任，还是使他暂时中断了修道生崖，回到家里娶妻生子，赡养老人，直到老母过世之后，才外出修道并成仙，尽到了作为儿子对母亲应尽的责任，也彰显了有责任心这一道德理念。

七、有良心

侗族传统社会认为人生在世应有良心，为人处事要讲良心。一个人不能讲没有良心的话，不能做没有良心的事。侗族民间流传的许多为人处世讲良心而获得好的回报，昧着良心做事而遭到报应的民间戏剧和传说故事就彰显了这一道德理念。

《忘恩阿兔》叙述了上无片瓦、下无插针之地的阿兔靠在龙泉山打柴买米奉养老母，40岁还未成婚。山后龙洞的白蟒蛇精为感激阿兔多年陪伴之恩挖出自己的右眼给阿兔，让他献给国王，随后阿兔被封为宰相，又被招为驸马，享尽了荣华富贵，公主得知阿兔荣升的秘密后，要阿兔再挖白蛇精的另一只眼献给国王，以升迁权位更高的王候。阿兔听信公主的谗言，带三千将士来到龙泉山，企图再挖白蟒蛇精的另一只眼。正当阿兔抽出宝剑向白蟒蛇精的左眼刺去时，白蟒蛇精腾空而起，左眼喷出三丈烈焰，并张开血盆大口吞下了宰相，顿时山洪暴发，淹没了三千将士，蟒蛇精也远离了龙泉山，到了东海。

八、有荣誉感

有强烈的自尊心和荣誉感是侗族传统社会要求社会成员具备的道德品质。侗族社会成员大都勇于承担自己的责任，忠实履行自己的义务，努力在道德实践活动中有所作为，有所奉献，为他人、为社会创造价值和福祉，从而获得社会的肯定和赞扬。这时，他们会感到无比光荣和自豪……侗族民歌《越活越精神》就真切地体现了这一道德品质。

树老要保根，
竹老要保笋，
姜老要保蔸，
人老保名声，
你这样做人啰，
越活越精神！
大田粮丰盛，
大渠装水深，
大礁舀米多，
大公多赞声，

你这样做人啰，
越活越精神！
学榕树遮荫，
学月亮做灯，
学石板铺路，
学高山耿正，
你这样做人啰，
越活越精神！

这首民歌，不仅是一个贤德的寨老有强烈的自尊心和荣誉感的生动体现，也是侗族传统社会成员强烈的自尊心和荣誉感的生动体现。

九、有羞耻感

侗族是个知耻的民族。侗族社会成员因为没能很好地承担自己的责任，履行自己的义务，做了错事，说了错话，危害了社会和他人的利益，或有损集体或村寨的荣誉，就会感到羞愧和耻辱，总会采取措施，或检讨，或道歉，或其他措施，努力挽回因自己的错误、失误或不足造成的损失，有的甚至采取极端的措施来挽救自己给他人、给社会造成的损失。据老人们回忆，天柱县一个古老的侗寨的一家人晚清时期出了一个不良子弟，盗窃成性，经常为害四邻和乡亲，遭到四临乡亲的严厉谴责，这个惯偷的家长觉得他是家庭和家长的奇耻大辱，深感对不住近邻乡亲。为消除近邻乡亲对家人的不好印象，这个惯偷的父亲亲自捕杀了自己的儿子，以谢近邻和乡亲。

侗族传统社会成员不仅对个人及家人的过失感到耻辱，对集体村寨的过失和不足也往往感到耻辱，如村寨之间的斗牛活动，斗牛失败一方村寨的成员不仅认为这有损村寨的声誉，是村寨的奇耻大辱，也是个人的耻辱，他们会感到羞愧，大家会把斗败的牛杀而分食，并重新集资购买好的斗牛，以求来年的斗牛活动中，自己的斗牛大获全胜。为筹集资金买到好的斗牛，有的会捐出自己的项圈、手镯变卖。

十、有义务感

侗族传统社会成员把对他人、对社会的道德责任视为自身的义务，总会积极地履行，包括扶危济困、助残帮弱、参与公益事业等，如修建鼓楼、凉亭、桥梁、码头、渡口、道路等公共工程，侗族社会成员就把它们视为自身的义务，总会积极参与，它们有力出力，有钱出钱，或献工献料，努力为这些公共工程贡献自己的力量。据考察，天柱县的石洞镇伸向东西南北各个方向的几百里石板路就是社会贤达及民众捐资修建的。有些路段，如摆洞至石洞路段的捐资数额至今仍然保留在耸立于路旁的功德碑上。

第四章 侗族传统社会成员的道德修养

侗族传统社会成员的道德修养，主要是指宽容、忍让、节制、仁厚、勤奋、刻苦、节俭、机智等道德修养的内在要求。

一、宽容

侗族民谚说："好人做事也有错，好马常跑也失脚。"侗族民间认为，人们在道德实践中不可能十全十美。侗族民间对那些说错话、做错事，乃至产生严重错误的人从不一棍子打死，总是给予挽救与教育，对他们给予宽恕与谅解。侗族民间对那些犯错之人有时会钉钉入柱，让他们永世不得翻案。但一旦他们改正了错误，众人就会合力拔出那些象征惩治与耻辱的钉子，对其错误表示宽容与谅解。侗族的传说故事也有类似内容。《莽隋留美》《黑虎成亲》就是这样的民间故事。《莽隋留美》叙述留美的哥哥留金、留星听信心怀邪念的八字先生的谗言，视妹妹留美是败家的白虎星，设计将妹妹抛下悬崖，企图置妹妹留美于死地，幸得莽隋相救。后莽隋、留美结为夫妻，发家致富。家道败落的两个哥哥知道后找上门来，面对两个没有良心的哥哥，留美夫妻完全可以不予理会。但两个哥哥认错后，留美夫妻对两个哥哥以酒礼相待，并赠金送银，期望赎回家产，重建家园，表现了对两个哥哥的极大宽容。《黑虎成亲》则讲黑虎青少年时代劣迹斑斑，得不到姑娘们的喜欢，30岁还是个光棍。他把这事怪罪于母亲不帮助他，而对母亲百般虐待，致母亲一头碰死在岩坎上。对这样忤逆不孝的行为侗族民间认为是天打雷劈的罪孽。但黑虎从小虎为受伤的母亲舔伤口的事实中良心发现，改正了错误，雷公不仅宽恕了黑虎的错误，还安排自己的三女儿下凡与黑虎成亲，对知错就改的行为表示赞许和褒奖。

二、忍让

容忍退让也是侗族民间一项重要的道德修养和生存智慧。侗族民谚说：

"柜柜里的碗总有相碰的时候。"侗族民间认为，社会成员之间，如兄弟之间、妯娌之间、父子之间、夫妻之间、邻里之间、房族之间、村寨地区之间，由于各种原因，矛盾纠葛总会发生。面对这些矛盾和纠葛，侗族社会成员之间，往往不是主张针尖对麦芒硬碰硬的解决办法，而是提倡双方相互容忍退让，以避免矛盾激化，努力把大事化小，小事化了，化仇敌为宾朋，化干戈为玉帛，以求得人们之间的团结和睦以及社会的和谐稳定。这是侗族社会成员处理彼此之间及社会矛盾的策略和智慧，也是侗族社会成员一项重要的道德修养，关于这一道德修养，侗族民间出现过一个典型事例。

据老人们回忆，清康年间，锦屏县杨溪曾与天柱县高酿镇坐寨村因争地界和山林归属发生一次纠纷。杨寨人纠结王寨人一起打伤坐寨多人，酿成流血事件。邻近两个友好村寨——口洞和邦寨两寨的村民意欲来帮忙打架，但坐寨寨老力排众议竭力劝阻。面对杨溪人的挑衅，坐寨人采取了避让的态度，从而避免了更大的流血冲突。没过几年的大年三十，一伙匪徒夜袭了杨溪，打死打伤多人。这伙匪徒不仅把村寨洗劫一空，还放火烧毁了房屋。第二天，坐寨人得知消息后，全村男女老少一起前往救灾。他们帮杨溪人掩埋死者，救治伤员，把那些孤儿老人接到坐寨安置，对那些不愿去坐寨打住的人们，则帮他们搭棚建屋暂居，并捐物捐钱粮接济。杨溪村民通过这一劫难，看到坐寨人不计前嫌，像对待自己亲人一样地关心他们，内心很受感动，对他们自己过去那些有伤和气的行为深感愧疚。从此，双方和好如同家人。

三、节制

节制这一道德修养是要求社会成员在道德实践活动中，具有自我管理、自我调节、自我控制的能力，善于运用理智控制自己的欲望，尤其是管控那些不切实际的欲望，努力做到不说过头话，不做过头事，努力使自己的所作所为、所言所想顺乎时代，合乎情理，既利社会也利自己。侗族民间关于这一道德修养的论述较多，民间歌谣也有相关表述。如侗族劝世歌《酒色财气歌》中就提出了限酒、远色、疏财、消气道德修养的要求。

酒色财气歌

酒

喝到好酒莫贪杯，
从来酒醉惹人嫌。

会坐桌子就要会起身，
莫要没完没了地贪杯。
饿饭十天人要死，
饿酒十日照样活得鲜。
喝酒总得有个量，
莫要贪杯卖光老秧田。

色

见到好花莫贪恋，
从来好色讨人嫌。
美色悦目固然好。
但为攀花误了活路费了钱。
十七八岁要学手艺才是好子弟，
天天去追姑娘油头滑嘴浪成闲。
心想玩花不如去干别的事，
因为贪花好色不会得到好姻缘。

财

为人在世莫贪财，找钱要靠走正道。
杀人越货莫要做，切莫为财去坐牢。
钱来找人才能富，人去找钱代价高。
钱财无根不好找。生财之道靠勤劳。

气

与人交往莫斗气，
说话轻轻不费力。
人生在世难免要受气，
不要为争口气去做蠢事吃苦头。
年轻的人争强好胜气壮胆，
要知忍得一时之气可免百日忧。
心平气和天地广，
忍气吞声也是谋。

四、仁厚

仁义宽厚是侗族民间倡导的交友待客之道，也是侗族社会成员必备的道德修养。

侗族民谚说："礼似萤火虫，情重如蛟龙。"侗族民间社会成员交朋传友，重义轻利，疏于礼数，而看重感情。他们崇尚那些真情实意，热情周到，彬彬有礼，又不落俗套，比较随和，让人有宾至如归之感的待人之道，而反对那些矫揉造作，虚情假意，重利轻义，见利忘义，欺诈蒙骗宾朋，乃至加害宾朋的待人之道。民间就流传着许多招待宾客比较随和，疏于礼数，使朋友有宾至如归的传说故事，天柱县侗家人用一只筷子待客的传说就是一例：

相传，明末清初，安徽合肥人辜宽仰慕天柱县"春花秋月"的景致，不远万里来到天柱高酿的春花村。那时正值初夏的一天中午，万里晴空，烈日炎炎。当他走进春花村口时，正是满身大汗，恰逢路坎上一位农舍男主人在门口坐着纳凉，当看到辜宽这个陌生人走来时，马上上前迎接并热情地邀请他进家歇息。辜宽就坐后，热情好客的男主人马上请妻子端来了清凉的甜酒让辜宽解渴，辜宽在接碗时不慎碰落了一根筷子，主人的妻子见到后，为了使客人摆脱拘泥和不安的状态，满面笑容地捡起地上的那根筷子甜甜地对辜宽说："客人请见谅，这是我家阴间主人要你留下来做客，让你用一根筷子慢慢品尝，落到地上的那根筷子是挽留你吃完午饭再走的意思。"辜宽一听，当时的拘泥与不安顿时消失，在主人的热情邀请下，辜宽留下来吃了午饭。从那以后，天柱侗家人招待客人吃甜酒只用一根筷子，后来又发展为食用油茶时也只用一根筷子。并在基础上形成了先食甜酒，后食用油茶，再吃饭的待客程序和待客食俗。

侗族民间也流传着歌颂和赞扬重义轻利，真诚待客及谴责和鞭挞见利忘义，谋害朋友的传说故事。其中《钱财与仁义》就是典型的一例：

相传，钱财与仁义是自幼结交的朋友——老庚。两老庚的父母相继过世后，相约变卖家产外出做生意。途中涉水过河时，贪财的钱财假借打跟跄把仁义推入急流之中，企图借用湍急的河水淹死仁义，谋取仁义的银子。但水性很好的仁义经历磨难后爬上了河岸，在老道人的帮助指导下，他不仅帮助打草鞋为生的老人挖到一坛金子，帮助缺水村寨的人们找到了水源，并来到京城为皇帝的女儿治好了怪病，被皇帝招为驸马，成为被人尊敬的贵人。而钱财夺走仁义的银子，也来到京城做生意，后被奸商骗走了所有钱财，沦为小偷。一次到仁义家行窃时，被家人抓住。仁义不但不给钱财治罪，反把自己得到老道指导而改变人生的经历告诉了钱财。钱财妄图重复仁义的老路，便连夜逃离京城来到老庙，企图重复仁义一夜至富，改变人生的美梦，但却成为到老庙聚会的虎狼猴的口下之物。故事通过两人的不同遭遇，歌颂了重义轻利、真情待友的待人之道，而谴责和鞭挞了那些见利忘义、坑害朋友的待人之道，彰显了仁义宽厚的道德修养。

五、勤奋

侗族民谚说："无深水难行大船，无壮志难成大事""天不严寒难凌冻，人不拼搏难成功"。侗族民间提倡人们树雄心，立壮志，并努力践行自己的雄心壮志，通过自己的艰苦奋斗，不懈努力，创大业，建奇功，为社会为人们做出贡献。侗族民间就流传着许多树雄心、立壮志，执着勤奋，拼搏努力而事业有成的传说故事和真人真事。侗族歌师吴文彩就是典型的一例：

吴文彩（1798—1845）黎平县茅贡乡腊洞村人，自幼聪明，勤奋好学，少年读私塾七年，因家境困难，遂休学务农。他是一位既有较高的汉文化水平，又熟悉本民族文化的侗家才子。从青年时代起，就喜欢编歌唱歌，是当地著名的侗族歌师。30岁以后，曾游历附近府州县，看过汉族的戏剧，受到启发，立志创立民族的戏剧——侗戏。下定决心后，他整日坐在一个破禾仓里从事侗戏创作。他写了改，改了又写，写一气，改一气，有时边哭边写，有时又边写边笑，人们都认为他"癫"了，要找鬼师为他驱妖。他乘机说："我癫了，你们不要管我。"从此，谢绝会客，天天关在禾仓里涂涂写写、哭哭笑笑、说说唱唱……三年后，他根据汉族地区流行的《朱砂记》《二度梅》两部文学作品改编成了《李旦凤姣》《梅良玉》两部侗族脚本，两戏脚本共有唱词四百四十余首，一万多行，每戏可演唱三至五天，这两部戏，不是简单的直译，而是在保持原著概貌的基础上进行了再创作，他还借鉴侗族民间一人坐着自弹的琵琶，自我介绍自己演唱的叙事歌说唱艺术"多锦"的表演形式，创立了新的舞台表演形式，又坚持用侗族传统服饰扮相，用侗语介白，使用侗歌唱腔唱戏，并采用走倒"8"字形的舞台步调表演，创立了具有立体美感的独特艺术形式——侗戏，成为侗戏艺术的鼻祖。

六、刻苦

侗族民谚说："人不吃苦难成才。"侗族传统社会把特别能吃苦作为成才之路，也视为社会成员的一项重要的道德修养。民间就流传着特别能吃苦而成才的传说故事。天柱侗乡历史上的传奇人物宋仁溥就是典型的事例。相传宋仁溥自幼聪明过人，但家境贫寒，上不起学。私熟先生看到他天资聪敏，就免费让他入学。他因家贫吃不上中饭，他常采点野果充饥后，便早早回到学校学习，提前完成当日的功课。他饱览群书，十四五岁时，就读完了老师家的所有藏书。为了扩大阅读范围，他趁赶集的时候，常以买书的名义，到书店阅读书籍，并努力把读过的书强记下来。因家中没有路费进京赶考，他就自当书童自挑书箱，一路卖对联筹集资金上京赶考。他一路走，一路卖，走了几年，卖了几年终于到达京城报名考试。据说当时考官进入考场后，只指着墙上挂的一件衣裳、一顶帽子，又指出桌上一瓶酒，一盘肉和一个大蒜，高声阔气地对大家说："看见了吗？这就是今天的考试题目。"看到这种场面，众考生一筹莫展，无以应对。这时考生宋文溥却跑到桌子边，把衣裳穿起，把帽子戴上，喝了一口酒，吃了一块肉，然后一拳把大蒜打碎，对考官说："吃不穷，穿不穷，不会打蒜一世穷！"考官大叫一声，当场宣布宋仁溥为第一名。

七、节俭

节俭是侗族社会成员长期秉持的一种生活原则和道德修养。侗族大都是世居山区半山区的农业民族，农业生产条件差，生产率水平低，社会发展迟缓，人们生活水平普遍不高。为了求得社会的延续和民族的生存和发展，节俭成为侗族社会成员普通遵循的行为准则和道德规范。在饮食方面，人们遵循"收粮万石，莫忘粗茶淡饭""家有千石，不可敞开鼎罐吃饭"的理念，施行干稀搭配，精细搭配；坚持农忙吃干，农闲吃稀，农忙吃主粮细粮，农闲吃杂粮粗粮，有时甚至以瓜菜代粮。在衣着方面，侗族民间有"新三年，旧三年，补补缝缝又三年"的传统，一套衣裳往往要穿多年，即使破烂不堪不能再穿，也往往把破旧衣裳当作制鞋的面料，或充任鞋底的铺料。在衣着方面，侗族民间还流传着"会打扮年十八，不会打扮尿娃娃"的俗语，对少年儿童，侗族传统社会除在"满月""周岁"时节，由外婆家集中成批做些衣帽给小孩穿戴"打扮"外，平时一般很少给小孩做衣穿戴"打扮"，即使做些新衣给小孩穿，往往也要姐姐穿了妹妹穿，哥哥穿了弟弟穿，一套童衣，往往要由几个兄弟或几个姊妹穿戴。

八、机智

机智也是侗族传统社会要求其社会成员必备的民族素质和道德修养。侗族传统社会，不仅要求其社会成员具有正直、诚实、温和、善良等道德品质，还要求社会成员见多识广，聪明伶俐，能言善辩，巧于应对，并善于应用自己的聪明和才智服务社会造福大众的无私无畏，助人为乐，智勇过人，诙谐有趣，或敢于藐视权贵，敢于与封建治阶级抗争。如《被宽》《天神哥》《开甲》《陆本松》的故事及众多巧媳妇的故事，就是彰显这一道德修养理念的传说故事。在民间广为流传的《补宽智斗石财主》的故事讲了一个生动有趣的故事，补宽的哥哥老益家境贫寒，为人忠厚，终身给寨上一家姓石的大财主当长工。石财主狡猾苛刻，年初讲好每天给老益一吊工钱，到了年底，七算八算，三扣两扣，搞得分文不剩。老益只好两手空空地回家过年。补宽得知此事，非常气愤。第二年，石财主又请帮工，补宽就到他家去了。石财主说："给我家做活路，每天工钱一吊。但要有个条件：如果有一件事情做不到，就扣一吊钱。"补宽满口答应说："我都照你讲的做，你得多给一吊钱。"财主也答应了。正月间，补宽上坡砍柴，石财主说："你把柴堆到树上去，这样干得快。"补宽边答应边脱光衣服就往树上爬。爬到树尖，补宽对在树下的石财主喊："主人家，快把柴丢上来哩，堆在这上头当真干得快！"石财主没有办法，只得答应多给补宽一吊钱。三月间，补宽挑粪下秧田，石财主说："我田坝头那丘秧田泥巴酸，你要挑点甜粪去下，秧苗才长得好。"补宽问："哪里有甜粪呢？"财主说："你把那几个茅坑的粪都尝一尝，哪个坑甜你就挑哪个坑的。"补宽跑到厨房，把手伸进财主刚刚酿好的酒桶里，手指上沾满酒糟，对财主说："我都尝过了，左边那个坑的粪是甜的。"财主见他手指上果然有"粪"，也就无话可说了。可补宽并不罢休，他拉着石财主的手说："你自己还是尝一尝吧，免得今后秧苗长得不好你又话多。"补宽硬把财主拉进茅坑边。石财主吓得直发抖，连连喊道："算了，算了，我愿多给你一吊钱，挑下田去吧。"……五月开始种黄豆，石财主对补宽说："我年年都把黄豆种在坡上，不被人偷就是被兔子吃。今年，我要把黄豆种在屋梁上，看你有办法没有？"补宽不以为然地说："这个容易嘛，我就去种来。"他顺手抓起一把锄头，爬上屋梁就使劲挖了起来。还不到一袋类烟工夫，一间屋的瓦就挖了个乱七八糟。石财主见势不好，赶快喊了起来："快下来哟，你有办法，我不在屋梁上种黄豆了。"补宽装听不见，还是使劲地挖。财主急了眼，赶紧找来楼梯，爬到屋梁拉住补宽的裤脚哀求地说："别挖了，我愿多给你一吊钱。"这则故事构思奇特、情节生动，栩栩如生地刻画了人物性格，也充分彰显了侗民族社会成员机智的道德修养。

（参见《黔东南民间故事集》158-161页）

第五章　侗族传统社会美德

侗族传统社会的传统美德主要指侗族传统社会协调人际关系的道德原则、道德规范以及侗族传统社会全体社会成员都认可并愿意遵照执行的道德原则和道德规范。在漫长的历史时期，侗族民间在调处人际关系及公共生活中，逐步形成了一系列道德原则和道德规范，如公正平等、互助友爱、和亲睦邻、齐心协力、见义勇为、诚实守信、文明礼貌、谦恭礼让、热心公益、热情好客、尊老爱幼、孝敬父母、忠厚老实、与人为善、博纳大度、勤劳勇敢、节俭持家等美德，其中代表性的有以下几点。

一、公正平等

侗族是由原始氏族社会跨越奴隶社会而直接进入封建社会的民族。侗族民间长期残存着一些原始民族社会的遗风，加之在多民族组成的中华民族大家庭中，侗族社会内部长期沿袭着侗款制内部自治制度，在广大侗族地区一直存在着中央王朝的郡县制与侗族地区的侗款制二元制并存的治理局面，侗族社会成员的社会地位比较平等。在经济生活中，人们在宴请活动中，普遍盛行平均分食串串肉的习俗；在狩猎活动中普遍盛行"上山打羊，见人有份"的猎物分配习俗；人们还有采伐利用公共山林的林木产品的权利及平均分配集体土地的收获物等权利都是侗族社会成员在经济地位上比较平等的例证。

在政治文化生活中，侗族社会成员普遍可以参与聚款、开款、起款、讲款等政治生活和文化生活，有公推和选举产业社会头人（房长、族长、寨老）及款首的选举权和被选举权。由于侗族社会头人及款首多为民间推荐及选举产生，民间还有对社会头人及款首实行监督、检查、劝戒乃至罢免的权利，社会头人及款首在调处社会矛盾及处理民事、刑事案件的过程中，大多可按照民间习惯法——款规款约正常处理，比较公平公正。如有异议，可反复协商，协商不成，则实行侗族社会普遍认可的"捞油锅""看鸡眼"等神明裁判。总之，侗族社会提倡公平公正。公正平等成为侗族传统社会的一项重要的传统美德。侗族民间广为传唱的《劝恶寨老》这首劝戒歌，就是提倡和践行这一道德理念的实例。

劝恶寨老

深山有直树，
天下有清官。
富人横行无人夸，
穷不讲理无人怕。
为民办事要公平，
不要偏心背地接金银。
若是偏心袒亲友，
断事不清万古遗臭名。
人不公平被人恨，
死时没得人可怜。
只有他儿女自悲哭，
别人都说活该得报应。
好人死了众惋惜，
男女老少同哀戚。
恶人死了别人欢喜，
亲属哭泣别人来唱戏。
能讲会说要把寨管好，
百姓穿衣吃饭放心里。
好话说人人心服，
恶语伤人难平气。
为人处世留尺寸，
进退须得留好名。
吃了一口留一口，
办事公正让人敬。
为人处事若偏叵，
须看儿女如人不如人。
只怕高山变沧海，
儿女呆傻不精明。
父似老虎只怕儿是羊，

谁家代代出高明？
处世不公必有患，
有时白鹭打老鹰。
为人公平好相交，
买卖要用一杆秤。
称进那把称出也是那一把，
公平买卖才是吃安宁。
轻出重入不合理。
贪利吃多肚子疼。
生意不顺切莫加高利，
只要有本有日总是兴。
鱼肉寨民只怕有日难得吐，
井干河旱同样难安宁。
人恶人怕天不怕，
人善人凌天不凌。
天晴朗朗斗笠可遮阳，
大雨倾盆身上一样被雨淋。
天气不变气候暖，
恶贯满盈悔不赢。
禾苗打包怕天旱，
人到年老饭少想荤腥。
为人忠厚美名传千古，
横行霸道老天不容情。
穷人绝不穷到底，
有钱有米不是百年定。
歌唱完了如风过，
听与不听不当紧。
心明的人能理解，
日后自会名上碑石传古今。
心眼闭塞不听劝，
吞食苦果在明晨。

（参见《中国民间歌谣集成从江县卷》）

二、互助友爱

互助友爱也是侗族社会的一项传统美德。侗族民间在生产上常常换工互助，生活上则相互支援、相互关爱。犁田、插秧、收割、砍柴、运肥、种棉、摘果、拉山放木等农业、林业活路，人们常常以工换工，相互帮助。彼此之间，既不计报酬，也不计较劳力强弱、技术高低和主人招待的好坏，只要情投意合，均可相互换工。日常生活中，若房族亲戚、左邻右舍有事，或起房造屋，或婚姻家聚，特别是遇到天灾人祸和丧事，大家都会有钱出钱，有物出物，有力出力，无偿帮忙。对于贫困者，不歧视，常鼓励，乐帮助。对鳏寡孤独老弱病残，丧失劳动能力者，侗族民间有"有房归房，无房归族，无族归众"的抚养定制，其房族、家族和村寨多乐捐资捐物资助，或轮流供养。不让他们在外流浪或乞食度日。对于村中和族中因家庭困难而辍学的学子，村民或族人乐于解囊助学。如族中或村中学子学习成绩优异，榜上有名，不仅族人认为光宗耀祖，全村人也会感到光彩，如果他们经济困难而无法继续深造，族人或村寨多愿捐资供他继续上学。在侗族地区，过去经济文化比较发达的村寨，还经常支助经济文化欠发达村寨子女入学的事例。如民国年间，车江一带有的富裕户就曾捐资捐物资助九洞一带穷苦学子读书学习，一时被传为佳话。

在广大侗区，互助友爱蔚然成风，就连邻居来客，邻里知道后，都会自带酒肴相助去作陪，即所谓的"帮盘"或"合扰宴"。如客人有时间久留，为减轻主人家的负担，邻居和亲戚朋友自会轮流招待，你请一餐，我请一顿，请客人吃"转转饭"。一些地方在待客方面还有帮"屋山头"的习俗。帮"屋扁头"，即青年小伙结婚办喜宴，叔伯父母或成年已婚的哥嫂要出资出物帮助青年家接待客人，有的资助一桌或两桌客人用餐的酒水钱，有的请所有送亲客（又称房客）吃一顿饭，有的送半头猪或一头猪，或为办理喜事家喂一头猪。

侗族民间还流传着许多扶弱助残、照顾孤寡，彰显互助友爱这一道德理念的传说故事，《送药》就是其中的一例。这个故事说，从前一个十五六岁的小孩，父母早亡，衣食无着，靠帮别人养牛过日子。神仙见他可怜，试图帮助他摆脱困境，于是变成一个老公公对其考察，确信这个小娃是忠实厚道的孩子后，送给小孩一种药，叫他去给皇帝的小姐治病。告诉小孩，治好公主的病后，皇上就会招他为附马。小孩一路行善，在赴京城的路上先后医治好了一只马蜂和一只狗，也违背神仙不能救人的嘱咐，遇到一个筋骨被打断三根的病人，见他可怜，救治了这个病人，并把治好皇帝小姐的病人后，皇上要把公主许配给他的秘密也告诉了被打断筋骨的病人。被打断筋骨的人被救后却骗走了神仙送给小娃的药，顶替小娃给公主治病，企图迎娶公主，成为附马。后来在神仙和马蜂的帮助下，让骗子给公主治病以迎娶公主的图谋落空，并揭穿骗子骗药行医的真面目。历经磨难，小娃最终成为皇帝最称心的女婿，他和公主相亲相爱，过着幸福美满的生活。

三、诚实守信

侗族是一个讲信用重承诺的民族。侗族人民把背信弃义视为最卑劣的行为。一个人、一个村寨，只要有一次背信弃义的行为，就会从此失去朋友、失去威望、失去被人尊重的资格。因此，侗族民间把信誉作为处事、立身、立名的道德原则和道德规范。千百年来，侗寨中盛行的"传牌斗牛""传帖唱戏""相约厄也"都是以古规口传为凭，一诺千斤。鼓楼里议款立规、骑木凳划分山界、栽岩立法等事项，都没有文字记载，而万民世代遵循，千古不移。乡场里、集市上的买卖交易，只要双方一言为定，谁也不会反悔。山坡上、大路口、田塘里、水井中、大门上打上草标，人们就会按照先民们赋予它们的特定含义遵照执行，从不违反。人们凡听到村寨鼓楼的鼓声、传事喊寨的锣声、款区哨位上信炮的响声，或见到标明缓急程度的款牌，人们就会按照约定的要求及时赶到出事地点应对相关事宜，从不违约。这些事实充分表明侗民族是一个讲信用、重承诺的民族，诚实守信是侗民族的一项传统美德。侗族民间还流传着一些讲信誉、重承诺、诚实守信的民间故事。《巧女解父危》就是其中的一例。这则民间故事叙述了一个故事：一个爱喝酒的老头，酒后失言，把自己的独生女先后许配了一个秀才、一个裁缝师傅和一个送信的小伙子。到了约定的日子，三人都来迎亲，这可急坏了爱喝酒的老头。独生女了解缘由后，急中生智，对来迎亲的三人提出了比拼本事定亲的建议。通过比拼本事，不仅解除了父亲酒后失言一女许三郎的过失造成的信任危机，修补和兑现了父亲许亲的承诺，也兑现了自己提出的比拼本事定亲的承诺，彰显了诚实守信这一道德理念。

四、文明礼貌

侗族是一个讲文明有礼貌的民族。侗族文明礼貌的传统美德首先表现在语言方面。

侗族把使用谦词雅语，视为一个村寨文明兴旺的标志。当你踏入侗乡，尽管人们与你素不相识，但都会热情、主动地向你打招呼问好。青年人对异姓长辈称为父亲或母亲，这是给客人最高的荣誉，即视为同他（她）父母一样尊贵。如果晚辈被长辈称为儿子或姑娘，也是一种亲热的表示。男女青年在异性交往中，不论相识与否（或认识并知道对方尚未结婚），男青年都称女青年为"买克"（即别人妻子之意）；女青年则回称对方为"扫克"（即别人丈夫之意）。其意：像您这样才貌双全的人，早已婚配，是表示赞扬的尊称。如果在途中遇见互不相识的异性青年人时，用这种称呼，对方立即呼应，双方如同旧友重逢，无拘无束，谈笑风生。

行为美是文明礼貌的重要标志。当你踏入侗乡，若在羊肠小道上相遇，过往行人，不论相识与否，他们除主动向你打招呼外，还会止步让路。如你问路，人们会热情地告诉你；如果进寨找人又不知某人住处，人们会将你带到他家。如你提出问题时，人们会放下手上的活详尽地回答。在侗乡，不论在途中或家中，行者若要经过在座人面前时，不论相识与否，都要向在坐的人说声"过你面前"以示歉意；客人进屋，主人起立让坐，以示对客人的尊敬。在公共场所或别人家做客，不盘"二郎腿"，以示对长者或主人的尊敬；客人即将离开时，除说辞别语外，还得说："给你添麻烦了。"同时应将自己坐的凳子移靠板壁（若是长凳摆在固定的位置则不需移动）以示对主人的谢意。若好友重逢而客人又不能久留时，人们为了表达自己的心意，会各自备办佳肴和美酒，带到客人落脚的人家共同进餐，称之为"拼菜待客"。有分食制习惯的村寨，荤菜按入席人数分股摆在餐桌上，不论摆多与少，客人不能吃完，至少要留下一点，以示主人宴席丰盛；入席后，待主人先动筷，客人方可饮酒动筷，否则会被视为不懂规矩。主人杀鸡款待客人时，如若主人将鸡头夹给客人，表示对客人的尊敬；席中有长者，则客人转夹给同席长者，以示对长者的尊敬；晚辈客人向同席长者敬酒，以示对长者的尊敬；主人与客人饮交杯酒，以示主人盛情款待。吃饱下席时，对席上众人说声："你们慢吃。"对已先下席的人则说"你吃少"以示尊敬。如果吃油茶吃饱时，除说明吃饱外，还将碗筷一并递给主人或放在茶桌上。如果既不说明又将筷子架在茶碗上，主人会认为客人还没吃饱，将会再递上一碗。春节期间，寨与寨之间互访较为频繁。以对歌、芦笙赛、演侗戏、斗牛等形式为契机，青年男女开展社交活动。这种寨与寨之间的互访，可加强寨与寨之间的友谊，化解一些民间矛盾。侗语称为"厄也或为也"，即寨客之意。寨客即将到来时，主寨女青年着盛装拉根草绳吊上鲜树枝叶和摆放纺织工具等物把寨门拦住，等候客人的到来，当客人到达时唱拦路歌迎接，双方对歌约半个小时方引客进寨。寨客入寨首先到鼓楼坪，主寨吹三首芦笙迎宾曲表示欢迎然后请客人到鼓楼就坐休息片刻。之后，各家各户到鼓楼分别迎请三四位客人到家设宴款待。主寨姑娘们两三人为一组，分别到各户给客人敬酒、唱酒令歌等。晚上宾主青年男女开展对歌等社交活动。次日当寨客离开时，主寨送给客人每人一包有腌鱼或腌肉的糯米饭包；主寨姑娘还送给客寨男青年一块手巾或一根花带挂在竹枝上；然后主寨男青年吹芦笙敲锣打鼓放铁炮送客出寨。此外，主寨送一头大牲口给寨客。若是送只羊，因羊尾巴短，其意互访暂告一段落；若是送头牛，因牛尾巴长，其意源远流长，友谊长存，主寨将在来年回访。

五、谦恭礼让

侗族人民勇于承担自己的责任与义务，而对于荣誉与权力，往往敬而远之，礼让他人。在侗族鼓楼长老会议商讨房长、族长及寨老款首人选时，人们总会推选那些比自己能力强、口碑好的能人出任，而自己往往多有谦让。侗族民间社会生活中也展现着众多体现谦恭礼让这一传统美德的鲜活事例。侗族人民的好儿子、中华人民共和国第一大将粟裕将军两让司令一让帅的传奇故事就是最典型的一例。粟裕同志是走出侗乡投身革命的老一辈无产阶级革命家、军事家。他的一生是战斗的一生，党和人民对粟裕建立的功勋给予高度评价。但在功劳和荣誉面前，粟裕却一次又一次表现出"大将风度"，在世界军事史上留下了"二让司令一让帅"的佳话。

1945年8月，日本帝国主义宣布无条件投降。此时华中地区的苏中、苏北、淮南、淮北四个解放区已连成一片。为适应抗日战争胜利后的新局面，统一挥山东、华中的部队，中央军委决定建立华中军区，并任命经验丰富、英勇善战的粟裕为军区司令员，张鼎承为副司令员。对此，时任苏浙军区司令员的粟裕"不胜惶恐"。他首先考虑到，张是中央委员，是该地区的最高首长，早在抗战初期新四军成立时，自己就一直是张的副手，现在抗战胜利了，自己反列老首长之前，更觉不安。于是急电中央，建议由张为正，自己做张的副手。最终，中央认为粟裕从战争和工作大局出发，深谋远虑，便同意了他的请求。这就是粟裕第一次让司令的经历。

第二次让司令发生在1948年1月。中央军委拟由粟裕统率一、四、六三个纵队南渡长江，机动作战，以吸引国民党军25至30个旅回返江南，从而改变国民党军的战略部署。粟裕经过长时间的慎重思考，多次"大胆直陈"，建议暂不过江，集中兵力打几个大仗。中央采纳了他的建议，把渡江时间推迟了3至8个月，同时决定陈毅到中原局、中原军委工作，让粟裕担任华东野战军司令员兼政委。粟裕考虑到两大野战军合并时间不长，自己对山东部队情况不熟，需要一定时间的了解和磨合，以便形成更强大的战斗力。于是，他从大局出发，不计较个人得失，再次电告中央，请陈毅担任司令员兼政委，自己担任副手。中央最终同意了他的恳求。

1955年，我军实行军衔制。中央在讨论军衔问题时，毛泽东给予了极高的评价，论功、论历、论术、论德，粟裕可以领元帅衔，在解放战争中，谁人不晓得华东的粟裕呀？蒋介石的几大金刚谁不害怕粟裕？但粟裕事前已上书请求坚决辞去元帅衔。周恩来感叹说："粟裕两让司令一让帅，人才难得，大将还是要当的。"毛泽东马上补充道："而且是第一大将！"这样，粟裕没有当元帅，被授予共和国大将军衔，并且是第一大将。粟裕同志两让司令一让帅的佳话，展现了粟裕同志作为无产阶级革命家、军事家的高风亮节，作为共产党人的浩然正气，也展现了他作为侗族人民的优秀儿子所具有的谦恭礼让这一传统美德。

（参见《党史博采》2012／01／20）

六、热心公益

侗族是一个乐善好施、热心公益的民族。侗族村寨的鼓楼、风雨桥、戏楼、祖母祠、祠堂、水井、石版路、花街路等公共设施多为民间捐资、献料、投工、投劳所修建的。如闻名中外的广西三江侗族自治县程阳风雨桥就为三江县各地侗族民间捐资捐物投工投劳所兴建。为筹集建造该桥资金，除在三江县境各侗寨募捐外，还到湖南通道侗族自治县的许多侗寨进行募捐。竖立该桥头的几十块"功德石碑"就刻有各村寨捐资捐物、投工捐劳的人名。捐款者中有捐几十元的，也有捐毫子甚至几枚铜板的。天柱县石洞镇原来通向县城凤城及周边村寨和邻县锦屏、剑河的几百里石板路都是民间捐资投劳兴建的。现在保留得比较完好的石板路两侧还竖立着记载建筑这些石板路过程中功德事绩的碑文。

在侗乡，民间除捐资捐物捐工投劳积极兴建鼓楼、风雨桥等大型公共工程外，还热心各种公益事业。

侗乡的水井脏了，自有人主动清洗。道路不平，自有平时出工的人，顺锄填平。并且在农闲季节或秋收前，多组织寨人对道路进行加宽垫平，或把道路两旁的荆棘杂草铲出割净,让村民便于运粮、运肥和行人便于通行。途中山坳或村头寨尾,多建有凉亭,或栽植古树,引泉凿井,安放石凳、木椅,供村民劳作之余和行人乘凉、避雨、休息。途中瓢井(又称琵琶井)、笕井、涵井,多放有碗瓢供行人喝水,或打有草标,告示行人此井可饮。有的还于凉亭内或桥头桥尾放有凉水桶、热茶,免费供行人解渴饮用,或悬挂草鞋,免费供行人更换。冬天还烧起柴火,供行人取暖。山间岔道,多立有"指路碑",使过往行人不会迷路。

侗族地区道路逢溪必建有桥,如《赞花桥》中唱道:"天上有三百六十种云,人间有三百六十个姓,山上有三百六十样树,侗乡有三百六十条河,条条河上有桥梁",这是侗乡热心公益事业、乐善好施的真实写照。侗乡桥梁种类很多,有风雨桥、浮桥、板凳桥、独木桥、石板桥、石拱桥等。如遇大江大河则必设有义渡,义渡又分季节义渡和常年义渡,季节义渡一般在山溪小河中,水涨时以船或排渡接送行人,无固定渡工,枯水时节则不存在,或搭木桥,或安置"跳岩"。常年义渡多分布于大江大河中,有固定渡船和渡工。义渡主要为村寨民众集资或个别富者出资修船、雇请渡工,并购置田地充作渡产以资养渡工、维修渡船,行人过渡分文不取。渡工一般由贫困者充当,是村民们扶贫济困的一种表现。

侗族村寨卫生,除鼓楼、鼓楼坪、寨门、戏楼等有专人(款脚)负责清扫外,房前屋后卫生多靠社会监督,各户自觉打扫。款脚和义渡工一样,多由村中极贫者或孤儿充当,由村民集中照顾和出资供养,主要负责为村民们传事,同时也负责鼓楼中的凉水、热茶供应以及冬天鼓楼中的柴火供应等(有的村寨,鼓楼柴火供应由各户分担或由年轻人义务捐献),为村民和行人提供方便。鉴于侗族地区各村寨建筑均以木楼为主,各寨根据实际情况制定防火制度外,每年春节期间还要举行"退火殃"仪式,提示村民提高警惕,不要掉以轻心。大部分村寨,为防火灾,还出资兴建公共防火水渠、水塘等,平时积水养鱼,任何人不能开塘放鱼,占为己有,否则全部责任由其担当。

侗族热心于公益事业,还表现在戏班的组建上,每村大小不一,拥有的戏班多少也不一样,大的村寨3~5个不等,小的村寨也有一两个,多为一个家族一个戏班,戏班演员多自由组合而成,请师、服装、道具、乐器等费用,均由演员集资或家族成员捐资而得,逢年过节或农闲时免费为村民们汇报演出。如外出巡回演出,只需客寨解决食宿问题,不取分文;客寨为酬谢,多在演出结束时,通过喊"家官",观众纷纷以"红包"打彩的形式获得少许路费。常年活跃在侗乡的几百个民间侗戏班，除以喜闻乐见的传统剧目吸引观众外，则多靠热心于公益事业这一传统美德所支撑，为传播侗文化、丰富侗民生活、促进侗族地区文化交流与传统精神文明建设发挥了重要作用，做出了积极贡献。

七、尊老爱幼

侗族有尊老敬老的道德传统，这种道德传统表现在衣食住行、社交活动、生产劳动、人生礼仪等诸多习俗中。

衣俗中的敬老，表现在服饰颜色和佩戴上。少年儿童穿颜色鲜艳的。中青年穿颜色对比强烈的，多为兰、青和白对比。老年人穿颜色深的，多为黑色，表示庄重。如果中青年人穿深色的服装，被视为"充老""卖老"。在头饰上，若包头巾，中青年不能比老年人包得大，若戴帽子，中青年的帽子高度不得超过老年人的。佩戴烟盒烟杆，中青年也不得比老年人的大和长。这些习俗都显示敬老之意。其次表现在随季节的变化给老年人缝洗衣服，添新补旧，包括给家庭之外的鳏寡老人缝洗添补衣服。

食俗中的敬老，较为突出。侗家每次吃饭，先拿筷子拈菜插入饭碗中央，念道："根老借西应，教借西仑"（祖宗先吃，我们后吃），然后才就餐。这种对已故祖先的敬供，一直传承至今。侗家对于活着的老年人的敬重则更甚。平时，晚辈在山上做活得到的野果，诸如三月脬、杨梅、猕猴桃、柿子、板栗之类，总要把最好的拿回去给父母和公奶吃。家里炒好菜，总是先拈给年纪最大的人。遇供神祭鬼，供品总是分给房族里的老年人享受。遇红白喜事，房族与客人中，只要有老年人来，都予以优待，尽量让他们吃得舒服。哪家有老年人来不了，就包肉带去。大家在一起喝酒，不论官职贫富，先得向老年人敬酒。猜拳，也由长者开头。打得猎物，除了按在场的人头平分和特意奖给击中猎物的猎手外，还特意留一些给寨上病重或鳏寡老人。每逢节日，几乎家家都给附近鳏寡老人送去酒肉菜粑之类的食品。

住俗的敬老，较为别致。侗家多住吊脚楼，楼有三层，均为木式结构。第一层用来关养猪牛鸡鸭之类；第二层住人；第三层堆放东西。第二层中间前半部是厅堂，后半部称为屋心。屋心风吹雨打不到，多留给老年人做卧室。堂屋左右两厢，一般分隔成三间，最中间的也留给老年人作为卧室。春冬两季，天气寒冷，还叫小孩同老年人睡觉暖脚。夏天，在厅堂里摆竹椅、竹床之类，供老年人歇息用。寨上有鳏寡老人，其住房由青年们尽义务（侗乡叫"积阴德"）去翻盖修整。被子、草垫之类，常给翻晒。破烂了就由大家凑料翻新。

　　行俗中的敬老，最能看到侗乡良好的敬老风气。在路上行走，看见老年人迎面而来，要先打招呼，主动让路，靠在外边站住或缓步慎行，让老年人从比较安全的里边通过。前面若有老年人走路，自己有急事要超过时，要先声明和央告说："得罪你老人家，我有急事，先走了。"路上见有与自己同道的老年人挑东西，自己空手，就得主动帮助老年人挑或扛。若自己肩负较轻，老年人的担子重，则放下自己的，帮助老年人挑过一段比较艰难的路程，再回去负担自己的。天快黑了，见有老年人赶路，一般都主动请其到家里来住。酒肉相待，不收食宿费。路上行走，往往让老年人在前面领头，以他们的速度为标准，免得老年人过度劳累。夜里行路，老年人被置于中间，年轻人随时随地贴身扶持，以防摔伤。路上歇气时，把凉亭里的木凳或路旁的石凳石板或荫凉的地方让给老人坐。

　　社交活动方面的养老敬老传统主要表现为在多种交往活动老年人都处于主导地位。如联寨斗牛活动往往要请德高望重的老年人身着盛装，到斗牛场举行斗牛仪式。地区之间、村寨之间开展的"厄也"活动，做客的一方均由德高望重的老年人领队，东道主寨则由老年人领队去寨外迎客。吃饭时，老年人的桌子叫正席，摆长列放在中央。做客的每个环节，几乎都把老年人放在主导的地位，受到特别的优待。青年男女在仓脚、屋边或鼓楼坪行歌坐夜，有老年人从那里走过，大家得暂停活动，并起身恭请老人坐下。老年人走了，才能继续谈情说爱。

　　生产劳动方面的尊老敬老道德传统首先表现在对体力衰弱的老年人的照顾上。农事中的挑粪、犁耙田土和打谷挑谷等重体力劳动，都不让老年人去做。如采石，一般人负责开采和搬运，老年人则负责石面加工。拖木头时，老年人被照顾去烧火煮饭，或采伐架设木轨所需的藤条、枕木、润滑浆和轨木等辅助性的工作。"家有老，是活宝。"在侗族社会里，劳动技能、生产知识，都得靠老年人言传身教。有时大伙在一起劳动，老年人只要做示范就算参加了劳动，甚至老年人只要在口头上指导大家，把关键的技术传授给大家，也算是参加了劳动，可以参与分享劳动果实。有的地区"开秧门"，要选一对子女多的老年人来扯第一把秧。同时还得请他俩在田里栽上第一蔸秧。他俩子女多，象征所栽的秧也会多结果，将获得丰收。竹子、果树、瓜豆的栽种，要请子女多的老年人来起头开工。

　　在人生礼仪方面的尊老敬老道德传统表现也是多方面的。首先，孩子呱呱落地，得去外婆家报喜。订婚结婚时，男方请女方房族的长者来吃订婚酒，结婚时要请子女多的老年夫妻来铺床挂帐。当婚人要给老年长辈敬酒。新年伊始，少年儿童听到贺年的爆竹炸响，就会纷纷结队奔向老年人家向老年人拜年。新建鼓楼、风雨桥、戏楼、凉亭等公共建筑，竣工落成之日，得请热心公益的老年人来"筛美"（相当于剪彩）。新屋立柱上梁，也得请老年人来举行扶住和包宝梁（用红布裹笔墨等包在大梁正中）。进新屋，得请老年人来踩楼梯、开大门和往火塘里烧第一把火，以象征吉利。

侗族民间不仅有敬老的传统，也有爱幼的优良习惯。有诸多表现：小孩出生或满周岁时，需给小孩"打三朝""吃周岁"。到时外婆亲友要给小孩衣服、靴帽等礼物，其衣帽上往往绣有"长命富贵""易养成人"等字样，有的还绣有鹰爪、铜铃、银铃等饰物，以驱灾辟邪，保佑孩子健康成长。

民间往往还把幼儿称"宝"或"宝崽"。为了小孩易养成人，父母及祖父母辈往往为儿辈或孙辈请一个或多个保爹、保母（干爹、干妈），有的孩童还寄拜一些古树、巨石等自然物为"保爹"。

小孩在饮食方面也得到诸多照顾。煮饭时，往往把浓米汤留给儿童吃；杀鸡杀鸭，一般鸡鸭的最好部位——鸡把腿和鸭把腿拈给小孩吃。一些老人外出做客或赴宴时，也往往要从宴席上带回一些好吃的东西给小孩吃。

长辈不得随意打骂小孩，尤其是吃饭的时候，不得打骂小孩。民间有"雷公不打吃饭人"的规矩。

为促使小孩健康成长，小孩成长大到能自行起居后，一般都要安排跟祖父母住宿，以便得到适当照顾，以免感冒受凉生病。

八、孝敬父母

侗族民间视孝为人伦之本，百行之源。父母生前都会得到儿女和晚辈的孝敬和照顾，死后晚辈也会举行祭奠仪式或演孝歌、哭酒，表达对父母的哀思和怀念。侗族民间还流传着许多孝敬父母、尊重公婆的民间歌谣。《父母恩情比海深》这首民间流传的侗族琵琶歌就充分彰显表达了侗族民间孝敬父母、尊重公婆这一传统美德。

父母恩情比海深，
请你侧耳仔细听，
我唱支歌献众人。
人靠父母养育不是从天而降，
就像树靠水土才成林。

父母恩情听我讲，
细细思量听分明：
崽怀在身娘辛苦，
子未落地母忧心。
九月漫长娘血养，
母亲从此减精神。
春耕夏耘秋收割，
拖着重身到临盆。
养个孩儿不容易，
命大九死得余生。
崽女够娘盘养大，
屎尿烂去衣裙几多层。
日里上坡背崽挑重担，
夜晚偎儿移干换湿睡不宁。
当崽的从小在娘怀长大，
娘嚼糯饭口哺奶喂养。
喝烂亲娘衣裳多少件，
扯断母亲头发多少根。
脸儿钻进刺蓬采野果，
果捧在手亲娘半颗不舍吞。
情深意重唯慈母，
我嘴笨讲不完这伦理情。
做儿的睡前细思想，
何妨枕上自扪心。
道过母亲情义我又把父讲。
笋傍竹长树傍根。
父亲养儿够劳累，
耕田种地为儿孙；
担心吃穿没个晚上睡安稳，
不等鸡叫就起身。
母子月中家头全靠父亲管，
可怜严父家务农活两担承。
父亲怜儿一生不畏苦，

吃少空烂甘心为我们。
家头有时缺粮全靠父亲找，
跑遍近寨奔远村。
等崽满月就拿背带娘背捆，
上坡下岭父拣重的承。
家有公婆帮料理，
无公无婆父亲一人多操心。
吃的穿的父亲天天得打算，
哀声叹气独怕子女落后人。
男崽女娃都是心上肉，
为儿穿好老的宁愿挂补丁。
父母恩情深似海，
若讲赔情难算清。
我们赔不起山苞野果情和义，
山冲谷底莫拿情义那里扔。
成人全靠父母养育大，
哪有不傍父母各长成？
父母恩比南山重，
哪人能用秤来称？
为人媳妇要孝顺，
手板手背不要厚薄分。
莫要枕边学长嘴，
撮夫怠老小心那雷霆。
儿不随妇那她怎敢把老人骂，
最怕亲崽跟着那婆娘的脚后跟。
好的饭菜不让老人吃，
得鱼得肉不邀父母各自吞。
吃丢老人还不算，
一日三催鬼神快收公婆魂。
三天两头无好话，
寻衅争骂惊动半个村。
人说檐水滴原窝劝她忍，
她说水滴原处不怕污到身。

碰此儿媳老的常悲泪,
污言秽语伤透心。
公对婆说:
"母鸡抱蛋想不到变了种。"
婆对公讲:
"鸭崽丢鸡各下田塘忘母情。"
公告诉婆:
"哺育崽大挨崽撑。"
婆也流泪:
"老不中用何不快点跑进坟!"
孝顺父母人称赞,
怠慢老人乡邻议纷纭。
人老话多莫计较,
弯柴慢烧莫要怕烟熏。
老人吃得莫吝惜,
寸棺隔离唤不应。
山坡是主人是客,
人老还得住几春?
人老多病全望儿媳常侍候,
煮粥煨药要关心。
泼屎倒尿莫嫌臭,
早晚服待要殷勤。
养儿待老盼得好媳妇,
一家和睦度光阴。
先生教书有书本,
我无书本言浅笑莫笑语不深。
说唱父母情义给众人听,
觉得中意的就照行。
聪明的人听后思根本,
愚蠢的人水浇鸭背,
他会骂我乱弹琴。
百句长歌说不尽老人情和义,
笔秃怎能记完父母养育恩?

乖人听歌心激动，
好刀不用精石也磨平。

（参见《中国民间歌谣集成从江卷》）

九、和亲睦邻

　　和亲相邻也是侗族传统社会的一项传统美德。侗族民谚说："天上和来风雨顺，地上和来草木生；父子和来家不败，兄弟和来家不分；姊妹和来都孝顺，夫妻和来不相争。""兄弟不和金变土，全家不和富变穷。""水路不比山路近，远亲不比乡邻亲。""割不断的亲，离不开的邻。""远亲近邻，不如对门。"（参见《侗族口传经典》18～20页）侗族民间倡导父子之间、夫妻之间、弟兄之间、妯娌之间、邻里之间、宗族之间和睦相处，友好相待。许多家族即把"和兄弟""睦邻里""和家族"列为家规族规，要求族人践行。有的则把"处兄弟""聪宗党""睦邻里"作为家族成员必须遵循的道德原则和道德规范。如天柱县都甫等侗寨合修的《杨氏族谱》就把"去九私人处兄弟""举十致以联宗党""急十一救以睦邻里"作为族人必须遵循的道德品质和道德修养。如会同岩头吴家道光17年修的《吴氏家谱》中制订的家规"和兄弟"条款中说"袁氏世范曰，骨肉之失欢有本于致微，而终至不可解者，止由失欢之后各自负气不肯先下气。尔朝夕群居，不能无相失。相失之后，有一人能下气与之话言，则彼此酬复遂如平时矣，宜深思之。"在"和邻里"条款中云："愚得曰亲该邻里所往 甚近，相与甚久，凡生畜之侵害，童仆之半，言语之有触忤，行事之有错误，其势必不能无者。唯在以心体心彼此相容，不必详责于人，只知反求于己，方能久处。若不忍小忿，遂生嗔怒，或自恃财势智谋，必欲胜，吾恐怨相报，终无了时，其势必不能两存矣，可不戒哉！"《杨氏族谱》在"举十致认职宗党"条款中云"一曰从见相拜以致敬，二曰暂见相揖以致睦，三曰岁首相往以致和，四曰长致相贺以致厚，五曰燕见相勤以致善，六曰公见相平以致让，七曰庆必有名以至实，八曰吊必有哀以致情，九曰会必有故以致礼，十曰宴必有据以致乐。"

十、忠厚老实

　　提倡忠厚老实，反对奸诈贪婪也是侗族民间社会一项传统美德和道德要求。侗族民间对那些忠厚老实的人，总是给予肯定和赞扬，而对那些奸诈贪婪的人总是给予鞭挞和谴责。民间就流传着大量忠厚老实的人最终得到好的归宿、好的回报，而那些奸诈贪婪的人总是得不到好的归宿、好的下场的传说故事。如《老大和老二》《两兄弟分家》（见《金山夜话》）《雅郎和雅郎》（见《侗族民间故事集》第一集）《兄弟俩》《也韧和浓韧》（见上海文艺出版社《侗族民间故事选》）均是提倡忠厚老实，鞭挞奸诈贪婪的民间故事。

《老大和老二》中讲了这样一个故事。从前，有两兄弟，父母双亡，哥哥有了嫂嫂，就闹着和弟弟分家。一天，哥哥对弟弟说："弟弟，父亲在世时吩咐过，分家时只给你一双筷子一个碗，别的什么都不给。"弟弟也不和哥哥争吵，只是说："好吧！别的什么都不要，只要门前那棵大枫香树就行了。"

哥哥看见弟弟不和他争家产，也不说什么，就把门前那棵大枫香树给了他。

弟弟得了这棵树，就天天砍枝丫卖，挣几个小钱来糊口，慢慢地只剩下树顶上的几枝了。这时，住在树顶上的老鹰着急了，就来向老二哀求："饶恕一下吧！老天爷！再砍下去，我们全家大小就无处安身了。"窝里的一群小鹰也叽叽喳喳地叫着。

老二很为难，砍吧，老鹰就没有住处了；不砍吧，明天就要饿肚子。怎么办呢？

老鹰见老二为难，很同情他，说："这样吧，你明天清早来，带只三寸三的小口袋，我领你去一个地方，捡金子和银子。"

第二天一早，天还没有亮，老二带了一只小口袋来到大树下。那只老鹰看见老二来了，就从树上飞下来，老二骑在老鹰背上，老鹰展开双翅，嗖的一下，像箭一样，飞到太阳升起的地方。老鹰告诉他："你要快一点。我在这里等你。太阳出来以前，我俩就要走，晚了就走不成了。"老二很快就捡了一小口袋金子和银子，在太阳出来以前，他俩就飞回来了。

从此以后，老二再也不砍树丫卖了。日子越过越好。老大看见老二日子过得很好，就问："老二！你发财了，你是怎样发财的？"老二是个老实人，就把捡得金银的事老老实实地告诉老大。老大听了，就要回了那棵大枫香树。

老大要回了那棵大枫香树，果然看见树上有一只老鹰在做窝。他扛起斧头，劈劈叭叭地砍那棵枫香树。老鹰飞下来向他求饶："饶恕一下吧！老天爷。你砍了这棵树，我们一家大小就没有地方安身了。"这时，老大也装穷叫苦地诉说了一通。老鹰以为他真的没有米下锅，就对他说："你明天清早来，带一只三寸三的口袋，我领你去一个地方捡金子银子。"

老大财心重，他缝了一个三尺三的大口袋，半夜里他就来到大枫树下。天刚亮，老鹰就驮着他到太阳升起来的地方去。老鹰告诉他："你要快一点，太阳出来以前，我们就要回去。老大看见到处都是白森森、亮晶晶的金子和银子，不晓得捡什么好。看了看，就只捡金子，不捡银子，还尽挑大块的捡。捡呀捡呀，把老鹰告诉他的话，早已忘掉了。捡呀捡呀，他的口袋太大了，老是捡不满。这时，太阳升起来了，老鹰等不及了，就自己飞回来了，丢下老大在那里，结果老大被太阳晒溶化了。

（参见《金山夜话》359～360页）

第六章　侗族传统劳动道德

侗族古代社会是传统的农业社会，稻作农业是侗族传统社会的主要职业，并兼营林业及手工业。为了搞好农业、林业及手工业生产，满足人们日常生产生活需要，千百年来侗族人民在生产劳动的过程中经历了种种磨难与曲折，也创造了许许多多成功的经验，并在此基础上，约定俗成，形成了本民族的劳动道德。侗族传统劳动道德没有长篇巨著和系统的条规，而隐含了侗族民间的各项生产习俗、民间歌谣、民间戏剧和传说故事之中。这些劳动道德理念主要有以下几个方面。

一、守职敬业

守职敬业，服务社会是侗族民间各项劳动遵循的基本道德原则和道德要求。侗族传统社会基本上是农业社会，生产劳动没有过细的分工，但也有农业、林业及手工业等劳动行业之分。在漫长的历史时期，侗族人民在各项劳动实践中体验和意识到各项生产劳动在劳动对象、劳动内容、劳动要求、劳动性质等方面多有不同，但根本目的在于满足个人、家庭及社会求温饱、求安居、求吉祥、求富贵、求繁荣昌盛等个人需求及社会需求。因此，侗族民间各类劳动者都把守职敬业、服务社会作为各类劳动遵循的共同原则和共同要求。侗族传统社会要求人们遵循这一劳动道德理念，在生产劳动中各司其职，各尽其责，努力通过自己的劳动为自己、为家人、为他人、为社会创造价值和财富，为人们和社会谋取利益和福祉。如农业劳动者就在于通过人们种田、养牛、养羊、养鸡、养鸭、养鱼等劳动实现五谷丰登，六畜兴旺，做到谷满仓，鱼满塘，牛羊满圈，人们丰衣足食，生活美满；林业劳动者则通过人们育林、造林、护林、封山育林、伐木、抬木、放排等项劳动，创造优美的生态环境、生活环境，生产优质木材及材产品，创造使用价值和经济价值，造福人民、造福社会；手工业劳动则通过自己的专门技术和辛勤劳动建造房屋、制造家具、农具及其他生产生活用品，满足人们对房屋、农具、家具及其他生产生活用品的需求，服务社会，造福大众。

二、勤劳勇敢

　　勤劳勇敢是侗族劳动道德的重要组成部分，也是侗族人民的传统美德之一。在侗族民间文学的各种艺术形式中都有大量反映，不少勤劳勇敢的艺术典型，被侗族的民间艺术家刻画得栩栩如生。他们或者无所畏惧，英勇顽强，战天斗地斗恶魔，为人们开创较好的生存环境；或者披荆斩棘，跋山涉水，为大家寻找宜居的乐土；或开荒辟土，兴修水利，为后代创立稳固的基业。如《洪水滔天》就叙述了姜良、姜美战胜雷婆连降大雨为害人类，并放12个太阳欲烧焦大地的图谋。白天和黑夜始得分离，太阳、月亮始得各自运行，人类始得繁衍，万物始得生长；《救太阳》则叙述英勇善良的兄妹"广"和"扪"为援救被恶魔打落的太阳，使人们重见天日，妹妹献出了生命，哥哥则永远留在天上的英雄事迹；《救月亮》则叙述了侗族武士要砍倒妖怪恶魔，在月亮内长出一榕树，给人们重兴带来了光明，而自己却永远留在月宫的舍身救民的英雄事迹；《跋山涉水》则是一部侗族先民披荆斩棘，跋山涉水为侗族寻找宜居之地的可歌可泣的史诗；《八仙女和婵娟姑娘——高坝歌会的来历》则把兴修水利作为求婚的重要条件，为水利事业献出了青春、爱情和一生，死后还变成八尊巨石守卫侗家山水的八仙女的传说故事及婵娟姑娘坚持兴修水利修好山塘作为求婚者的重要条件，并获得了美满婚姻的传说故事。许许多多可歌可泣的艺术形象历来为侗族民间所崇奉的道德风范，成为人民战胜各种困难的强大的精神支柱。

　　侗族人民多居住在自然条件较差的山区。山多林密，峰峦叠嶂，环境险恶。世世代代居住在这里的侗族人民开拓进取，改造自然，建设家园，努力创造美好生活。人们在战天斗地的征程中，每前进一步都要付出艰辛的劳动，乃至巨大的牺牲。因此，侗族民间总把勤劳勇敢与幸福生活相联系，热爱劳动英勇顽强的人总为人们所尊崇；好逸恶劳，懒惰怯弱总为人们所唾弃。因此，他们在赞扬和歌颂那些勤劳勇敢的人们的可歌可泣的英雄事迹的同时，对那些好逸恶劳的丑恶思想和言行，给以无情的鞭挞，就是对劳动人民中那些懒惰的人，也总是给予嘲弄。反映这一道德观的民间文学资料十分丰富。如《懒人变忙人》《戒懒汉》《懒人做活路》等。这些故事和歌从不同的角度对懒汉进行了嘲弄和谴责，歌颂勤于耕作、勤劳勇敢的人。

　　《懒汉变忙人》这则故事，讲了一个叫样基的人，是个孤儿，他双亲去世时给他遗下大批财产，但他好吃懒做，甚至有一年过年时，他不想起床，便请人打了许多糍粑，做成一大块放在被子里，他每天睡醒后就躺在床上啃被子上的糍粑。不几年，家产就被他吃完了，他只好讨饭度日。后来在两位老人的规劝下，这个样基才变勤劳了。日子重新过得好起来，还成了家，过去那些经常嘲笑和奚落他的小伙子们也成了他的朋友。

侗族民间不仅流传着史诗神话传说和民间故事宣扬勤劳勇敢的道德理念，在各项生产劳动的实践中也践行勤劳勇敢的道德原则和道德要求。如在漫长的历史时期，野猪都是侗族地区玉米、水稻、红薯等粮食作物的破坏者，往往一夜之间，野猪就会把一大块水稻、玉米、红薯等农作物毁坏殆尽，令耕种这些农田土地的农家颗粒无收。因此，猎杀野猪就成为侗族民间的一项重要任务。猎杀野猪不仅要付出艰辛的劳动，有时还有被野猪撞伤咬伤的危险，有时甚至会付出生命的代价。但为了保护庄稼，确保农业丰收，侗族农家总会积极参加猎杀野猪的活动。

三、吃苦耐劳

吃苦耐劳是侗族社会成员一项重要的劳动道德。侗族人民为了求得自身的生存和发展，人们常常起五更、睡半夜，日以继夜地从事各项生产劳动。他们有的晴天一身汗，雨天一身泥，长年累月地奋战在田间地头，为夺取农业丰收辛勤劳作；有的一年四季，钻密林，爬高山，涉急流，过险滩，从事高风险、大强度的林业生产劳动，把一棵硕大修长的园木运出大山，送到千里之外；有的旷日持久地从事起房造屋，打铁、打岩等手工劳动，把一幢幢房屋、农具、用具等手工劳动产品提供给民间和市场，以造福人们，服务社会。各项生产劳动都充分彰显了侗族社会成员吃苦耐劳的精神。以木材生产为例，木材生产包括采山、伐木、抬木、拉厢、放羊、扎排、放排等流程，每一项流程都需要劳动者付出艰辛的劳动，面临着多种风险，乃至生命的代价，但生产者不畏辛劳，不怕风险，总想方设法，克服各种困难，把一棵棵硕大修长的园木，运出大山，拉出小溪，放送千里之外的木材市场。

四、齐心协力

侗族传统社会的生产劳动以个体劳动为主，但许多劳动尤其是春耕秋收大忙季节的一些劳动项目，如插秧、收割等，为赶农时，增效益，也需要社会成员通力协作，互帮互助，共同完成；林业生产的许多环节，尤其是赶山、拉厢、放羊、扎排、放排等劳动皆是集体协同才能完成的；狩猎活动更是一个集体进行的劳动过程。因此，协力合作、互帮互助成为侗族民间遵循的一项劳动道德。侗族民间时逢栽插季节，往往采取换工的形式，实施集体栽插活动。许多农户某一天集中于某一农户集体插秧，而另一天又集中于另一家栽插。人们换工、不讲劳力强弱，年龄大小，只要参与其中都会得到回报，在另一个时间得到别人的帮助。在狩猎活动中往往成为小则来来人，多则几十人参与的集体劳动。他们都有明确的分工，有的持枪守饿口，有的拿柴刀砍路理脚印，有的唆使猎物追踪，有的担任瞭望和警戒的工作，在围猎过程中，人们相互配合，通力合作，共同完成狩猎任务。

五、爱护资源

为确保人们生产正常、生活方便、农业丰收，侗族民间十分注意生产劳动所依靠的土地、水源、森林等生产劳动资源的保护。首先特别重视对土地资源的保护。为防止水土流失，河边的耕地往往建有防洪堤，或栽有榕树、柳树等防洪林和护堤林；梯田多砌有保砍；边坡田地往往植有容易生长、有利于防止水土流失的草类；坝田和龙田一般都开有防洪渠和灌溉渠，使之既利灌溉，又方便人们居住生活。许多村寨对村寨的山、水、林、田、路和住地还进行统一规划、统筹安排，努力使山、水、林、田、路和民居布局合理，和谐有序。

为保护土地、水源、耕地，侗族民间十分注重对森林的保护。侗族款约规定，严禁砍伐村寨周围的风景林，还规定："山林禁山，各有各的，山冲大梁为界。山场有界石，款区有界碑，山脚留火路，村村守寨规。山间的界石，插上不许搬移；林中的界槽挖好不能乱刨。不许过界挖土，越界砍树，不许种上截，占下截，买坡脚土，谋山头草。"对失火烧山的人，除赔偿山主的损失外，还要罚其重新造林，对伐林木的人给以严惩重罚。同时，款约对造林护林有功的人，则大力赞颂，并给予物质和精神奖励。

侗族民间对野生动植物资源，往往遵循取物不尽，取之有度，用之有时的自然法则，既不乱捕滥猎，也不乱要滥挖。如民间忌捕杀动物幼崽，也禁忌在野生动物繁殖期狩猎。人闪采集的对象主要是野菜、杨梅、野梨、猕猴桃、野李、板栗、木耳、香菌、竹笋、蕨菜等多年生及易于生长及可以再生的资源，短缺林木资源及稀有林木资源严禁滥采。

对于水资源，侗族民间也非常重视涵养与保护，积极节流。他们有的因农田和溪流的地势，采取挖沟渠灌溉或筑坝设圳引灌等方法，有的在溪河边架设自动水车，当河水冲来时，车轮自转，由竹筒往田里灌水。在生活用水方面，侗族民间也非常注意水井的保护，不论哪个村寨，都以有一口好井、一眼好泉而自豪。他们把水井精心镶嵌越来，工艺十分精巧，总是找来上等的青石块砌井，既美观又可保持水源清洁卫生。

六、保护耕牛

侗族是农业民族，耕牛是重要畜力，是农业生产的重要帮手，因此，侗族民间十分重视对耕牛的保护。他们不仅对耕牛精心喂养，让耕牛膘肥体壮，以便役使，许多地方还时兴了春牛节、牛王节、斗牛节等民族节日。耕牛节日的兴起蕴含着侗族的民间爱敬牛的文化传统和道德理念，如流行在南部侗族地区通道县的春牛节就彰显了保护耕牛的劳动道德理念。通道春牛节，一般在"立春"前后。每年立春一到，各家各户就忙于修理牛舍，把放养在山上的耕牛从山上找回家，关在牛圈里，还要到冰雪不见的山涧深谷割来青草，作为立春这一天牛进栏的青料。有的人家还以糯米豆类等饲料喂牛，用鱼肉酒饭等到牛栏边祭祀牛神。各村寨还组织匠人破篾扎成竹牛，充作为舞春牛的道具，然后组织"春牛队"给家家户户"送春牛"，祈求吉祥丰收。送春牛的活动开始时，寨内锣鼓喧天，人们都集中到鼓楼坪，其中伏着一头大水牛，牛头用竹篾扎成。牛身则是一块大白布，粘上茸茸的麻线充牛毛，又用麻线做成一条粗大的尾巴，由两人（有时四人）钻过白布下边模拟牛的动作进行舞春牛表演。春牛在坪中转圈，紧跟着春牛的是一对农民夫妇，他们扛着犁耙，挑着篓桶，送茶送饭，最后还跟着一群捉鱼捞虾的姑娘小伙，背着鱼篓，跟着水牛载歌载舞，情趣盎然。之后，又出来一位身穿长衫卖春历的老人，他贴上八字胡，拖着老学究的腔调，向寨人祝福："春牛来得早／今年阳春好／要想地生宝／耕牛保护好"。接着春牛队把春牛舞到全寨家家户户，把象征性的丰收送到每个农家。所到之处，都向主人说几句吉利词，如"春牛来得早，来年阳春好""春牛登门，风调雨顺""春牛游村，五谷丰登"等，主人则向春牛鸣放鞭炮，献糖果、粑粑红包、米酒，有的还煮油茶款待。

春牛送到各家之后，舞者牛的队伍又回到寨中的鼓楼坪，跳起耙田施肥、播种等农事舞蹈，围观的人群则用对白和盘歌的形式，向春牛队提问各种农事知识，春牛队都一一作答。在舞牛活动中，有的唱《十二月农事歌》，有的唱《十二月活动歌》，有的唱《二十四节气农事哥》，有的唱《十二月劳动歌》等，这些歌谣寄理于歌，以歌诲人，使春牛活动成为民间普及农事劳动知识和宣传劳动道德理念的场所。

七、珍惜粮食

粮食是侗族农耕社会的主要劳动成果，也是侗族社会成员得以生存和发展的物资基础之一。因此，侗族民间特别珍惜粮食，并形成一种伦理道德。侗族传统社会珍惜粮食表现在方方面面。收获粮食时，侗族传统社会强调精收细打，颗粒归仓。打谷季节，成年人收割后，还安排老人、小孩拾谷穗，尽量把散落稻田的谷穗收获归仓。对散落稻田的谷子，则放鸡、鸭、鹅啄食。侗族民间稻作农业，一般不是只种植水稻，而是实行稻鱼鸭综合经营，侗族民间按照农事季节，专门安排有一批捡食收获稻谷后散落谷子的伏鸭、鹏鸭，使成熟的稻谷得到充分利用。

在食用粮食方面有农谚说："饱食莫浪撒。"严禁抛撒和糟蹋粮食。侗族民间认为，糟蹋粮食是邪恶的行为，要遭到报应，并常用"糟蹋粮食要遭雷打"来警戒孩童，让民间形成珍惜粮食的良好社会风尚。

第七章　侗族传统政治道德

　　侗族是中华民族大家庭的一员，历史上没有形成独立的民族国家。但在漫长的历史时期，侗族内部一直沿袭着侗款制政治制度，在广大侗族地区长期存在中央王朝的郡县制与侗族内部的侗款制并存的二元制治理局面。侗款制是侗民族推行的一种内部自治制度，它以合款结盟为基本组织形式，以家族为血缘基础，以村寨为地缘纽带，以款约为法律遵循，依靠社会头人（房长、族长、寨老）和款首实施世俗统治和习惯法治理，被誉为"没有国王的王国"。侗族传统社会在侗款的长期治理和影响下，形成了独特的政治道德传统和道德规范，主要有以下几个方面。

一、尊贤敬能

　　尊贤敬能是侗族民间最重要的政治道德原则和道德规范，主要表现在以下几个方面。

　　一是侗族民间普遍崇拜先民中的英雄人物和杰出首领。侗族历史上曾产生和出现过众多的英雄人物和杰出首领。对历史上的种种英雄人物和杰出首领，侗族民间十分崇拜。民间流传着许多颂扬先民的传说故事，传唱着许多歌颂先民的民间歌谣和诗词。如侗族民间存在的六朗创款规、杨应公救飞山、贯公救萨岁、吴勉和林宽反抗明王朝、姜映芳抗清起义的传说故事或民间歌谣广为流传。民间还把一些英雄人物视若神灵加以崇拜，并在这种崇拜的基础上而产生民间的信仰文化，侗族民间的"萨"信仰，就是在对生前维护侗族人民的权利，死后还变为巨石守候侗乡的青山绿水的先祖杏妮祖孙三代的崇拜的基础上而形成的。总之，历史上的英雄人物和杰出首领的丰功伟绩和英勇事迹往往成为后世头人和款首在政治生活中师法和践行的道德楷模和行为规范，对促进侗族传统社会尊贤敬能道德观的形成发挥着重要作用。

　　二是侗族传统社会普遍推行贤人政治和能人治理。侗族传统社会多由房长、族长、寨老及各级款首治理。他们都为侗族基层社会的自然领袖或民众选举产生。这些社会头人和款首在生产劳动中多是技艺娴熟、能力超群的生产能手，在对敌作战中往往是智高一筹的指挥官和带头冲锋陷阵的勇士，在调处山林、土地、水利、婚姻等内部矛盾纠纷事务中，又是能言善辩、敢作敢为，秉公办事的公朴，在民众中有很高的威望，多为民众所拥戴。

三是尊重和礼遇侗族社会生活中的歌师、戏师、锦师、巫师、乐师、画师及各种匠人师傅和学校教师。歌师、戏师、巫师等社会成员，是侗族传统文化的承载者和传承人，是侗族传统社会的精英，他们多为侗族传统社会某一领域的智者和贤人，有的还身兼数职，既是歌师、戏师或巫师，还是寨老和基层款首，精明能干，豁达开朗，又有专业特长，很受人们的尊敬和拥戴。

只要有一技之长，就会得到人们的尊重，各行各业的师傅被人们看成是有本事的人，受到人们特别的尊重。木匠师傅被请去建造木房，人们要拿布、鞋和公鸡等物酬谢；被请去装修房屋和打家具及造棺材，人们一日三餐好酒好肉相待。歌师不仅受到男女青年的拥戴，而且在老年人和小孩子的心目中，都被视为有才学的人，一样受到他们的喜欢。参加婚礼中唱歌的男女歌队，事前都要请歌师来教歌。歌师所耽误的活，青年们去代他做，还要送礼物表示酬谢。嫁姑娘或接媳妇，请歌师来唱大歌或酒歌，对其招待得特别周到。酒肉不必说，还送茶水、姜片、糖果和水果给其润喉，他比舅公还多得享受，地位仅次舅公。在日常生活中，青少年喜欢接近歌师，利用空闲时间从其学歌。歌师成为他们的良师益友。路上遇到老师，侗家人总是先打招呼问候，并且恭立路旁，让老师先走；如果是同行，一定请老师走在前面。平时家长们总是教育子弟尊师，要像对待父母一样尊敬老师。因此，侗寨学生们对老师是十分崇敬的。老师来到家里，学生要敬礼；老师跟家长讲话，学生毕恭毕敬地站在旁边用心听，吃饭时，学生给老师夹菜。每一学期结束时，家长们联合举办"谢师酒会"。酒会上的食物，都是各家凑集起来的，拿菜（荤菜、蔬菜不论）的拿菜，提酒的提酒。而且皆是各家自产的最好的酒菜。待东西一凑齐，大家就一起动手，只需几袋烟的工夫，一桌以当地土产为主的丰盛饭菜就张罗好了。最有意思的还在于坐席时，大家都要恭请老师坐"上八位"（即上席，靠左边的第一个位子——全席最好的座位）。接着，家长们轮番把盏，一一向老师敬酒，并讲许多感谢老师教诲学生的话，直到老师和陪客们酒酣饭饱才尽欢而散。

二、德法共治

侗族是一个崇尚德治的民族，也是一个崇尚法制的民族，实现德法共治，德威并重。在漫长的历史时期，侗族传统社会十分关注社会成员优良道德品质的养成及道德修养的提高，引导侗族传统社会发扬传统美德，遵守公共道德，培育和养成良好的社会风尚。与此同时，侗族传统社会还制定了一系列款规款约，严厉打击那些抢劫、杀人、偷盗、强奸等犯罪分子，并惩处各种违法现象，使侗族社会实现了较好的治理。侗族民间制定的具有法律效用的款规款约很多，其中具有代表性的是《约法款》。《约法款》分为《六面阴规》《六面阳规》《六面威规》3个部分总共18条，内容十分丰富，几乎囊括了侗族社会生活的方方面面，还包括对犯者的处理原则、手段、办法以及劝教等。

《六面阴规》是从重处罚的条款，犯者一般都要处死。如第一条（一层一部）是对破坏风水、斩断龙脉、骑坟葬祖、挖坟平墓者的处理。第二条（二层二部）是对上拱禾仓、下撬金银、拱田埂、挖鱼窝、挖墙拱壁等偷盗行为的处理。第三条（三层三部）是对拦路抢劫、掠夺金银、深山抓人、路上杀人、放火烧屋、放火毁林等谋财害命、杀人放火者的处理。第四条（四层四部）是对破坏礼仪、扰乱条规等严重违反伦理道德行为的处理。第五条（五层五部）是对塘里偷鱼、田里偷谷等破坏生产行为的处理。第六条（六层六部）是对拿吊耳当桶卖、拿谷芒当谷卖、卖基石过河、卖空名过县等欺诈行为的处理。上述行为，都属于"罪大如天，恶深如海"，一般要处以极刑（处死），所以称之为"阴规"。

《六面阳规》是从轻处罚的条教，犯者一般都接受罚款、赔偿、悔过等处理。如第一条（一层一部）是对不守规矩者、未婚先孕者、悔婚毁约者的处理。第二条（二层二部）是对依势逼婚、逞强抢婚者的处理。第三条（三层三部）是对上山偷鸟套、下河盗鱼钩、进村偷鸡、下河偷鸭等小偷小摸者的处理。第四条（四层四部）是对扛斧上山、背刀窜岭、进山偷柴、钻林偷笋等破坏山林者的处理。第五条（五层五部）是对偷山塘、开水坝、挖田埂、毁渠道等破坏水源者的处理。第六条（六层六部）是对偷菜、偷瓜、偷红薯、偷豆角等小偷小摸者的处理。这些违法行为，都属于轻罪，一般不处以极刑（免死），所以称之为"阳规"。

《六面威规》是属于劝教、警告方面的条教，其主要起到警示、威慑的作用，所以称之为"威规"。如第一条（一层一部）是劝教人们要相互尊重，不要吃饭脏碗、睡床脏毡；不要吃一碗，乱一庹，睡一时，乱一季，要遵守社会公德。第二条（二层二部）是劝教人们要友好往来，不要"用树叶阻塞水渠，用蜘蛛网隔断山岭"（比喻断绝交往）；还劝教人们做米共簸箕，做水共条枧，相识成好友，联姻成好亲。第三条（三层三部）是劝教兄弟之间要团结和睦，"要像石崖千年不塌，要像石山万代不崩"。第四条（四层四部）是警告人们不要袒护和包庇坏人坏事，对坏人坏事"莫拿虎皮来遮，莫拿龙皮来盖"。第五条（五层五部）是劝告人们不要安仇挟恨，苗、瑶、壮、侗等各民族要和睦相处。第六条（六层六部）是劝教并警告人们处理罪犯要注重真凭实据，"实就是实，假就是假。实事同处置，假事同解决"。对那些拒不认罪。顽抗抵赖者要严肃处理，"不怕他像钢一样硬，不怕他像铜一样韧。是钢也要把他捶碎，是铜也要把他擂溶"。

由于侗族社会长期以来，坚持实行德法并治，德威并重，既重视社会成员道德品质的养成和道德修养的提高，也坚持实施《约法款》。社会成员，尤其是青少年一代知晓侗族民间习惯法，遵守侗族社会的道德原则和行为规范，对侗族地区良好社会风尚的形成发挥了重要作用。长期以来，侗族地区社会经济发展缓慢，人民生活水平不高。但由于教规教约得以贯彻实施，并代代相传，侗族地区村与村、寨与寨、人与人之间的关系比较和平融洽，社会秩序比较安定。

三、倾心内聚

侗族是提倡内部团结，反对分裂，更反对出卖和背叛民族利益，倾心内聚的民族。侗族款词中认为"独木不成桥，滴水难成河。一根棉纱容易断，十根棉纱能把牛牯牛拴。三人同行老虎怕，一人走路猴子欺。我们要像鸭脚连块块，不要鸡爪分叉叉"。要"团结密切如簸箕，团结无隙像葫芦；紧如盆底，硬如铁箍"。对那些出卖和背叛民族和团体的奸细和叛徒，不但给予鄙视和谴责，还要进行严厉的惩罚和处理。《约法款》规定：

不许谁人，
居心不良、起意不好。
内心外引，隐藏坏人，勾外吃里，窝藏黑户。
表面堂堂正正，内心鬼鬼祟祟；
门楼当作阁楼，鼓楼充作官殿。
假装野猫，真是老虎，
装成小蛇，实为大蟒。
别人造木船运柴，他就制铁船运事；
引祸害人，刨沙进田，制造内讧。
今天款规不容许，乡老不留情，

要以内奸罪论处，取他的性命。

不准谁人，收留陌生人。
树根不许躲青蛙，树尖不准藏松鼠。
深山禁藏虎，岩洞禁藏蛇，
草坪禁藏野猫，山林禁藏豺狼。
莫做贫穷留珠宝，大水包青蛙。
草纸包火，岩砂包头，迟早要暴露。
若他自外归顺，受到大家的保护；
自内叛出，抓得回来，要脚压木棒头压岩。
拿木棍敲脚，用岩石打头，
让他性命归天，身体入地。
丢他下九庹深坑，盖他三庹黄土。
又规定：
不许谁人，作奸通贼；
日里做人，夜里做鬼。
勾外吃里，勾生吃熟，
千只牛脚进，百只牛脚出。
哪人不听，当众听到，
铜罗传村，千家事，众人理；
众人判杀就杀，众人断打就打。

（参见《侗款》86～87页及112～113页）

侗款《从前我们起大款》中还说："天上不许谁搅翻，地下不许谁骚动。我们要房连房，家连家，胸贴胸，肉贴肉。哪个要施狼计，设虎计，勾外打内，撵他到三十天路远的地方去。"

四、共御外辱

侗族是一个文明礼貌、善待朋友的民族，也是一个敢于面对强敌，共御外辱的民族。侗族历史上是一个人数较少力量较弱的民族，常遭周边强敌，特别是常遭代表剥削阶级利益的官府政权，乃至中央王朝的欺凌、压迫和剥削。面对强敌，侗族先民们前仆后继进行了殊死斗争，坚决捍自己民族生息繁衍的权利。侗族款组织就是一个带有军事联盟性质，反对外部势力入侵的义务的组织。出征款规定："不许谁人，像鸡那样怕老鹰，像鸟那样怕鸠枭。""我们要像蚂蚁聚众杀死穿山甲，要像蜜蜂合力刺毒蛇"。早在五代时期，侗族地区大姓头人杨再思就对地区强敌对侗族地区的袭扰进行了大规模的反抗斗争。自明代以后，统治阶级对侗族地区广大人民进行残酷的经济盘剥和政治压迫，迫使侗族人民揭竿而起，暴发了无数次的起义斗争。其中规模较大、影响较广的是明代吴勉和林宽分别领导的起义和清末姜映芳领导的侗族人民大起义。

洪武十一年（1378年）六月，在黎平兰洞寨侗族吴勉的领导下，爆发了声势浩大的武装起义，起义队伍攻打靖州、零溪，在九星岗与敌一战，官军指挥使过兴父子被俘处死。十一月，明庭派辰州卫指挥杨仲名为总兵官，对起义军发起猛烈进攻，吴勉回师退入深山老林，在"天甫洞"一带地区坚持斗争。到洪武十八年（1385年），明廷进一步加强和巩固了对侗族地区的统治，推行"拨军下屯，拨民下寨"的政策，将侗族人民大片良田、沃土被圈占，用以屯军，造成广大农民失去土地，更激发了广大人民对统治阶级的仇恨。同年五月，在吴勉的号召下，侗乡又掀起了更大规模的反抗斗争，古州十二处土地司官亦率其地之兵民响应。吴勉起义队伍号称二十万众，被推举为"铲平土"，很快占据湘、黔、桂接壤地带。明廷震惊，至八月间，明廷派信国公汤和任总兵，江夏侯周德兴与都督同知汤礼任逼将军，随楚王朱桢率军进剿，官军三十万到达靖州，派人劝降，吴勉不理，官军继而进铜鼓，至十万坪分屯立栅，兵分四路进攻，湖耳等多数长官司相继投降。官兵进军围攻上黄，纵火烧寨，起义军终因寡难敌众而失败，四千名将士阵亡，四万余人被俘，吴勉及其子吴禄被俘，解往京师，后来被杀。起义失败后，明廷在黎平、锦屏等地安屯七十二个，置五开卫，围占土地一千二百余顷，派遣屯军三万两千余人，用军事弹压侗乡。广大侗族人民不忍其压榨，仍多次举行武装反抗。

洪武三十年（1397年），明王朝于今锦屏县设铜鼓卫，圈地二百五十顷加强其军事统治，同年三月，侗族林宽在上婆洞举起了义旗，四乡侗民纷纷响应，队伍声势浩大，号称十八万众，攻向官军驻地龙里守御千户所。千户吴得与镇抚井孚议计，一面令人驰报贵州都指挥使司，一边坚守待援，起义军纵火焚烧四周。吴得率队冲出城与义军作战，被乱箭射死，井孚继之出阵，亦命丧黄泉，义军占领了龙里。继而乘胜攻克新化、平茶守御千户所。四月，林宽率义军数万，出新化，攻婆洞，连克龙里，围攻黎平守御千户所。

五月，明廷震恐，急升湖广都指挥将军齐让为平羌将军，统兵五万镇压，见义军势大，不敢前进。复令楚王朱桢、湘王朱伯率都督同知杨文为征虏副将军，宁忠为参将，领兵二十万由沅州（今芷江）进驻会同广坪。十月，贵州都督程暹率兵至广坪会合。杨文率主力伐山开路进入天柱，向五开进发。程暹领援军由渠阳、零溪走山路，直抵洪州泊里、福禄永从诸侗寨。贵州都督顾成从都匀分道夹击，义军于五开被包围。林宽估料势单力薄，难以抵抗，决定分兵突围。林宽断后死战，终因伤重被俘，解至南京就义。突出重围义军，分散于婆洞、龙里一带，次年被官军镇压，起义失败。

1855年，因地方官员"四处辑拿上年抗粮农民，被枭首活埋者甚众"激起了天柱革溪讯人姜映芳领导的侗族人民大起义，前后坚持斗争了10余年，与大平天国领导的农民大起义及台江苗族姜秀眉领导的苗族人民大起义遥相呼应，影响深远，成为侗族人民历史上一次重大的反抗斗争。

五、民族亲和

侗族传统社会，地区与地区、村寨与村寨之间，政治上长期合款结盟，生活上相互联姻。为巩固联盟，方便联姻，地区与地区、村寨与村寨之间经常开展群众性的联谊活动。侗族民间开展的群体联谊活动，侗语称为"厄也"，是一种集体做客活动，侗族民间经常交往的集体客人有鸡尾客、相思客、戏客、芦笙客、龙灯客、官客等多种。参与这一活动的客人少的数十人、上百人，多的数百人、上千人，有时甚至整村整寨的人们都到交往的村寨去做客。主客之间开展唱歌对歌、踩堂多耶、吹奏芦笙、演唱侗戏、讲款讲锦（故事）、抬官人、玩龙灯，或举行斗牛等文化娱乐活动和竞技活动，大大丰富了侗族地区的文化生活，也增进了地区与地区、村寨与村寨、族姓与族姓、房族与房族之间的友谊，许多地区和村寨往往世代友好。民族内部之间的矛盾、冲突、械斗、仇杀的现象很少发生，而到处彰显和平融洽的景象。人们有事相帮，遇难共渡，苦乐分享，亲近和睦。

六、平等团结

主张各民族平等，倡导各民族团结，也是侗族传统政治道德的重要内容。流传于侗族南部分方言区的史诗《侗族祖先哪里来》写道："丈良和丈美……兄妹开亲后……九个月后生出一个肉团团……把那肉丢在地，／用刀剁来用斧砍。／剁成碎肉末，／丢进大深山／……过得几天后，／事情变得真稀罕：／披头忽听娃娃哭，／冲脚又听娃娃喊，／有的山冲冒青烟，／人声笑声不间断。／……有的娃娃抱头喊<达瓦>（苗语："打死我罗"之意），／有的娃娃叫喊娘，／有的小孩喊奶丢（侗语"我的妈妈"之意），／还有叽哩哇啦的娃娃站一旁。／……丈良和丈美，／对着娃娃仔细望；看看这娃娃像丈美，／看看那个娃娃像丈良。／都是父母身上血肉变成的，／不像爹来就像娘。／撒进山冲的碎肉都变成人，／从此人种传世上。／肉团里的血水，／流进大河大江。／血变成汉族，／汉族住在大江大河旁。／团团里的肉，／有硬也有软，／肉变成侗族，／侗族住在依山傍水的地方。／心肠、腰、肺颜色不相同。／有红有白像那花一样。／心肠、腰、肺成瑶族，／瑶族穿的是花衣裳。／骨头硬，／像青枫，／骨头变成苗族，／苗族住在高山顶顶上。流传于北部侗族地区的史诗，《丈良丈美置凡人》在描述丈良、丈美按照天意成婚后，"怀胎三年六月整，／生下一个肉包身，／无脚又无脑，／圆圆滚滚像瓜形。／二人越看越发嗔，／一气剁成肉丁丁，／叫来几只大岩鹰，／岩鹰叼肉遍山行。／岩鹰叼肉飞不停，／掉下的都是小儿身，／五岳山头都掉尽，／过了三朝成人群。／汉祖原是脑汁生，／苗人是那骨头成，／瑶人本是腑脏变，／肌肉变成侗家人。／碎肉变成兽和禽，／天下从此有生灵，／山山叫来山山应，／万国九州都是人。"

在这里，侗族先民通过神话传说，生动形象地描述了侗、汉、苗、瑶等各民族血肉相连，你中有我，我中有你的同胞关系，是完全平等的兄弟姐妹，是没有高低贵贱之分的家人。正像侗族琵琶歌所唱的那样："侗、汉、苗、瑶本是同源共根长，／好比秧苗共田分几行。／……侗、汉、苗、瑶一家亲，／共个苍天星星亮。"／因此，民族平等和民族团结成为侗族传统社会坚持的道德准则和道德要求。千百年来，侗族人民就是秉持这一道德理念在反抗各民族的共同敌人的斗争中相互支持，在战天斗地的斗争中相互帮助，在文化生活中相互交流借鉴，各民族相处得和睦融合。如清雍正13年（1735年）古州八妹、高表等地侗族人民就参加了苗族首领包利、红银等领导的苗族人民反抗清王朝残酷压迫和剥削的斗争，咸同年间，侗族农民起义首领姜映芳领导的起义队伍就与苗族义军首领张秀眉联合，攻城夺地，进军湘西，大败清军。在日常生活中，自古以来，侗族人民与苗、汉、水、壮、瑶等民族和睦相处，彼此之间常集体做客，开展群体交往活动，有的民族村寨之间还世代联姻。

第八章 侗族传统社会的婚姻道德

侗族是强烈追求自由解放渴望得到美满幸福婚姻的民族。恋爱自由，婚姻自主成为侗族传统社会婚姻道德的基本原则。这一道德原则主要表现在以下几个方面。

一、多样自由的恋爱方式

恋爱是建立婚姻和家庭关系的基础，是连接家庭与社会的纽带。在少数民族社会里，人们对青年男女的恋爱活动极为关注。侗族也不例外，既鼓励青年人广泛接触，结交异性朋友，又保护青年人正常的社交和恋爱活动。

侗族款词《六面威规》规定："家家有进（指讨媳妇），家家有出（嫁姑娘）。行歌坐月，玩山择友，谁手脚痒，良心坏，拉姑娘的裙脚，扯姑娘的裤腰、抓住他的手指，扭断他的五爪（即五指），撵他去三千里路远，驱他去四千里路遥。"侗族一方面鼓励恋爱，另一方面用规范的严厉的民族传统伦理道德加以调控管理。

根据恋爱场所划分，侗族传统的恋爱方式主要有以下几种：

1. "行歌坐夜"，亦称"行歌坐月"

该习俗主要流行于贵州榕江、黎平、从江以及广西三江侗族自治县和龙胜各族自治县一带。青年人的恋爱场所称为"塘嗡"，"嗡"侗语即聚会，"塘"即地点或场所，合起来便是青年人聚集的地方，当地汉人称为"月塘"。侗族款词《六面阳规》说："养女坐夜搓麻／养男走寨弹琵琶／我儿游到你的村寨／老人睡在床上莫说话／你儿游到我的村寨／我也一样闭嘴巴／火塘边排坐／月光下戏打／蹲在屋角／走过檐廊／头插鸡尾／耳吊银花"（《侗族款词·耶歌·酒歌》）。"塘嗡"一般是设在已经达到谈恋爱条件（多数地区专指年龄）的姑娘家中。或在堂屋，或在火铺上，有的三四户设一塘，有的七八户为一塘，大寨子往往有四五十个塘。入夜，后生带上自制的琵琶或牛腿琴。边弹边唱《串寨歌》，三三两两地进入姑娘家，各选短凳落座，姑娘们则坐在对成的排凳上搓麻唱歌相陪。父母兄弟见有客人来了便有意避开，让年轻人无拘无束地以歌代言，对歌谈情。

2. 爬窗孔

贵州省榕江县一些村寨的侗族，主要恋爱方式是"爬窗孔"。小伙子看中了某家姑娘，夜深人静后，他们便扛着独木梯子，悄悄地来到姑娘的屋檐下，把梯子架在姑娘的卧室窗前，爬到梯上与室内的姑娘对歌。据考察他们所对的歌有"喊姑娘歌""对唱歌""发誓歌""临时分散歌""逃婚出走歌"（吴国春、杨元龙：《榕江民族风情》，贵州人民出版社，1990年版，第55页）姑娘如果被后生的歌声打动了，便起来打开窗子约二指宽，隔窗与后生对歌。经过一段时间的接触和了解，双方结下了深情厚谊。姑娘就打开窗子把手伸到窗外让情人抚摸，这种幽会直到结婚为止。民间传说爬窗孔是为了回避女方的父母兄弟。当地群众认为，谁公然当着姑娘父兄的面谈情说爱，就等于鄙视她的一家。但他们明明知道有人来爬窗孔，却佯装不知，视而不见，也从不干涉，即使发生把梯子架到哥嫂窗前那样的误会，哥嫂只当没发生这回事。

3. 开众亲

一种旨在为双方村寨中未婚青年男女提供恋爱机会，为他们双方父母提供接触机会的集体性社交活动。这项社交活动时间较长，有的达数月之久。有村寨与村寨间互往的，也有姓氏与姓氏之间互往的，虽说是未婚青年男女做客活动，但全由寨上的老人们操办。事先，两寨或两姓老人须有意联谊和联亲，然后才向各自村寨的姑娘小伙子们示意发起。活动十分有趣：在稻田中的稻禾垂穗时节，甲寨姑娘们用一根剪掉竹叶的竹子，留下三五或七个枝丫，在每个枝尖系上一朵棉花和一个红辣椒，然后选准乙寨一家比较富有的小伙子家的一丘路边大田，把竹子悄悄插在稻田中，发出活动信号，称为"插表"。"插表"若是三个枝丫的，表示相约开展小型的订亲客活动，即甲寨中部分姑娘邀约乙寨部分罗汉开展活动；若插表是五枝丫的，则表示甲寨全寨姑娘邀约乙寨全寨罗汉开展活动。乙寨罗汉见"插表"后，便要悄悄打听，获得实情后，即拿鸡鸭相约到姑娘们的村寨去行歌坐月访查探听。开始时姑娘们及她们的父母会装着不承认"插表"，说是不敢高攀。但经过两寨青年男女多夜的行歌坐月及宴请姑娘们及她们的父母之后，姑娘们才承认"插表"之事。于是双方择定吉日，姑娘们才正式竖"大表"（七个枝丫的竹子）。为扎制"大表"，每个姑娘都要献上一斤最白最好的棉花，并用白线一朵朵地穿起来，然后把每个竹枝缠好，有的竹枝尖上还扎上几只展翅欲飞的棉彩凤。竖"大表"这天，乙寨罗汉杀猪备酒，敲锣打鼓，吹奏芦笙，鸣放礼炮抬到田边；甲寨姑娘们在她们兄弟的陪同下，也敲锣打鼓，吹奏芦笙，鸣放礼炮，将扎好并用自己所织最好最细的白布裹好的"大表"抬至田边，而被"插表"的青年男女们要采摘为"瘪米田"。竖起"大表"后，男女青年们要在田野上聚野餐，一起唱歌"赞表"，然后各自回家。待到田中禾穗八成熟时，双方再协议和择日"倒表"。"倒表"这天，男女双方一起将田中禾全部摘收到姑娘们的家中，当晚女方父母、兄弟大宴来客，名曰"女婿光临"，深夜男女双方共同"舂瘪米"（用鲜禾谷炒后舂脱米的禾米，吃时脆而香）吃，其乐无穷。此后，姑娘与小伙子们一起行歌坐月，谈情说爱，交往直至次年正月才择日结束活动。结束活动的日子，乙寨即请甲寨的姑娘们及其父母、兄弟来家做客，两寨共同踩堂对歌，三至五日才结束这场寨与寨男女青年之间的做客订亲活动。通过这种社交活动不少青年男女喜结良缘，成为终身伴侣。

4. 月地瓦

这是黎平县部分侗族地区男女青年一种融劳动、娱乐和社交为一体的集体社交活动。通过共同劳动来增进彼此的了解与友谊，为青年男女提供谈情说爱的场所与条件。这种活动县内一些地方至今仍然沿袭。过去，侗族社区因为款组织的需要，均留有公田、公地、山塘等，称为"公塘"，为给村寨与村寨之间的青年男女提供共同劳动、增加了解和谈情说爱的机会。一些较远的"公地"往往被指定给青年男女去耕种，种植一些能够生吃的黄瓜之类的瓜果，称"月堆瓦"，村寨的青年男女通过平素的行歌坐夜之后，播种和收获的季节，往往相约一起去种公地和收摘公地上的瓜果。但无论是种还是收，每个村寨的男女青年规定只有一边参加，甲寨是男青年时，乙寨必须是女青年参加，而且男女人数相等，以便搭配。每年的四月初八，是挖土播种的日子，男女青年们穿着节日盛装结伴上路，后生们扛着锄头用具，带上腌鱼、腌肉，姑娘们带着米饭，汇集于山上。男女掺杂，共同开荒播种，边开荒边谈情对歌，嬉笑打闹，互相竞赛，互相促进，结伴劳作，诚心诚意。中午时分，大家折些树枝当桌筷，摆上饭菜，燃起篝火，烧肉烧鱼，进餐谈笑，欢歌笑语漫山遍野。饭后休息时刻，男女成双成对，各找荫凉处谈情说爱唱歌。晚上，小伙们又到姑娘们的村寨行歌坐夜，加深感情。八月十五，是收获季节，姑娘、小伙们又相约一起上山去收获他们亲手种下的瓜果，按人均一份留作带回家中给父母及家人之外，余下的全作他们在山上打瓜果仗之用。打瓜果仗时欢声笑语摇山撼岳，气氛热闹而富有情趣。八月十六，后生们集中宴请姑娘们的父辈和兄弟，答谢他们对"月堆瓦"的支持，并借此以示告别。姑娘们则把各自最好的工艺品——布鞋、花带、手巾等，用竹竿高高吊起，供人们观赏，然后送给自己心爱的人。临行时，后生们扬着姑娘们赠送的礼品，在热闹的笙乐歌声中列队而归去。姑娘们到寨头寨尾摆下阵势，拦路唱歌敬酒相送，表达半年来在共同劳动中建立起来的友谊与依依惜别之情。通过联谊，当瓜熟蒂落之时，大家便约定婚期同时举行婚礼。

5. 玩山

贵州省天柱、三穗、剑河、玉屏，湖南省新晃、芷江和湖北省宣恩侗族，把青年男女从初次相逢、唱歌借把凭（信物）、约期幽会到结伴私奔这段恋爱过程统称为"玩山"，字面意义即山上玩耍，侗语称"为炎""学虽"，即学到知识、智慧。玩山地点大都选择在风光旖旎的山坳水滨，所以又称为"赶坳"。后生去约会姑娘称"最缅"（坐姑娘），姑娘去约会后生名曰"最万"（坐后生），这里是指陪坐、陪唱、陪玩乐的意思，而不是玩弄异性。届时，男女青年打扮一新，三五成群前往预约地点，尽情地戏谑、对歌、念"垒"（侗族的一种传统文学样式）、讲"白话"（指有哲理性的条理话），互诉衷肠，表达爱慕之情。有不少侗族青年通过"玩山"建立了美满的幸福家庭。

6. 讨笆篓、讨葱蒜

侗语称讨笆篓为"亥票"，它指妙龄青年们的初表爱意。在每年农历三月播种节里举行。报京侗族民间有水田养鱼习惯，在播种节里，姑娘们背笆篓拿捞兜到泡冬田里撮鱼捞虾，这时，小秋子们也相邀陆续到来，小伙子们在田坎上唱起情歌来打动姑娘的心，企图向她们讨取笆篓。田中姑娘若对某小伙子有意，便把装有鱼虾的笆篓送给他，否则，则不予理睬。小伙子一旦得到笆篓，便兴高采烈地邀请姑娘上坡烧火烧鱼吃并对唱情歌。之后，小伙子把笆篓里放一些丝线、糖果之类的礼物，以送还笆篓为名在事先约定的地点与姑娘相会，若姑娘收下篓中物品，他们的感情就向前发展了，否则，姑娘只收回自己的笆篓，他们的联系就中止了。

讨葱蒜是报京侗族青年爱情社交的另一种重要形式，而且是报京播种节里的一项必需的习俗活动。每年只有三月初三才举行，它是在众目睽睽之下公开进行的寻求情友的活动。

报京侗族人民视葱蒜为快长快发的吉祥物，是青年男女情感交流的媒介物。三月初三早饭后，姑娘们提着竹篮到自家菜园里选拔上等的葱蒜苗装于篮中，提到寨脚一眼清泉塘里冲洗，姑娘故意放慢动作，目的是拖延时间等候有情的小伙子前来讨取。这时，所有参加播种节的人们都可以自愿前往观看，小伙子在人群中看中了哪位姑娘，便走向姑娘并向她讨取葱蒜，姑娘若一时拿不定主意，小伙子就多说一些讨好的话，如"不要嫌我穷，人穷志不穷！"如果姑娘有意，就将葱蒜苗连同竹篮送给小伙子，否则，任凭小伙子怎样讨好央求也不能如愿。这时，如果小伙子还不离去，围观众人便发出"噢嗬！噢嗬！"的喊声，讥笑这位小伙子没本事；如果这位小伙子仍然纠缠不休硬要索取竹篮的话，围观人们便会发出"不害羞——噢嗬！抢篮子——噢嗬！"的警告声，以制止那位小伙子的不礼貌行为。报京侗族的父老们一般不反对子女参加讨葱蒜活动，而且有的长辈还混在人群中注视着自己的子女。

讨送葱蒜只是表示爱意，并非定终身。有情的小伙子讨得葱蒜后，也同讨得笆篓一样等到适当的节气时，在篮子里放些丝线、糖果之类的礼品，在约定的地方与姑娘相会并送还篮子，如果姑娘收下，那就是真的有意了。报京这种讨葱蒜习俗是由纪念先祖发明稻谷移栽术及他们恋爱受阻的悲剧而形成的，所以每年只有一天时间举行这种活动，按节日里客人的多少、规模大小，在盛大节日里，寨里还要特意组成芦笙联队为讨葱蒜活动伴奏。

报京青年讨笆篓、讨葱蒜活动都与唱歌对歌活动同时进行。节日期间，报京设有花山供青年们唱歌，晚上则在寨内唱歌对歌，经过唱歌了解对方，增进感情，为结成终身伴侣创造条件。

7. 坐仓楼

在湖南通道侗族自治县的下乡、地连、銮塘一带，男女青年行歌坐月的风俗别具一格，很有趣味，他们称为"坐仓楼"。

"仓楼"不是侗家的正屋，是偏房，一般是放置谷物和杂物的地方，比较宽敞、安静。下乡、地连、銮塘一带的侗家姑娘，往往把它作为"歌堂"。姑娘和后生在此唱歌，叫"坐仓楼"。

正月，是一个愉快的月份。从初三开始到月底，这一带的男青年结伴到别的寨子"坐仓楼"。各个村寨打两个发髻的姑娘（未结婚的标志，婚后生育前只挽一个发髻）三五成群，选择一个较好的仓楼，备好凳子，火盆烘上红炭，煮好香喷喷的油茶，烤熟白生生的糍粑，专等外寨的后生到来唱歌和谈心。姑娘们有的纺纱织布，有的织花带子。聪明的姑娘把纺纱车摇得呜呜的，把织布机推得响响的，意思是告诉外寨来的后生："我们在这里正等着你们来！"不管是认识的、陌生的，也不分哪个寨子来的，只要坐上仓楼，都以贵客招待。姑娘们先请后生喝茶，唱茶歌，还请后生吃糍粑，吃饱喝够了，开始对歌。唱歌时，一切按传统的礼节有规矩地唱，男的先唱两首，然后女的接唱，这种叫"喉路歌"。歌词的韵脚很严格。女的唱什么韵，男的只能跟着和，无权更换，对歌的主动权全操在姑娘手中。一人主唱，一人伴唱，主唱者，音高八度，音调高亢，伴歌的音低八度，声音低沉，两人配合得很和谐。歌的内容，有唱古人和唱爱情的，也有猜谜破字的，女的用歌问，男的用歌答，有时急得那些反应较迟的后生汗如雨点。这也是女方考试男方是否有歌才的一种方式。聪明的后生，赢得姑娘的欢心和爱慕。如果双方在对歌中建立了感情，愿意终身相伴，女的把自己身上的银项圈、手镯或其他银首饰赠给男的；男的一般赠头巾、衣服之类，也有的一无所赠。然后经过父母同意，就订下了终身。

男女青年"坐仓楼"，对歌谈心，姑娘的父母不但不加任何限制，还有意离开。父亲到鼓楼找老年人聊天，母亲到左邻右舍扯家常。远方村寨来的青年如果进寨找不到仓楼，就以歌来问：

呀啊荷——
远方蜜蜂来采花，
不知花园在哪里？
哪位老人指点我，
他的恩情我永记。

寨子里的老人听到歌声就出屋来，热情地指点，经过什么巷子，在哪个仓楼上有姑娘们在等待对歌。如果这伙远方村寨的后生上了仓楼，正遇仓楼上的姑娘与另一伙青年对唱，怎么办呢？这批青年会很有礼貌地站在门口，听先来的一伙唱歌。而先到的后生，这时会主动起身让坐，并说："我们唱不过,靠你们来赛过她们!"有时一天来五六伙,甚至上十伙后生,前面的看到后面的来了,都主动让位。姑娘们也会大方而耐心地接待,如果另一个寨子的青年来了,哪怕是同自己的情人正唱得津津有味,也毫不小气地与后来者对唱。自己女儿接待的青年越多,父母亲越感到光彩。

一般来说,侗家后生都很自觉,唱一个小时左右,或只唱几十分钟,就让给后来者对唱。远方青年当天回不去,还可以到姑娘的家里借宿,受到全家的热情接待。有时,姑娘们不留客住,父母还会批评她们不懂礼节。如果远方的青年是姑娘自己的意中人,则千方百计留他们在家里住。晚上,姑娘们把灯点得亮亮的,把炭火烧得旺旺的,尽情地与自己的情人对唱。在这个过程中,姑娘则假意给他看指纹,巧妙地量出后生的脚长,下次就可以送一双合脚的布鞋,男的会大吃一惊!怪不得人们说"仓楼"是培育友谊、爱情之花的土地。

二、古朴明快的婚姻缔结形式

侗族缔结婚姻的渠道主要有五种:即"相沓""偷亲"、抢亲,媒人求亲和姑舅表婚。

"相沓"习俗,就是男女双方恋爱达到高潮之后,双双私奔成家的一种习俗。"沓"即"逃""跑""走"之意。此俗反映的是原始"自由"恋爱、"自由"婚姻,新娘同意新郎后,由新郎亲自带至家中成亲。

"偷亲",指的是男女双方预先约好出门的日子,请人将新娘接进屋的习俗。"偷亲"有两种形式:一是由"接亲婆"(由一双亲俱在子女满堂的妇女充当)去偷。一是由几个被称为"苟"的小伙子去偷。"苟"偷亲时,若被女方村寨的人发现,往往要遭到他们的"臭骂",甚至还会遭到他们"投掷"石块和泥巴。不过,他们的种种抗议都是虚拟、象征性的礼仪,彼此都心照不宣,不会因此而发生真正的冲突。

"抢亲",不是真正意义的抢亲,而是侗族历史上经历过的婚姻的艺术再现,是侗族社会从母系社会向父系社会过度,而在婚姻缔结形式从妻居制向夫居制过度时期婚姻状况的"活化石"。

媒人介绍对象礼节烦琐,必须经过一道道手续,反复提亲,商量订亲,送去若干次"篮子"后,女方父母方才允许"吃汤""放炮"。临近婚期时,还须去"卡舅公"方能"吃粑"过门。男方去女方家送"送篮子"和"放炮"的酒肉糖果,女方接到后,将酒肉办给房族和亲戚朋友聚餐,糖果之类则让他们每人一包带着走。"吃篮子"民间又叫"吃耳朵",喻女方已有半边耳朵交给男方拉着了。吃"放炮酒"民间称为"吃汤",意为男方已被吃穿,只剩下一点清汤寡水了。吃耳朵和吃汤,女方的亲戚朋友都是白吃白喝白拿,并不送礼,但女方出嫁时,参与"吃耳朵""吃汤"的亲友要送一份礼物为礼。

侗族的"姑舅表婚"虽然是单向的,也就是说,姑家只须将一个女儿嫁到舅家,其他女儿便可以自由许配。但是,这一极端野蛮的婚俗在旧社会里却不知吞噬了多少侗族妇女。侗家有句俗话说:"天不怕,地不怕,只怕服侍舅公家。"姑家之女,舅家来要那是天经地义的,甥女同意嫁给表哥自然无话可说,理所当然,即使不同意也得身不由己地嫁过去,自己完全没有选择的余地。

下文对偷亲与抢亲两种缔结形式作比较详尽的介绍。

偷亲,也叫偷妻,还有一个通俗的说法叫讨老婆。为什么叫偷呢?因为他不给旁人知道,半夜三更悄悄地进行,等鞭炮一响,旁人才惊奇地说:"啊!某家的后生讨老婆啦。"

偷亲季节一般在冬天,特别是农历十一月和十二月,绝不超过大年三十晚上。

偷亲的晚上,后生要跟父母和亲人商量好,分别去做准备工作。老人的任务是找一位为人老实、生男育女的妇人来装凳和打油茶。后生则找一两个"钩",同他去"钩"老婆,他们之间是新郎和陪郎的关系。

他们换上新装,带上灯笼或电筒,假装去走寨(如果女方家离得远,天黑前就启程),唱歌唱到女方的屋旁。别人认为他们行歌坐夜,而女方心中有数,早约好若干女伴在家里纺棉或绣花,等待新郎的到来。如果走寨的人还很多,或者准备工作未做好,她们则推开木窗,告诉偷亲者等一会儿再来;如果准备好了,她们一面去开门,一面通知偷亲者:"进来吧!尊贵的客人。"

新郎进屋后,不递封包不叩天,也不必像坐夜那样先对歌,只要问过老人之后,坐在摆好的木凳上,恭恭敬敬地和老人交谈。老人则利用这个机会来审视女婿,而新娘则像哑子一样,很少讲话。唯独那群女伴,像黎明时的山雀,叽叽喳喳,七嘴八舌,逗趣新郎和陪郎:"你们是来走寨还是来讨老婆?你屋里备有红猪几个?草鱼几多?如果你敢欺负我们的姐姐,我们就扯断你的耳朵。"这场舌战只靠陪郎助阵,老人则从中调和,催姑娘们快点摆桌吃饭。

这是招待新郎的便宴,不论饿不饿总要吃。姑娘们摆上了酸鱼酸肉和米酒之后，请新郎、陪郎入席，老人陪吃，女伴和新娘都不参加。乘机会进房换衣带银，打扮好了便通知陪郎出门时间到了，于是，便宴马上结束。

新娘出门，老人不送，只有女伴们一直送到寨子外。姐妹们暂时分离的心情可以理解，但丝毫没流露出难过的样子，都说说笑笑，安慰新娘说："多带点红猪肉和草鱼回来哟！"这话实际是对新郎讲的。就在送新娘出门的时刻，调皮的女伴逗趣要给新郎画记号，手拿事先涂好锅烟的端锅布，站在楼梯口，等新郎走出来，用端锅布擦新郎的脸。陪郎尽力挡住，往往把陪郎抹得一脸漆黑，只剩牙齿和眼睛闪露白点。回到新郎家，满屋人捧腹大笑，赶快端水给他们洗脸。

在回家的路上，新郎走后，陪郎走前，新娘在中间。如遇涉水过小桥，陪郎先试走，新娘新郎才跟着过。有的调皮后生，在必经的路上铺上一层烂泥（目的是弄脏新娘的新花勾鞋，次日取笑逗乐，所以，半夜偷亲，千方百计不让外人知道），陪郎要设法洗路。陪郎的任务是保护新娘新郎安全到家和负责锤打糯米粑粑，够辛苦的。待婚事办完之后，新娘要给陪郎赠送一丈二尺以上的青布（多的送一匹），叫作"钩布"。

新娘进屋，一般在半夜的亥、子、丑三个时辰，即十点到三点钟左右。新娘一进屋就鸣放鞭炮。第一个打招呼的是那位装凳的妇人："姑娘来啦！请坐！"新娘必须坐在事先装好的方凳上。面朝东方，然后接过家婆递给的锅铲和油茶滤，打第一锅油茶敬谢夫家的亲人。吃罢油茶，就同小姑或家婆去休息。次日清晨，姑嫂一起去挑井水，一起舂米。这次过门，不管在夫家住几天，夫妻不准同房。

偷亲的第二天，夫家忙于三件事。第一件，立即派两位男性老人当"报闻"去女方家，汇报新娘昨晚已安全到家，并听听娘家要什么样的礼物，要男人送还是女人送。娘家房族兄弟各备饭菜，集体招待"报闻"。席间，商量并确定礼物的等级。"报闻"得知后，当天一定要赶回家，不准过夜。第二件，要请房族和寨上的妇女吃新嫂油茶，也有少数要好的男青年来吃。他们为了表示祝贺，围着新娘的身边放鞭炮，有时竟把新娘的新衣烧成洞洞，但也不必生气，这是一种光彩。第三件，请房族和亲戚吃"三牲酒"，"三牲"必须无脚、双脚、四脚齐备，即鱼、鸡或鸭、猪肉都有。这次，亲戚不必送礼，要到办大酒那天，亲友们才挑来各自相送的礼物。一般是糯米一担（十斤或二十斤）、红包一个、扁担头挂一尾酸草鱼或一块猪肉，还有对联或镜屏。这样一份礼物，侗话叫作"送"。如果是舅舅家，外加一坛酒。

办大酒那两天，侗话叫"占靠买"（吃新娘酒的意思）。头一天吃串肉

（每串五六块肉），以"送"为单位，每"送"发一捆（即五六串肉），除此以外，每人发两串（因为有的"送"来好多人），桌上只有盐碟和菜汤，客人们就边吃串肉边喝酒，看起来很简单，吃起来却别有风味。第二天才吃十二大碗，侗话叫"占吗卡"，以桌为单位，吃不完可以打包带走。为使女客们打包方便，主人早备了竹壳或芋叶。而那些年老的男客，则边喝边唱酒歌，午餐连着晚餐，高兴极了。

吃罢晌午即送新娘。如果是女人送，则比较简单，几位妇女把三五十斤猪肉、草鱼、粑粑各一担，还有酸鸭、糯饭、米酒和棉花（是给新娘回娘家帮织布的）等礼物送到新娘的娘家，住上一晚就回程。如果是男人送，送亲的队伍就大得多了，抬大红猪的，挑酸鱼的，挑粑粑的，放鞭炮，放铁炮，吹唢呐的等，一般二三十人，多的八九十人，也要有几个专门陪伴新娘的姑娘。送亲队伍住上两晚才回来。当晚在夫家吃一餐"担头饭"，宣布婚礼全部结束。送新娘回到娘家，要到第二年春耕季节送过"插秧酒"（一般七八只活鸭），才把新娘接来插秧，住上两三晚，转回娘家。秋收时节，再送"秋收酒"（也是鸭和猪肉），又把新娘接来剪禾把。这次住的时间较长，在这段时间，夫妻才能同房。有的家境富裕的姑娘，第三年还要接请才来。

有人会问：俗话说"压逼不成夫妻"，侗家半夜偷亲，夫妻能和睦相处吗？能，他们在行歌坐夜的过程中，早已建立了感情，并经媒人介绍，事先约好，如果姑娘心不愿，莫说去偷，就是用花轿去抬，她也不来。

抢亲是盛行于湘西南和黔东南毗邻侗族山区的一种婚姻缔结形式，一般在夜间进行，气氛比较紧张。在抢亲的夜里，当夜幕降临在密林间，一支黑压压的"抢亲"队伍，鼓乐齐奏、明火执仗地奔向林莽深处的侗家山寨。

山寨快到了，他们歇了鼓乐，踏灭火把，把队伍分成两半，一半留在山腰，一半静悄悄地向山寨摸去。

侗家山寨里，灯火通明，人声喧嚷，又别是一番紧张气象。寨里的妇女，正在闹腾腾地剪桃枝，劈金竹。她们把桃枝捋去叶片，用细藤条扎成一把精巧的笤帚；把金竹劈成五尺长、八分宽、三五分厚的篾片，细心地刨光削滑。刨削到一切都称心了，再小心地将篾片顶部劈个半开，做成"响篾"。

"响篾"是维持秩序的工具。每逢热闹的场合，人们把"响篾"摇得"啪啪"作响，颇有点威风煞气。用它在蜂涌的人流中开出一条路来，很能起作用。

笤帚，就是平时大人们用来训小孩子的那种，打起来有点疼，却是伤皮不伤肉的。

笪帚扎好了，"响篾"做好了，姑娘们就在小伙子的背上做试验，看打起来疼不疼，拍起来响不响。小伙子们都装成被打得很疼很疼的模样，故意尖叫，东躲西闪，却又朝姑娘们扮鬼脸，说俏皮话；逗起姑娘们红着脸蛋去追赶他们。

老年人坐在门坎上抽叶子烟，看姑娘们扎笪帚、破"响篾"，不时加以指点，看看小伙子被姑娘们围攻的窘相就摸着下巴笑，骂那些不中用的小伙子。

"是时候了！"老人向姑娘们递出一个神秘的眼色，姑娘们也都明白今晚的神圣使命。喧闹停止了，举着笪帚和"响篾"的姑娘群，迅速分散到寨前屋后埋伏下来。几乎每一座棚门两旁，每一扇门窗背后，每一处墙弯拐角，都有几个姑娘在严阵以待"敌人"的入侵。

狗儿越叫越凶，"敌人"摸进寨来了，姑娘们的笪帚和"响篾"就雨点般地落到"敌人"头上。狗儿在助战，小伙子们在呐喊，战斗得难分难解。"敌人"也十分顽强，他们既要招架姑娘们的笪帚和"响篾"，又要提防狗儿们撕破裤裆，但这些困难丝毫阻拦不住他们的进攻。他们勇敢地夺取姑娘们手中的武器，一心一意地寻找着他们必须抢到手的那个姑娘。被缴了械的姑娘们一群群东藏西躲，进攻的小伙子穷追不放。不论姑娘们躲进茶堂，逃到碓屋，藏在牛栏或钻入草堆，决心很大的小伙子总是把她们一个个找了出来。小伙子的决心虽然很大，得到的却总是一个接一个的失望，因为找出来的全都不是他们需要抢到手的那个姑娘。

姑娘们尽情地发挥她们捉弄小伙子的技能。她们制造出各种假象迷惑对方。你明明看到前面人丛中有个姑娘，正是小伙子要抢的对象，当小伙子费尽九牛二虎之力冲入重围时，要找的姑娘却不见了。再看，她正在前面东躲西藏地引诱小伙子去追呢！待小伙子追到跟前，却很可能是一个老婆婆……追呀找呀！眼看半个夜晚飞快地过去了。

每次，不管姑娘藏得多么巧妙，只要等到公鸡快叫三遍，启明星高挂在屋角上时，小伙子准能把要抢到手的姑娘找到。这时，一个机灵的小伙子抢上去背起姑娘，其余的伙伴帮他抵挡那雨点般的笪帚和"响篾"，急忙夺路奔出山寨。

姑娘被抢了，山寨骚动了，全寨的人都动员起来去紧紧追赶。这时，埋伏在半山腰的那一半队伍连忙赶来增援，他们截住"追兵"，将姑娘飞快地迎进花轿，三声铳响，鼓乐齐动，松炬通明。胜利者抬起花轿，前呼后拥地归去。

上面的记叙，既不是在追述数千年前原始部落"抢亲"的古俗，也不是记录现在还存在的习俗，而是回忆新中国成立前曾存在于湖南、贵州边境地区一些侗族山寨的婚俗。侗族是一个才能出众的民族，善于用艺术的花朵来装饰他们的生活。因此，"抢亲"这样一个野蛮和残酷的原始风俗，到了他们手里，就被他们别出心裁地加以改造，变成一个充满愉快的"狂欢之夜"了。这个令人难忘的狂欢之夜，实际上是一幕早就导演好的传统喜剧，新娘本来就是新郎通过"行歌坐夜"久已订情了的"久相"（侗语，即情人）。这晚的独特表演，只不过是一场别有风味的游戏。你也不用担心小伙子会抢错了别人家的姑娘，因为凡是做新娘的姑娘，都准备了一双红绳缠绕的新草鞋，到时候就穿在脚上。小伙子们只要认定了"红绳系足"的姑娘去抢，就保证出不了差错。

这种"抢亲"游戏，在各个山寨也并不一致。有的地方，是男女双方约定了相会地点，到时，新郎和新娘都邀集了自己的"同年"兄弟或姐妹，前去赴约。通过对歌、盘歌等形式，故意引起一些小冲突，最后，男方将新娘抢回。新娘也是脚踏红绳缠绕的新草鞋与同伴姐妹的普通草鞋区别开来。

三、富于象征意义的婚俗礼仪

男女青年结婚，婚俗礼仪各地存在差异，在天柱、锦屏、剑河毗邻侗区，结婚前后三天时间，俗称"三日好事"。三天中，每天都有很多古朴典雅的礼数和趣事。

1. "关亲郎"被新娘女伴拒之门外

婚礼的第一天，新郎家要选派六至八名（有的一二十名不等，但必是双数）年轻人前往新娘家迎娶新娘，俗称"接亲"，去接亲的人叫"关亲郎"。"关亲郎"挑着礼物，鸣放鞭炮，吹着唢呐，一路吹吹打打前往新娘家接亲，新娘家听到炮声和唢呐声，男女老少集聚寨门前相迎，男主人将"关亲郎"挑去的礼物接过，挑进屋内，当"关亲郎"走到大门前时，新娘的女伴们便在大门前架起两条长凳，大门关闭，将"关亲郎"拒之门外，唱起"拦门歌"：天黑了／紧闭城门说家常／哪想阶前兵马动／炮火连天得一忙／如今太平民安定／炮火连天为哪行／要是国中有事紧／应有文书告人民／一无文书二无信／为何兵马到寒门。"听到歌声，"关亲郎"必须回答，否则视为失礼也无法进门，于是唱歌答道："玉盘高挂天空上／城门不开也无妨／因为姻缘郎来走／炮响三声你莫忙／正当今日办喜事／炮火冲天为良缘／不为朝廷不为国／为着婚姻郎才来／不是今日起的意／心中起意多少年／早有文书到贵府／鸿雁飞天早传文。"如此一问一答，一来一往，还要盘问对方是哪路人马，到此何干及带来的礼物名目、数量等，"关亲郎"一一对答，若"关亲郎"都能对答如流，新娘女伴便将大门敞开，礼迎"关亲郎"进屋。若"关亲郎"答不出歌或答非所问，就要在门外站上好几个钟头，且遭到百般戏谑，直到新娘女伴们唱歌唱尽兴了才让"关亲郎"进门入屋。

2. 画黑脸猫猫

"关亲郎"进屋后，新娘家在堂屋设席盛情款待，席间的趣味浓烈无比。新娘女伴们此时全部集中在堂屋里，明里是为"关亲郎"服务，暗里却是在席间乘机戏谑，有的将小木棒当筷子摆在饭桌上；有的在饭碗里装上辣椒，只用少量米饭盖在面上，当你扒上一口饭，便满嘴是辣，吞吐两难，十分难为情；有的往"关亲郎"脸上涂抹锅烟灰，叫"画关亲"，以此戏谑，乐而不俗。而"关亲郎"被戏谑，绝不能生气、还手，只能以戏言相对。谁的脸上烟灰最多，说明最逗人喜爱。当"关亲郎"个个脸上都被涂抹锅烟灰时，满堂充满戏闹声、说笑声，男女老幼沉浸在一片欢娱之中。"关亲郎"便乘人不备，偷偷离席找水洗脸，谁知脸盆、毛巾早已被新娘女伴们收藏了，水缸也是干的，没有一滴水，"关亲郎"只好另想办法找水洗脸。

3. "关亲郎"不交出黄豆即被熏烟

酒席宴罢，新娘女伴又向"关亲郎"索要黄豆煮油茶招待客人。刚摆过酒席的桌子上，摆上了米升子、簸箕等，堂屋里挤满了人。新娘女伴们摆出一副非得不可的架式，要"关亲郎"交出黄豆煮油茶。当然，"关亲郎"在出门时主人家就给他们准备好了，每人都分别带得有黄豆，只是不轻易交出。新娘女伴说快拿黄豆来煮油茶，"关亲郎"则说："新娘才来接，没有人种，因而没有黄豆带来。"新娘女伴就拿着木棍朝"关亲郎"头上下意识地敲去，说是黄豆未出瓣，要用棒棒敲，这时，便是一番有趣的戏闹。之后，"关亲郎"一方面借口手是脏的，担心弄脏黄豆，先洗脸洗手，才好把黄豆拿出来。另一方面要盘问黄豆煮油茶的根由："黄豆根／问你黄豆的根因／又是哪人下豆种／豆根发在哪州城"。直到新娘女伴完全答对，"关亲郎"才交出黄豆。若"关亲郎"还要借故不交黄豆，新娘女伴便说是豆瓣不干好，再拿去火炉上炕一炕，几个人拉着一个"关亲郎"往火炉炕上熏烟（有的还在火炉里丢上些许辣椒），直熏得"关亲郎"眼泪直淌，狼狈不堪，求饶不已，待同意交出黄豆方才罢休。新娘女伴们得到黄豆后，便着手煮油茶招待六亲百客。这种诙谐欢乐又不粗俗，不但增添了喜庆气氛，而且易于消磨漫长的候亲长夜。

4. 悲喜交集的分离酒

五更鸡鸣，新娘即将出门，素有"鸡叫三遍出娘家，寅时三声炮响进郎门"之说。鸡叫三遍，新娘家在火炉边摆上一席酒，叫"分离酒"。由一位夫妻和睦、儿女齐全、家道殷实的妇女为"发亲婆"，为新娘更衣、梳妆打扮，扶出闺门，来到席前向父母兄嫂叔伯敬酒话别，吃分离酒。父母兄嫂叔伯等分别与之对饮，唱分离歌，互道情怀，共话别情，悲喜交加。之后父母兄嫂叔伯赠送新娘"红包"，封赠"买田置地""发家致富"等吉语。"发亲婆"给新娘打伞护盖，由兄弟背着出门，另有一名妇女将些"茶叶米"撒在伞上，驱除邪魔。新娘出门，禁忌身子接触门枋或地面，否则认为对娘家不利。新娘背出门后，由"关亲女"提灯引接上路。娘家派有伴娘二人及皇客（陪伴新娘的男傧相，多为新娘的兄弟或堂兄弟）二人及一二十个女伴陪伴新娘到新郎家。

5. 挑水煮油茶

婚礼的第二天，新娘进屋后，新郎家置办酒席宴请六亲百客。这天，新娘还要行挑水煮油茶祭祖之礼。正当夕阳晚照，红云树梢时，庭前唢呐高奏，炮竹齐鸣，门口放着一对水桶、一只木瓢、一把香纸、一束"火把"（用糯米草扎制），等候新娘出行挑水，寨中男女老幼，六亲百客聚集观看。新娘身着盛装由红娘引出房门，两名少女一人拿香纸，一人执"火把"，伴娘挑水桶，在唢呐和鞭炮声中簇拥新娘和伴娘朝水井而去，这口井必须是本寨最古老的井。途中，"关亲郎"将伴娘挑的水桶换给新娘挑，而将自先用稻草扎好的小茅人"毛毛"和草背带套在伴娘背上背走，以此取乐，接着便是一场相互戏谑争斗，最后"毛毛"被新娘夺下扔得远远的，在这当中，"关亲郎"们故意做出种种滑稽的形态，引得众人捧笑不止。来到井边，新娘和伴娘焚香化纸，拜祭水神，然后洗桶，新娘边洗边要遭"关亲郎"的干扰，当洗好后，又被"关亲郎"故意将些泥土杂物丢入桶内，使新娘洗了一次又一次。"关亲郎"时而抢着一只水桶，给新娘做洗桶示范，故做滑稽动作和戏谑歌词，洗一下水桶，唱一句戏谑的歌词还要敦促新娘学说一句，新娘羞于启齿，于是重复，逗得新娘羞容百态。待玩得兴酣，方才让新娘担水回家。回来路上，"关亲郎"们又假装关照，故意摆弄水桶，使新娘大汗淋漓，到得家来，桶里的水所剩无几。在这当中，新娘不能因此而生气，因为新娘出行挑水，一是熟悉水井，二是让寨上人和六亲百客认识新娘，三是借此试探新娘的脾气和教养。因而，看新娘出行挑水，是婚礼中浓烈而有趣的一幕。夜幕降临，"关亲郎"们便敦促新娘用到井里挑来的水煮油茶祭祖、待客。煮茶过程中，颇富戏剧性，从生火到煮熟食用，都在逗趣、滑稽之中取乐。用来给新娘生火的柴火都是生的，有的还扛来几根芭蕉秆混在柴堆中，使新娘生火时困难重重，半天生不燃火，心急焦躁，而"关亲郎"则以幽默的语言相戏，取乐开心。若新娘误将芭蕉秆当柴烧，则再次激起满堂捧笑，新娘顿觉狼狈不堪。因而新娘要想尽办法弄来干柴，才能生燃火。火燃了，"关亲郎"们又借故帮忙，将火弄熄，新娘只得重新生火。如此三番五次，才让新娘生火架锅。洗锅时，又是一番逗戏，新娘刚把锅洗好，又有人将一些土灰杂物撒入锅内，又得重洗，一般都是洗了又洗。如此再三，"关亲郎"们才觉满足，方让新娘着手炒糊米煮油茶。油茶煮熟了，先行洗脸，新娘和伴娘端水为六亲百客洗脸，这是一道必不可少的程序，而且要求动作轻重适度，令人满意否则还得重洗。有的在洗脸时故意戏逗刁难，洗了一次又一次。洗脸完毕，新娘就端上几碗油茶放在堂屋神龛上祭祀祖先，然后由"关亲郎"带引端茶给众人。先端敬舅公、母舅，次到长辈，再到客人，每人一碗，在接受新娘敬献的油茶时，都要说几句幽默的恭贺祝颂话语，如"祝夫妻恩爱""来年定添小宝宝""明年我们又来吃甜酒"等，还要新娘亲口回答"对不对、是不是、好不好"有意给新娘难堪。若新娘羞而不答，客人就不接油茶碗。这时，"关亲郎"就在一旁怂恿新娘应答。弄得新娘又羞又窘。新娘油茶，每人限吃一碗，吃完后，吃茶人要出茶资赠送新娘和伴娘。最后才轮到"关亲郎"们吃油茶。由于经过几番接触，新娘拘谨少了，相互间的言谈举止既幽默又含蓄，欢娱无比。

6. 高歌酿海，客主乐融融

婚礼的第三天，新娘要回门，回门前要"走寨"和"酿海"。"走寨"

是新娘到新郎的房族各家走一走，坐一坐，叙一叙，互相认识，彼此沟通。当天清早，房族各家早早就准备好丰盛的酒席，邀请新娘来家坐坐。"走寨"之前，红娘给新娘精心打扮。走寨时，新娘身着盛装，在红娘的带领和伴娘、皇客的陪同下，逐一到房族各家赴宴。"走寨"一般是这家刚坐一会儿，那家又来邀请，十分有趣。"走寨"归来后，新娘在堂屋正中摆上"酿海席"，是皇客行"酿海"礼。酿海一般都丰盛齐全，应有尽有，且在席上所有的菜肴和器具上都用剪纸的"莲花"覆盖。酿海席摆好后，主家唱"邀请歌"，礼请皇客酿海。主家唱道："摆桌酒席在中堂／主在席边客在房／三日好事今日满／要请皇客酿海塘。""邀请歌"唱了几首之后，皇客这才从客房出来，邀请主人一起入座："八仙桌子四角齐／日头出东月落西／花好月圆客请主／要请主东坐上席。"经再三邀请，主客才依次入席就座。之后，皇客便开始揭莲花，先到盥洗架前，顺手揭开盖在面盆上的面巾花，随即唱道："金盆打水亮晶晶／金盆上面一朵云／金龙下海难摸底／这个礼仪我不明。"来到席前，看到席上的朵朵莲花，便唱道："主家门前三屯阶／朵朵莲花席上开／桌前不见莲花树／不知莲花哪里来。"主客之间又是一场一问一答的对歌。之后，皇客就揭开席中间的井字竹筷："金壶酌酒银杯装／八洞神仙坐四方／格子原在窗户上／为何摆在席中央。"接着依次揭酒壶："八月桂花满园香／壶盖牡丹意情长／牡丹浓艳不敢采／叫我做客好为难。"揭酒杯："酒杯装酒亮晶晶／好花开在月中心／弯弯月亮桌上摆／借花献佛谢主人。"揭盘子："一朵灵芝盘上开／它是鸿钧老主栽／白鹤仙童来衔去／留到明年等客来。"皇客每揭开一朵莲花，都依次放在神龛上，莲花盖揭完后，皇客唱道："借一样／金壶银杯筷一双／借你金壶来酿海／借你银杯酿海塘。"主人用歌盘问筷子生在何处、酒壶产在何州、银杯何人铸造等等，皇客一一对答。接着高唱酿海歌："来了几日又几晚／好事圆满要回乡／惊动神灵吵闹主／理当为主酿海塘。""金壶酌酒银杯装／我为主东酿海塘／一酿你家添人口／二酿你家添钱粮／三酿三杯添贵子／四酿四季享安康／五酿五龙来献宝／六酿六月稻花香／七酿七仙来护佑／八酿八仙来朝堂／九酿儿孙登科第／十酿富贵到中堂／十一二杯酿到了／福禄寿喜万年长。"

酿海完毕，新娘和伴娘便出门先行回娘家，留下皇客为主家安龙神和祖宗神位，皇客唱安龙神歌："主家耐烦等一等／我给主家安龙神／东方安个甲乙木／请得鲁班造高楼／造对双龙抱玉柱／造对狮子滚绣球／南方安个丙丁火／儿孙代代穿绫罗／人文蔚起上金榜／一举成名登九科／西方安个庚辛金／春风得意游帝京／翰墨文章传天下／富贵荣华万年春／北方安个壬癸水／水润良田谷成维／主东年年龙运好／三江船运财宝归／中央安个戊已土／土生黄金白玉珠／主东屋场龙脉好／四方财宝进你屋／五方龙神安五位／百世吉昌万年福。"接着又唱安祖宗神位歌："祖宗神位坐中堂／主东早晚一炉香／天高地厚君恩远／祖德宗功师范长……"到此，酿海告一段落，转为唱感谢歌："多谢主家情意长／茶饭可口酒肉香／吃饭多谢舂米累／吃茶多谢煮茶娘／吃菜多谢厨师傅／烧手烫脚累你忙／席上餐餐美味酒／吃酒多谢酿酒坊／多谢媒人牵红线／结得姻缘百年长……"谢毕，皇客嘱咐新娘新郎："石榴开花叶青青／开口交代妹一声／对待老人要尊敬／照看晚辈要细心／讲话做事分轻重／家亲内戚要热情／早起理家烧早火／夜来关门点好灯／门庭门外扫干净／烧茶弄饭讲卫生／哪样不懂要多问／切莫假装聪明人……"与新娘新郎唱完后，拜托主东多多教诲新娘："要对主人说句真／我家姑娘还年轻／手拿棉花不会纺／提起细麻不会拧／讲话不知轻和重／挑水不知浅和深／今日多多拜托你／耐烦教她成好人／只要学得老人样／四乡八寨都扬名。"歌罢，一一辞别主人。主人切意挽留，主人便唱起送客歌，边走边唱，直到寨子边。这时百客散去，婚礼正式结束。

侗族南部方言区的小黄侗寨就盛行一种有别其他侗族地区的独特的集体婚礼的习俗。

小黄位于贵州省从江县西北，从江县与黎平县交界处。是从江境内最大的侗寨，全寨现分成三个行政村。历史上号称"三百小黄"，现在已远远不止这个数。小黄是闻名的"大歌之乡"，这里风情古朴，婚姻习俗更是别具特色，且与歌关系密切。

7. 婚礼同日举行

小黄有个历史传统，就是全寨在同一天结婚。不管天气好坏，年成丰歉，到了农历十二月廿八日这天，所有已有对象，又准备要结婚的青年人都在这天举行婚礼。

8. 一个歌队女子同年结婚

一伙年龄相近的姑娘组成一个歌堂（即一个女歌队），不管有多少人都要同年出嫁。如果有哪位姑娘提前出嫁，据说是没有后代，或者只有女孩没有男孩，严重的甚至造成夫妇有一方早逝。如果哪个姑娘推迟婚期，就会被别人怀疑心理或生理有缺陷，被人瞧不起。但现在也有个别由于种种原因推迟几年结婚的，如姑娘需要外出演戏、唱侗歌（因结婚后不能外出演出），或未婚夫外出等。但须是结婚的双方协商好，达成协议，方能推迟结婚。

姑娘们出嫁了，就意味着歌堂解散。结婚的前几天，和姑娘相处较好的青年男歌队请姑娘们去鼓楼对唱最后一次歌。大家唱散堂歌，以示告别姑娘时代，告别朋友和解散歌队。

一个女歌队不仅同日出嫁，而且同时举行婚礼，大家约定同一时刻出客（一般是清晨卯时），提前或迟后都不吉利。传说，不与同伴同时出门的姑娘以后一生生活清贫。有一年举行婚礼时，有个歌队的14位姑娘，身装盛装，出门后集中于路旁，大家手拉手，依依惜别，场面非常壮观。

9. 婚礼简单

小黄结婚仪式很简单，新娘出门不带任何嫁妆，只身穿着盛装和首饰，由一个少妇带路，也没有他人随行陪同。带路的少妇必须是父母（公婆）双全、有儿有女的"好命人"，以后新娘才像这个少妇一样"命好"。路上，带路人不能回头。意思是以后夫妻生活一帆风顺，没有波折。新娘即将到新郎家时，新郎家全体回避，以示避免新人与旧人在以后生活中发生冲突。带路人把新娘带到楼下门口（带路人不进门），新娘独自上楼。到达堂屋后，坐在事先准备好的凳子上。坐凳子表示新娘已成为新郎家的人了，又有夫妻百年偕老，永不分离的意思。新娘坐定后，由一个新郎家房族的女婿前来给新娘做饭菜吃。给新娘做吃的男子必须是儿女都有、生活富裕的"好命人"，以后新郎新娘才像他一样"命好"。给新娘做吃的同时，新郎及家人才回到家中，但饭前不能同新娘讲话。饭菜做好后，新娘同家人一起进餐。新娘只是象征性地吃了三口，即挑桶到井边挑新水回家。婚礼结束。

婚礼结束后，房族兄弟前来帮忙，即准备婚宴。下午婚宴开始。到了婚宴中间就请一人（即给新娘饭菜吃的人）去新娘家去把被盖和皮箱等嫁妆扛来。扛嫁妆的人，还有脚腿钱（跑路钱），最少都为八块钱。

由于是整个歌队要同年结婚，有的姑娘未找到对象也被迫同意父母包办的婚姻，造成家庭不和甚至离婚。有的借机与意中人约好，巧妙地与心上人结婚，以反抗包办婚姻。临结婚之前，姑娘的心上人早已准备好婚礼的一切，堂屋中摆好凳子。由于带路人不能回头看，一般又是早晨出门，姑娘乘机悄悄跑到心上人家里，坐在凳子上。根据传统，一旦坐在凳子上，说明婚姻已经合法，父母无法反对，只好承认既成事实。

10. 没有"不落夫家"的习俗

侗族许多地方都有"不落夫家"的习俗，女子出嫁后，仍在娘家住上几年，然后才到丈夫家长住。唯独小黄没有"不落夫家"之俗，结婚后女子就长住夫家。结婚后生育之前，女子暂不能参加对歌、演侗戏等娱乐活动。生育后才可以重新参加这些活动。如果生下女孩后，可以进入鼓楼唱歌，要是有同龄男子相邀，还可以进入歌堂对歌。当地这一习俗称为自己女儿找伴，意思是暂代女儿出面。如果是生下男孩，仍不能参加对歌活动。无论生男生女，原来是演侗戏的，都可以上台演戏。生育后的妇女，又获得了解放，重新开始新的文化生活。

四、侗族地区历史上的婚姻改革

1. 九十九公破姓开亲

侗族喜欢聚族而居，一村一寨多为一族一姓，因此古时本寨的男女青年一般都不通婚。后来，当村寨的人口发展到一定数量时，就出现一部分人搬迁出去另立新寨，随着搬迁次数的不断增多，离原来有婚姻关系的村寨也就会越来越远。这样一来，不管是女子出嫁还是男子接亲，都要走很远的路程。男女之间的情感也很难有机会培养。由此而引起的婚姻悲剧也越来越多。如清朝初年，广西三江林溪大寨数百户人家都是姓吴，寨内有十八对男女青年相爱而不能成亲。于是他们就约定在同一个晚上一起到村寨的宗祠里去集体吊颈自杀，以示殉情。他们在殉情之前，聚集在一起唱了几夜的笛子歌（情歌）。所以直到现在，林溪一带的许多村寨（如皇朝、岩寨、亮寨、大田、坪地棉等）都不许深夜唱笛子歌。据说如果深夜唱这种歌，就会唤醒十位殉情男女的阴魂。类似这样的悲剧，在其他侗族村寨也有发生。

为解决这样的婚姻难题，清代乾隆年间（据说丁亥年），今贵州榕江、从江、黎平、广西三江，湖南通道等地近百十个大村寨的款首，聚集到今贵州省黎平县境内的中朝款坪商议婚姻改革大事。通过商议，最后制定了"破姓开亲"的规约。并编《破姓开亲词》流传于世：

大家听啦，
听我讲九十九公破姓开亲。
不是没有原因，

那是因为石家人太多，
那是因为吴家村太大，
男子难辱爱妻，
女子难嫁夫家。
男子娶妻要走四十天路程，
女子嫁夫要行三十天旅途。
糯饭变成了黑炭，
酸肉长出了粪蛆。
翻了九十九坡，
过了九十九河，
绕了九十九湾，
穿了九十九盘。
女的裙子破成布条，
男的裤子破成蛛网，
女人感到伤心，
男人感到凄凉。
不是没有原因——
因为十洞吴公海（住贵州榕江）
养个妹崽叫美道，
嫁到中埔露塘村（今湖南道），
嫁给松的儿子引郎。
美道探亲往家赶，
蛇精拉她进洞房。
三年不见父母，
九年不见夫郎。
坏了娘家脸面，
毁了婆家名望。
惊动八十八寨，
传遍九十九村。
古州河头，
惊魂了金敖金定；
古州河尾，
惊动了金银金国；

古州河中，
惊动了金行周富。
他们六人，
召集九坪十洞乡老，
叫齐四乡八河头人。
来到中朝款坪，
商议破姓开亲。
吴公海邀来八寨头人：（下属今贵州榕江、从江）
条银住在触象村，
条郎住在寨蒿，
万麻住在草洞，
万花住在洛乡，
华仓住在胜赖（赖洞）。
香太住在堆垒，
万福住在车寨。
香太邀来榕江十塘款首（下属榕江河沿岸），
亮全住在胜洞，
万奈住在榕洞，
富朋住在丙梅，
龙海住在寨沙（下属今广西三江），
秋爷住在胜梅（梅林），
宇于住在塘华（富禄），
松光住在胜告（高安），
华劳住在胜涌（捅尾），
华明住在巴良（良口），
华昌邀来六洞一带乡老（下属今贵州从江、黎平），
条良住在胜贯（贯洞），
条安住在信洞，
金老住在皮林，
发蛮住在肇兴，
相克住在存洞，
才略住在高宁，
才成住在石下（永从），

杨化住在三叉，
松亥住在口洞，
金楼住在潘老，
太安住在上皇，
学堂住在三绞，
吴涛住在竹坪，
卯新住在坑洞，
唐丙住在高辽，
爱你住在四寨，
太宗住在胜独，
央谷住在党洞，
才香住在龙图。
才香邀来南江五寨款首（下属贵州黎平），
杨宗太住在坪塘，
吴宗表住在兰洞，
吴宗见住在八德，
吴金别住在独怕（独坡）（下属湖南通道），
杨潘亚住在七团。
潘亚邀来七位苗族乡老（下属广西三江，贵州黎平），
银条住在格西，
苗龙住在条起，
银朋住在培进，
相恩住在龙细，
勾利住在四沟，
古留住在滚塘，
相培住在龙奋。
相培邀来孟江一带款首（下属广西三江，贵州黎平），
丁下住在唐朝，
中条住在唐培，
信委住在牙双，
富浓住在胜巴（巴团），
银达住在胜独（独洞），
万六住在胜干（干冲），

龙兰住在地亲，
友任住在化朋，
大公住在东郎，
六朋住在起埃，
贾才住在归共，
伦孟住在小皇，
九十九个乡老，
九十九个亲人。
学唐邀来九岭十洞款首（下属贵州从江），
卯修住在胜垄，
远龙住在高传，
银团住在胜石，
中石住在坪楼，
要桃住在胜汪，
兰邦住在胜滴（糟滴洞），
香吉住在贡奋，
江更住在吴架，
它巴住在腊甲，
香发住在寨桃，
银楼住在寨罗。
邀齐八十八寨，
聚拢九十九公。
九十九公，
九十九个乡老，
九十九个头人。
九十九个款首，
不是没有原因——
因为天鹅爱着雁鹅，
因为男人爱着女人。
寻得情人结夫妻，
找到山岭耕田地。
侗人来立条规，
苗人在旁欢喜。

抬酒上洞场，
摆酒上款坪。
牵头母牛来杀，
拉头公牛来砍。
众位老人发问，
男女青年响应。
喊声响如雷霆，
呼声震动山岭，
杀九头水牛，
祭九路神灵；
杀九头肥猪，
议定破姓开亲。
除旧俗，立新约，
丢苦痛，换歌声。
石乱石，杨乱杨。
姜良姜妹配成婚。
吴乱吴，张乱张，
隔条阳沟就成亲。
南良去通报信洞，
南松去通报肇兴，
太松去通报胜别，
石盖去通报胜云，
六辰去通报潘老，
常安去通报皮林。
从今往后，
村村寨寨，
破娃开亲。
九十九公立规，
竖碑中朝款坪。
女的坐夜搓麻，
月堂三五成群；
男的走寨弹琵琶，
结伴来找心上人。

世世代代，
恩恩爱爱，
我说的话中意不中意呀？
（众人齐呼）中意！
我说的话甜心不甜心呀？
（众人齐呼）甜心！

款词中点到的人名，包括吴公海和七位苗族乡老在内，共有八十六人。点到的地名，共有七十九个村寨。将这条款词的各种异文进行比较，其款首人数村寨数目都基本相同。由此看来，当时实际参加盟款的共有七十二个村寨，出席这次款会的款首或头人共七十九人，另外还有七位参加旁听的苗族乡老。盟款的地点就在今贵州省黎平县的中潮镇。从地理位置来看，中潮正处于上述七十二个村寨的中心，从各村各寨出发，步行一天基本可以到达中潮。款词中所说的"八十八寨，九十九村"九十九公，九十九个头人，九十九个乡老"等，均属一种约数，其意是表示多数。款词中对破姓开亲以前侗族婚姻的一些描述，例如"男子娶妻要走四十天路程，女子嫁夫要行三十旅途"等，也是属于一种夸张之词。以款词中所说的倒子为例：从美道的家乡古州十润（今贵州榕江）到引郎的家乡中甫路塘（今湖南通道），两地之间也只有一百多公里，并不需要走三十到四十天。所以说，这些语言是经过款词讲述家们加工后的艺术语言，并非是历史的客观记录。尽管这样，这条款词仍然比较客观地叙述了这次联款活动的基本情况。它对研究侗族社会历史及文化发展，都有重要的参考价值。

破姓开亲确立之后，侗族地区便通行一种同姓通婚的习俗。即在同一个姓氏当中，以"斗"来区别通婚的群体。"斗"通常是由几个父系血缘关系特别亲近的家族组成，多者百余户，少者数十户。"斗"有自己的鼓楼和基地，例如今贵州省黎平县地亲村，现有六百多户，四千多人，主要是吴、石两姓。其中吴姓分为三"斗"，建有三个鼓楼，还有各自的基地。一个村寨里面的男女青年，尽管同姓，但只要不是同一个"斗"，便可以通婚。同一个"斗"内的男女青年，是绝对不允许结亲的，违者要受到严厉的惩处。

2. 清末锦屏侗族婚俗的改革

锦屏县侗族人民，大部分居住在溪河沿岸、田坝或山坡上。吃苦耐劳、生活勤俭朴素是侗家的优良传统，就连男女婚姻大事也如此。早先该县侗族的婚姻，男女双方都根据自己家庭的经济条件来进行操办，聘礼、嫁妆多少两家并不强求，婚嫁期间亲友前来参加庆贺，也自带粮食，主人备办三菜一汤招待，婚礼十分简朴。随着社会经济的发展，侗族人民和汉、苗等民族在政治上互相影响，在经济上互相往来，在文化上互相交流，民族间互相通婚，各民族习俗融会贯通。致使侗族婚俗礼节愈来愈烦琐，排场越来越大，不合理的要求越来越苛刻，彩礼越收越重。村村寨寨相互仿效，相互攀比之风随之兴了起来。从此后，繁重的婚俗开支给当地侗族人民生活带来极大的影响，促使侗族人民不堪忍受。有的无钱娶妻"而悬搁终身"，有的因婚礼弄得"倾家荡产"（见"因时制宜"碑）。另外，侗家"还娘头"的旧习越来越严重，即姑妈的女儿，必须优先嫁给舅家为媳，不管年龄是否相当，男女青年是否情愿，只要双方老人同意，就得成婚。有的女方家长不答应，但只要舅家认定，就可强行逼婚或抢婚，房族及其他人不得干涉。这一习俗给侗族男女青年的婚姻不知带来多少不幸和痛苦。再则，外甥女出嫁，必兴"舅公礼"，即婚嫁前女方舅公向男方家勒索比较多的"外甥钱"，否则不许婚配。致使郎家为其"内怨外旷，覆宗绝嗣"（见"因时制宜"碑）"祖业薄产，尽归于人"（见"定俗垂后"碑）。由于这一婚俗的变化给侗族人民生活上带来极大的影响，在经济上带来极大的压力，这一婚俗在侗族地区产生的矛盾越来越突出，和侗族人民朴实无华、勤俭节约的优良传统差距越来越大，带来的后果使人"未免目击心伤"（见"因时制宜"碑），广大侗族人民迫切希望改变这种婚俗状况。于是，在道光和光绪年间，该县婆洞十寨和九寨彦洞瑶白等地民众对此婚俗进行改革。启蒙边沙道光十一年（公元1813年）12月22日立的"因时制宜"碑（简称"八议碑"）和彦洞瑶白在光绪十四年（公元1888年）腊月初五立的"定俗垂后"碑（简称"定俗碑"）就是侗族人民在古近代时期对旧的婚俗进行改革的历史记载。

（1）"因时制宜"碑

关于"因时制宜"碑的产生，据启蒙边沙侗族老人杨秀培讲述：婆洞是流洞、魁洞、寨楼、寨蒙、边沙、寨伍、八教、寨每、寨诳、西洋店十个侗寨在历史上的统称，古代合属一"款"。道光十一年，十寨父老林登运、林登学、林士渊、杨廷现等48人集中边沙"文昌阁"（"文昌阁"建于乾隆年间，是当地一处古迹，也是十寨父老议事起"款"的地方）议事，针对当时侗寨婚俗不正之风进行抨击。为了维护和恢复侗家俭朴的优良传统，于是"一带乡邻，合同计议"，因时制宜作出款约"八议"，十寨父老联合签名，并勒石碑告众，立于"文昌阁"前。"文昌阁"因年久失修，于1958年

毁坏，但"因时制宜"碑尚还存在，现仍立于"文昌阁"旧址上。碑文中"八议"如下：……（前略）

　　一议：行亲之家，财礼六两，女家全受，舅父之收酒肉，水礼财礼不妄受分毫。
　　一议：送亲礼物，只许糍粑一槽。其酒肉多寡，听其自便。
　　一议：送陪亲婆礼，只许酒肉，不得又送糍粑。
　　一议：嫁女之家，妆奁多寡，随便其有，手中概行禁止。
　　一议：纳采之后，禁止节礼。日后行亲节礼，只许馈送一年。
　　一议：喜爱礼物，禁送卷联祭轴。
　　一议：姑表结亲，不得混赖，必要庚书媒帖为凭，其财礼仍然六两。
　　一议：生男育女之家，只许嫡亲送礼，不许搭礼。（后略）

　　"因时制宜"碑款文首先指出了繁重婚俗给侗族人民带来的危害，然后作出上述"八议"，其主要是对以下三个方面给予规定和限制。①反对婚事进行烦琐的礼俗和铺张浪费，对婚事中的礼俗作出一些规定：结亲的财礼，只送给女方家银钱六两；送亲的礼物也只准许糍粑一槽，不得增多。在婚嫁中陪亲婆一般是新娘的嫡亲长辈姑妈或叔伯妈等充当，随新娘到郎家，莅婚事进行中身份很高，郎家千万不能得罪，所以在新娘回门时也必须给陪亲婆多打发礼物。在"八议"中也作出限制："打发陪亲婆，只许酒肉，不得又送糍粑。"婚嫁时男方送亲的酒肉、礼品，女方陪嫁的嫁妆也必须根据双方经济条件来确定，"随便其有""听其自便"。纳采（即送礼求婚）之后，按当地习俗，每个传统节日男方必须到女方家拜节送礼，这一烦琐的礼节不符合侗族人民勤俭节约的要求，在"八议"中也作为"禁止节礼"。对于办婚事中一些价格昂贵不必要的消费品如卷联祭轴等，也规定禁送，讲求实惠。婚后生儿育女，也反对大操大办，"只许嫡亲送礼，不许搭礼"。将打三朝、满周岁等限制在一定的范围，不得牵扯过多的人家。②对当地"舅公礼"的限制和规定。凡女方出嫁，男方要付一定数目的银两给女方舅家，女方家不能享受，在"八议"中，第一条作出了限定：舅公只能收下男方送给他的酒肉，其他礼物及银两分毫不能享受，全归女家，使这一极不合理的勒索现象得到解决，减少男方接亲的费用。③对千古沿承的"还娘头"也作出新的规定，制止过去存在的即使女方家不同意，但只要舅家认定，不要讨年庚八字，不要三媒六证，也要强行成亲、抢亲等现象。姑表结亲，也必须男女双方自愿，姑舅表婚在当时认为是天经地义的习俗也要以女方年庚八字、媒帖为凭，不能强行成婚。这样一来，使一直禁锢侗家的"姑舅表婚"传统习俗得到突破，使男女青年在婚姻问题上得到一些解放。

（2）"定俗垂后"碑

"定俗垂后"碑是彦洞、瑶白两寨制定的"款约"。彦洞和瑶白是锦屏县高坡九寨侗族地区的两个大寨。"定俗垂后"碑立于光绪十四年十二月初五。碑文记载的"款约"其主要内容有两个方面。其一，对"舅公礼"的指责和限制。"款约"中指出："缘总甲等九寨地方，先辈其朴，自清平后，各凡遇养女出嫁之家，遂曰张挪齿，积陪嫁首饰衣服等项，天下皆然。唯有总甲等二寨养女出嫁，舅公要郎家二十余金出室，穷舅公反富，倘若郎家穷困并无积存，势必告贷，告贷不能必售产，穷者越穷，富者越富，祖业薄产，尽归于人，此等之规剔除，今依皆从俭，公议上户出银五两，中户出银四两，下户出银三两，不过以作认亲之议，并不以买卖相似，可省则省，概从节俭。……""凡嫁女者，必有舅公礼，需银二十余金，查舅公礼系该寨遗风，然亦何需此多金？……"然后对"舅公礼"作出规定："凡有所谓舅公礼者，必须分上中下三等，只准三两起至五两止，不得再行勒索多金。"从中指出"舅公礼"对侗家的危害，并作出规定，把"舅公礼"限制在一定的数目，根据其家庭经济情况分为三等，最多不得超过银五两，使侗族人民婚礼的经济开支负担得到减轻。其二，对"还娘头"造成的一些恶果给予痛斥和纠正。"款约"中指出："至于天下婚姻，本国大礼，总以凭媒撮合，年岁相当，愿意作亲，方成佳偶。唯总甲等寨之风，周礼不成，六仪未备，年岁不对或大十余岁，二十岁不等，舅父估要女转娘头，若女不喜之心，不由媒说，随同后生私走，或去日久未回，舅父要女匹配，或搲数十余金或以拐案呈控，或将屋宇拆毁。……"为此款约规定："至于姑舅开亲，现所不禁，然亦需要年岁相当，两家情愿，方准婚配。"这一规定，是对侗族青年男女自由婚姻的开放和支持，避免和减少了"还娘头"在婚姻上造成的一些悲剧。上述"因时制宜"碑和"定俗垂后"碑所记载的"款约"，是锦屏县侗族人民对当时当地婚俗的一种改革，是侗族人民对传统婚俗的自我否定和自我完善，对适合当地群众利益的传统习俗给予保留继承，对危害当地人民群众利益的陈规陋习给予剔除。两地婚俗的改革，也影响着其他侗族村寨，许多村寨也互相参照这"款约"，制定出一些"法规"，对当地的侗族婚俗进行了一些改革。

第九章 侗族民间社会的宗教道德

侗族尚无完整意义的宗教。因此，侗族民间没有系统的教规教义和宗教伦理道德。侗族民间的宗教道德隐含于侗族民间的原始信仰之中。侗族民间的宗教信仰主要有以"萨"为偶像的祖先崇拜和英雄崇拜、泛神论的自然崇拜及种类繁多的图腾崇拜和各种禁忌。

一、以"萨"为偶像的祖先崇拜和英雄崇拜

侗族的"萨"信仰和崇拜，是原始的祖先崇拜和英雄崇拜。从有关的资料表明，侗族的"萨"崇拜大约产生于原始母系氏族社会的末期。侗族社会从母系向父系氏族社会过渡的过程中，由于他们仍维持着以血缘为纽带的大家庭（房族）组织，仍保留着许多母系氏族社会的诸多次生形态，这就决定了该民族崇拜的主要对象是女神。他们把对女性的信仰和崇拜的形式，与当时各种社会观念相结合，创造出了多智、多能、英雄、贤慧的具有最高权威的老祖母神——"萨"。

1. "萨"称谓的含义

侗族居住于几省交界的广阔地带，其语言属于壮侗语族的侗水语支，又区分为南北两大方言区。贵州的黎平、从江、榕江等县和锦屏的启蒙及广西的三江、龙胜、融水及湖南的通道县等为侗语南部方言区，其余的为北部方言区。虽然语言有南北方言的不同，但其信仰崇拜的对象却是一致的。"萨"是侗族地区普遍崇拜和信仰的最高女神。"萨"又称为"萨岁""萨玛"，有的地区称为"萨灯""萨麻庆岁"等。

"萨"是侗语的汉音，又是对祖母的称谓。这里的"萨"已不是专指具体对象的概念了，而是归纳概括和抽象意义的崇拜对象了。也可以说是对祖母、曾祖母、太祖母、始祖母的泛称。总之，它是一个具有普遍意义的、集合性质的抽象概念，是神圣的女性偶像的代名词。

侗族先民试图对崇拜的对象给予更神圣、贴切的称谓，于是便有了"萨岁"。"岁"的引申含义为"先""大""已经逝去的"，"萨岁"则是先祖母、大祖母，已经逝去的祖母之意。"萨灯"的"灯"其引申含义是"根基"，"始基"，引申意为始祖母，人类的始祖、根基。

　　侗族各家族都有自己的祭祀场所，这种建筑物称为"萨堂"。"堂"有双重含义，一是指众多，大众聚会的场合；二是指场所，指萨神安居的场所。也指公共祭祀的地方。侗族先民所崇拜的有众多萨神，如专管人间事务的女神"萨样"、看守水井的女神"萨休闷"、管理风雨雷电的女神"萨巴"、爱情女神"萨花"、守桥女神"萨高"、管土地的女神"萨对"等等。总之，萨也是众多的。在这众多的萨之中，在侗族先民中信仰最为广泛、虔诚的称为"萨岁"或"萨玛"神，即简称"萨"神。侗族对"萨"所崇拜的内容是什么，"萨"神的内涵是什么？各种情况表明，侗族的"萨"崇拜可以说是一个复合性的崇拜，既有对祖先的崇拜和对英雄的崇拜，又有对自然的崇拜。由于历史悠久，"萨"还蕴含了历史之最原始的母系生殖崇拜。"萨"虽然是复合性的崇拜，但主要的核心内涵是祖先崇拜和英雄崇拜。如侗族地区关于"棉婆"孵蛋，姜良、姜美是侗族的祖先之说，就是指"萨"神实质上是创世之神，又是生殖之神。人们把"生殖"现象看作是伟大、神圣的事情，因而对萨神顶礼膜拜。侗家把萨坛修建成园形；在萨坛中央安放一块闪闪发光的白云石头；祭祀之时以及妇女出嫁时都必须手持一把半张开的红色雨伞；在民间流传的耶歌中总把萨神描述成为打着伞，全身放光芒，能照千里路的女神形象；在侗族地区凡有重大活动，都离不开红雨伞以及各种园形等民俗现象，就是对自然物——太阳的顶礼膜拜。至于把"萨"视为先祖和英雄来崇拜的民间传说故事十分丰富。

　　传说之一，说萨原姓吴，是吴能的女儿，她继承父志，与侵占侗家山寨的官兵、土匪血战九年，最后终因寡不敌众，跳崖牺牲，化为石人。人民为了纪念她宁死不屈的英雄气概，尊其为"萨"，建萨堂纪念她，还编了神女歌歌颂她。"跳下悬崖，她就变样了，变成神女走侗乡。路路都有神女带，寨寨都见神女身。官府知府都害怕，全军败下往回爬"。从此人们年年祭礼萨神。

　　传说之二，聪明伶俐、能歌善舞的侗族姑娘杏妮14岁那年，父母双方被财主迫害致死。她遵从母亲的遗训回老家丹阳寨投奔舅舅九库。途经小寨时遭猛虎袭击，幸得侗族小伙喜鸟相救，并得到小寨父老乡亲的同情和关爱。在得知舅舅被丹阳寨财主李长顺逼迫，已逃离丹阳寨后，杏妮在小寨暂时落脚，并住在喜岛家中。经三年朝夕相处，杏妮与喜岛彼此产生了爱情，互换信物，决定了终身大事。但就在此时，杏妮被财主李长顺看中，要强抢她为妾。杏妮与喜岛用计逃出了李长顺设计的陷阱，来到螺丝寨，在无儿无女的老妇人"萨巴天"及乡亲的帮助下，她们在螺丝寨定居下来。在这里，她们不仅生下了女儿佳巨、佳美，还获得了九龙宝刀。杏妮夫妻利用九龙宝刀率领寨上乡亲们开挖鱼塘引水灌田，栽藕养鱼，边远落后的螺丝寨很快变成了五谷丰登、六畜兴旺的富裕村寨。贪婪的财主李长顺得知后，以破坏他家的风水，挖断他家的龙脉为由要求螺丝寨，赔偿巨额损失，否则要把螺丝寨村民全部赶出螺丝寨。在杏妮夫妻的领导下，螺丝寨村民及附近村寨村民起来造反，与李长顺所代表的地方恶势力及支持他们的官军进行殊死的斗争，不仅迎头痛击了李长顺抢夺他们财产破坏他们家园的企图，还先后击退前来支援李长顺势力、镇压她们的官军。后来，镇压杏妮率领的款军的官军由起初的八百、八千增加到八万。杏妮率领的数千款军，不敌数量庞大的官军。杏妮与女儿佳巨、佳美及孙女索珊、索花跳崖自尽，并化作五巨石。杏妮祖孙三代生前维护侗族乡亲的利益，死后还成神守护侗乡的青山绿水。从此，侗族人们称杏妮为"萨"，成为侗族人民的保护神。

关于萨的传说形形色色，内容繁多，有的说萨是隋朝先人，有的说萨是三国孟获之妻，称为孟婆，等等。尽管说法不一，但都以萨为崇拜对象，其基本含义也都是传奇式的英雄人物，是侗族所崇拜的所有优秀品质的人物的集大成者。

2. 萨崇拜的基本形式

侗族民间萨崇拜的形式多种多样，主要表现在民间然萨、孝萨、母萨、水萨、贯萨和祭萨等各种习俗之中。

然萨，即为萨神建造房屋，即安放萨神的神坛。它的建造过程与仪式如下。

建坛过程

旺地选择。请地理先生占卜择一块吉地，一般建萨坛旺地选择在寨中间的台地上，并规定萨坛周围九米内不得有任何障碍，确保庄严肃穆的氛围。充分表达了侗族人民对萨玛的崇拜。

请萨玛就坛。每个村寨建造萨玛坛都必须到弄堂开（意为宽广的原始森林）去请萨玛（带三块石英石和土，象征萨玛和她女儿的英灵），因为那里是她生活与仙逝的地方。萨玛接来后，早已恭候在寨门前的全村男女老少，都穿上节日的盛装，吹芦笙，放鞭炮隆重迎接。

挖萨坑。在旺地中心挖一个直径200cm、深度100cm的圆形土坑，然后将萨岁土（从弄堂开带来的三块石英石和土）置于坑中央摆成三脚架，四周放24颗石英石，象征24节气，寓意年年岁岁的轮回。

摆放日用品。在三块石英石上仰放一口铁锅，再放入银质模型，按金、木、水、火、土五个方位分别摆放三角架、小铁锅、铁勺、火钳、碗筷杯、灯、壶、坛、剪刀、纺纱机、织布机和衣裙袜、首饰等萨玛生前所用日常生产生活用具。象征八卦的五行相生学，寓意宇宙五大元素俱全。

盖铁锅填土。在萨玛的日常用品上面覆盖一个大铁锅（也有的盖大簸箕），象征天幕，寓意女娲补天，寓意宇宙是圆的。

填土垒石。在簸箕上填一层黄土，然后用石垒砌成100～200cm高的圆形萨坛，象征祖先石洞穴居。

栽万年伞。在石堡上面栽一棵万年青树作为万年伞。象征萨玛神灵荫庇侗家子孙万代。

建堂萨：在萨玛坛的东面建一座"堂萨"，作为祭萨的场地，在"堂萨"前面用河边捡来的小卵石制作一块八卦图样的小坪子，最后用石柱或木桩立栅栏保护萨岁坛。有些村寨还在此处立书、立碑告诫后人不要犯禁。遇有活动在此吹芦笙，据说芦笙是萨玛的化身。

立坛仪式，萨玛坛建好后，要举行庄严而隆重的立坛仪式，仪式需要备有五种供品：一根长长的横盖过大路面的葡萄藤（代表女娲生育能力强，野葡萄藤寄托了侗家对生育繁衍的希冀），一株又高又大又直无风也颤动的蓍草（巴茅草，寓意蓍草是神灵之草），一窝恰好九层叠起的蚁房（代表九宫八卦图。同时乾卦九五是人君的象征，因此，九层蚁窝也象征着萨玛为人之君），一撮在山冲朽木空洞里自生自长的浮萍（象征圆形八卦图，侗族子孙如同浮萍分蘖一样，不断繁衍），一勺两江汇合处的漩涡水（代表八卦阴阳鱼）。

"孝萨"即修整"萨堂"的意思，有的也叫"孝堂"。"孝堂"间隔时间很长，几十年甚至百年才出现一次。"孝萨"就是把原来的木柱纸伞、白石等换新。"孝萨"一般在古历三月初进行，由一名有名望的鬼师承担，但"孝萨"也有不是鬼师的。如增冲乡朝利村吴玉珍老人，不是鬼师，但曾经给几个村"孝萨"。

"孝萨"，是侗寨涉及男女老少的一件大事，首先要求所有人遵守"孝萨"的有关规定，在孝萨期间要"忌寨"，村里的人不准外出等。"孝萨"

的过程有安木桩、砌坟、垫土、栽树、立伞等程序。

安木桩。安木桩是孝萨的一项头等重要的工序。一个"萨堂"要安一个大木桩，四个中木桩，12个小木桩。木桩是用埋在泥土深处多年，万年不朽的"美贵"（沉香木）制成的。人们说它是能走动的神木。

大木桩有手杆粗，两尺长，重量约两公斤；中木桩，每个长7寸，约半公斤；小木桩长7寸，重量约中木桩的一半。

安木桩之前，先挖好木桩眼，按照大中小的顺序把木桩插入土中。大木桩代表着"萨"插在正中；中木桩代表着地位较高的宗族，插入大木桩外的东南西北；小木桩代表着地位次之的宗族，插在中桩的外圈，形成了以大桩为中心的中桩簇拥大桩，小桩围绕着中桩的阵势。

安桩时，师傅禁忌背着太阳操作，用一把新火钳夹着木桩安放在土坑里。大中小木桩入土一般深。大桩高出地面，中小桩与地面一般齐。每个桩头都用一块薄而圆的银片包着，用银丝绑住，称为银帽。银帽上面放一块白石，中、小木桩上的白石约半公斤，大木桩上的白石约20公斤，白石要高山顶上的白石，大白石还要有鸟粪，鸟粪越多越好。最后用一口铁锅把大木桩盖着。还要来树浮萍和老虎粪，用构皮纸包在一起放在倒盖的锅底上。找树浮萍比较困难，要到深山老林里，那些常年积有雨水的古树去找。目前找老虎粪也不容易，若找不着，可用野猫粪代替。

砌坟。主要指"萨岁"坟墓的外圈，石子规格要一样，排放要整齐、美观。砌坟以宗族为单位同时进行，根据各村宗族的多少，按照均等的原则具体落实。如朝利村"孝萨"砌坟墙时，由高些、栏撒、派管、保干四个宗族各砌一方，各个宗族又把砌坟所需的石子按均等的原则落实到户，各户按照石子的任务、规格和时间的要求备齐。

垫土。垫土与砌石同时进行，按照均等的原则把土落实到户。垫土的任务不大，但有两个困难，一是去要称为萨住地的堂概美莫的土；二是去要朝廷命官的县衙门里的土，除了路程远以外，要县衙门里的土还不能让人发现，要这种土一般夜间进行。

栽树。"萨堂"砌成一座圆形的坟墓，填满泥土之后，要在坟顶正中栽一株象征着"萨岁"、象征着希望的"美松明"，即万年青。

立伞。侗寨的"萨堂"上都有一把半开半关的纸伞，是给萨晴天遮太阳、雨天遮雨的。把伞插在十二地支的"子地"处，侗语称之为"伞萨岁"。

剪纸。用构皮纸和五彩纸剪成有鸟兽图案，如网状形的剪纸罩在纸伞上。主要起到装饰的作用。

挂草。芭茫草三根，茅草三叶，金丝草三根。芭茫草和茅草挂在伞上，金丝草绑着伞把，侗语叫"草三胜"（芭茫三根）"金三条"（金丝草三根）、"架三帮"（茅草三叶）。芭茫草、金丝草和茅草每根（叶）要达9尺长，纸伞上挂着草表示不怕风吹雨打。

扎萨姑娘。用竹篾扎成三个穿戴非凡的小姑娘，排在"萨堂"的旁边，称之为听"萨岁"使唤的"萨姑娘"。另外还有木马、木猪和木鹅，还有一头大公羊，叫"烈萨丙"，即萨岁羊，这只羊交管萨人喂养，一直喂养到死。

击石取火。萨堂修整完毕后，家家户户用水把火炉里的火熄灭不留火星，按照地支和天干推算，由一名属水的青年扒到树尖去要来喜鹊窝，然后用火镰击石取火，点燃喜鹊窝，在鼓楼火塘里烧起熊熊大火。家家户户都用松明来鼓楼点火回家。侗语叫"要龚背"，即火种。

接萨。家家烧起火炉，村寨上空炊烟升腾，标志着新生活的开始，男女老幼身着盛装，兴高采烈，少年儿童敲锣打鼓，青年后生吹响了芦笙，从鼓楼出发环绕着村寨转了一圈又回到鼓楼里。由"公主"（管萨者）领头，扛枪挎刀的队伍，吹芦笙的后生和敲锣打鼓的少年儿童，以及广大群众，结成一条长龙依次前进，说是去堂概美莫。实际上只走出村寨半里处的地方就举行接萨仪式。孝萨师傅高声念接萨念词后，先放铁炮三声，接着每支火枪朝天鸣三枪，表示迎接萨回寨。又由管萨的"公主"走在前头，众人依次走在后面，走另一条路回到"萨堂"边。"公主"问等候在萨堂边的一位老人说："今天你们村里在干什么，搞得这般热闹呢？"那老人回答说："我们在孝言萨（修整萨房屋）。""你们从何处来？""我们从堂概美莫来……"

祭萨。孝萨时的祭萨，是一次最大的祭祀活动。男女青年还要进鼓楼对歌和绕着萨堂多耶等各种文艺活动。

祭祀品有大肥猪一头、鸡两只、鸭一只，杀鸡鸭由三名未婚男青年同时用膝盖压死，有的用水淹死，杀猪由四名未婚男青年把猪放进水缸里淹死。吃饭前，由"孝萨"师傅举行祭祀仪式，唱萨歌，念祭词等，祭祀仪式在铁炮声和一领众合的欢呼声中结束。

孝萨从开始到结束一般要三至五天的时间，在这期间，本村人不准外出，外村人不准进寨。除了在村寨的入口处打草表示忌寨外，还派人轮流守着寨门，以免不懂得村规的人闯进来。

"母萨"也是全村男女老幼都参加的活动，其规模仅次于孝萨。"母"一词在侗语中是加固和加工的意思。如"母盆"（箍盆），"母吗"（热剩菜），其中也有修整的意思。侗寨母萨，实际上就是祭萨。村里发生了什么流行性疾病，以致造成不正常的死亡或者"萨堂"崩塌，萨伞被风刮破等，在这种情况下，人们议论纷纷要求"母萨"。

"母萨"要一天的时间，这天全村停止一切活动。本村人不准外出，外村人不准进寨。祭祀品与"孝萨"一样，也是猪一头、鸡两只、鸭一只，杀猪和鸡鸭都由未婚男青年用水淹死。

晚上全村每户一人集中到鼓楼里聚会，餐前由一名鬼师举行祭祀仪式，念念词等，主要内容是要求萨保佑全村人丁安康、六畜兴旺、五谷丰登……母萨间隔的时间比较短，三五年举行一次。

"水萨"也是祭萨的一种形式，"水"一词在侗语中是款待的意思。如"水客"（款待客人）、"水板"（款待朋友），姑娘款待后生叫"水腊汉"，后生款待姑娘叫"水腊也"。"水萨也"是款待萨的意思。

水萨，一般在出征前，或者牵牛王去打架，或者全村集体外出"为也"（吃相思）等。都要"水萨"。"水萨"念词的内容各有不同，总之，都要求"萨岁"保佑免遭灾难等。

"水萨"的时间比较短，一小时左右就可祭祀完毕，祭祀品也比较简单，有的只用三尾鱼，如有的用两只鸡，有的用一只鸭。

祭祀地点不在"萨堂"而在萨岁房屋里，水萨结束就到鼓楼集中，为了表示决心和同情心，出发前每人要饮"萨岁"茶，在一领众合的欢呼声之后，由"公主"扛一把代表着萨的纸伞走在前面，众人以纵队的形式走在后面依次前进。

"贯萨"是管萨的意思。九洞每一个村都有一个管萨的人，其任务是：为萨坛打扫清洁卫生；每月初一、十五为萨烧香；大年初一为全村祭萨活动作准备。如铁炮、鞭炮等。（管萨人的条件：一要善良；二要讲究清洁卫生；三不准挑人粪尿；四出征、外出等活动要走在前头。）

产生管萨的方法，是推荐与卜卦相结合，最后以卜卦而定。官萨人没有别的报酬，每个村有丘一亩左右的良田（寨边田）称为"亚萨"（萨田），由管萨人自种自收，即报酬包干的一种形式如换另一个人来管萨，萨田随之变动，由新的管萨人耕种收割。

欢度萨玛节一般几年举行一次，举行时间有正月、二月吉日。欢度萨玛节，即为一次盛大的祭萨活动。届时，由各户集资，按侗族习俗备办酒菜、祭品，请一位巫师前来主持敬祭活动。祭萨杀猪时不许用刀，只以一只桶盛水于内后，将猪溺死其中，杀鸡杀鸭，则以一根反搓绳索，束颈勒死。三者皆以火除毛，不用热水滚烫。早饭后，寨上妇女按祭萨的清规戒律参加祭萨活动，凡参加者皆穿传统服装，即身穿青黑色粗布短衣，下着齐膝褶裙，脚穿套袜勾鼻绣花拖鞋，头挽偏髻，插以银针或金银纸花，颈挂银链或泡沫木芯链，左袖别一颗穿有红丝线的缝针，以避恶邪，而后聚于萨玛祠前。是时，芦笙隆隆，锣鼓咚咚。"登萨"与巫师于祠中焚香化纸，燃烛点灯，向萨玛献茶献衣献供品。萨坛四周，众老妇肃立。燃放鞭炮后，"登萨"立于萨坛前，巫师给他一把半开半合的黑色纸伞，纸伞上绣银图饰。"登萨"接过此伞，如获神威相助，自始至终不得更换其手，据说若有违者，必遭病痛。此时三声铁炮连响，一男性长者手持一束桃花和芦苇象征"令箭"走在前面，后有三五个老人陪同，一人鸣锣开道。"登萨"手持黑伞，率众妇尾随，众妇前是以蛇为图腾的黑旗队伍，后面是芦笙队。队伍浩浩荡荡在"多耶"场上绕行数周后，举行隆重的"踩路"活动。一路上，芦笙隆隆，锣鼓声声，鞭炮齐鸣，沿途人山人海，夹道观看。"踩路"队伍每到一寨，寨主皆鸣炮欢迎，并给所有来者敬"祖母茶"，或送糖果、点心，表示敬意。有的还在本寨萨坛前，散发黄杨枝叶插在头上，以避邪恶。踩路队伍每到一寨，宾主皆汇于广场"手相握而歌"，赞颂萨玛女神，祝她"健康长寿"，保估村寨人畜平安。歌毕，又结队前往别寨，复又如此"多耶"，直到日落偏西，才各自回寨。是时，寨里的男人已备好佳肴，筹待她们，所有宾客集中到广场或大院共聚晚餐，活动宣告结束。此外，若外寨在历史上与之有"厄也"（即相互集体交往）关系者，这天，该寨妇女可集资买一条狗打死，并凑若干鸡蛋、鸭蛋，作为供品前去庆贺。去时人数不拘，但其中必有若干顽妇，或女扮男装，身穿长袍，手持拐杖、烟杆，形同官人；或饰着草人，一身褴褛，似若乞丐；或抹脂擦粉，怪莫怪样，人见之莫不捧腹大笑。他们就这样成群结队地前往主寨。主人乃于村口鸣炮相迎，先是聚集于广场中而歌。随之表演自编节目，以稻草人乞讨，时而手舞足蹈，时而胡言乱语，以取笑为乐。也有的主人也是如此。与之一唱一合，互相竞赛，观者济济，笑声不绝，闹到晚餐之前，才纷纷入席就座，同餐共饮，直到深夜。

3. 萨崇拜的主要内容

"萨"神是母系氏族社会后期的产物，而对其崇拜内容大都是反抗压

迫、反抗侵略的民族英雄:

其一,萨是创造人类的始祖。人是怎么来的?谁是本民族的祖先?在历史上各个民族初始阶段都曾探讨过这个严肃的问题:在汉族地区,曾流行着上古时期的"盘古开天地"说。侗族先民对这个问题有自己的回答。他们认为创造人类的始祖是"萨敏"(棉婆)。是萨敏用孵蛋的方法,通过两次孵化,孵出了第一个男人叫松恩,接着孵出了第一个女人叫松桑,他们结合后,才有了后来人,才有了后来的侗家、汉家、苗家等各族人。在《侗族古歌》中说:

"四个棉婆在寨脚,它们各孵蛋一个,三个寡蛋丢去了,剩下好蛋孵松恩。(世界上第一个男人)。四个棉婆在寨脚,他们又孵蛋四个,三个寡蛋丢去了,剩下好蛋孵松桑(世界上第一个女人)。就从那时起,人才世上落"。

萨敏孵蛋造人的传说在侗族地区广为流传。侗族先民认为萨创造人类,也是侗族人生命的始祖神。

其二,萨是侗族保寨安民之神。萨又是侗族的保寨安民之神。相传,在很久以前土匪经常打劫侗家村寨。聪明的侗族先民用稻草捆扎了数十个稻草人,穿上妇女的衣裳,每个稻草人身上持着一盏灯笼,象征着萨神的形象。当土匪要进村抢劫时,他们就把这些挂着灯笼的萨神安放在寨墙四周,并奔走相告,萨神来保护我们了,不要害怕了,此话传到土匪耳中就形成了一种心理压力。当夜半更深时,土匪果然进寨抢劫,于是寨墙上的灯笼一起点亮,照着无数妇女打枪的人影,竖立于寨墙,土匪射箭挥刀,人却岿然不动,于是一个个心慌意乱,吓得急忙退兵。这一胜利的喜讯四处传开,萨神的威力名声四扬,对萨信仰也更加虔诚了。任何宗教必然为创造它的人们服务,并且按照人的意志替人办事,只有这样的神才能得到人们世代的信仰。

第三,萨神是侗族兴旺发达的保护神。萨神不仅是保寨安民之神,而且是使侗族战胜各种天灾人祸,兴旺发达之神。侗族先民们的狩猎、采集、播种以及所有重大节日聚会,尤其是款组织的聚会时,都首先要举行隆重的祭祀活动,以求得萨的保护,并把狩猎的成功、播种后的丰收、社会的安定、人口的兴旺等都归结为萨神的灵威,而对一切灾难的出现,都归结为对萨信不够虔诚,因而得罪了萨神,久而久之沉淀为传统的强大的信仰力量,转化为侗民族的心理素质。萨成了维系民族团结和凝聚力的强大力量。人们也就借助萨的权威统一行动,并与社会的现行制度、道德规范、风俗习惯等融为一体,成为该民族统一的社会意识——"萨"意识。

例如，侗族地区盛行的款制度和款组织就是依靠萨的至高无上的威力，进行各项活动的。尤其是在执行传统的款规、款约时，对违犯款规者给予各种惩罚，都是由于违反了萨的旨意，对萨不诚，因而是萨对其的惩罚，被惩处的人也没有任何怨言，甚至会自愿地受惩。因此各级款组织的活动、各个款之间的聚款等重大活动，都必须先举行隆重的祭祀萨神仪式，然后再进行其款组织活动，以表明这一切都是"萨"的意志。对于侗族先民来说，遵守款约是天经地义的，否则就会触犯萨神，得不到萨的保护，就会有灾难降临，民族也不能兴旺发达。

第四，萨神是地位显赫之神。侗族对萨神的崇拜，是原始社会母系氏族公社时期人们对女性无限敬仰和崇拜的典范，它体现了早期的侗族先民尊崇女性对人类的繁衍所作出的贡献。因此，在侗族崇拜的诸神中以女神居多，除至高无上的"萨"以外，还有管天的"萨天巴"、管乡村的"萨乡"、偷魂的"萨丙"，管树林的"萨树"等皆是女性。而男性之神数量之微，传说之少，影响之小，与汉族和其他民族对男性神的崇拜，其差距是十分鲜明的。

正是由侗族对女神无比的崇拜，在侗族社会中，妇女的地位与汉族地区相比是相当高的。尤其是在较偏僻闭塞的地方，妇女的地位就更高。最突出的表现是妇女在社会政治、经济、祭祀等活动中，都居于重要地位。其表现是：

妇女界中的自然领袖参与商议和决定全寨的大事。在侗族社会的款组织中，有女款首与其他男"寨老""款首"有同等权利，参加商议和决定全寨大事。妇女中的自然领袖称为"萨老"，即使"萨老"没有参加议事活动，男寨老决定的事情，也必须先征求"萨老"的意见方可执行。在参加款组织的各种会议上妇女与男子有平等的权利。

侗族对萨的祭祀活动十分隆重。主持祭祀活动的都是村寨中年纪较长、聪明能干、心地善良、儿孙满堂的女性。他们是妇女中的自然领袖，有崇高的威望。这些女领袖称为"萨老"或"萨玛"，每当进行祭萨活动，衣着盛装的妇女便汇集萨堂，在"萨老"的带领下首先举行祭萨仪式，然后带着几十人甚至上百人的萨队走村串寨，与邻近村寨妇女一起祭萨、开展踩堂多耶等活动。总之，妇女不仅参与祭萨的全过程，而且主持祭萨的主要活动，而男性仅做一些辅助性的工作。

允许女性有私产和继承母亲遗产的特权。

在侗族的不少村寨，小女婴满三天后，其父亲便要亲手为其栽3～5棵杉树，俗称"姑娘树"，有的还造"姑娘林"，作为女儿长大成人的专门费用。有些人家还置有"姑娘田""姑娘地"。姑娘田、姑娘地上种植的作物变卖的经济收入以及女儿长大后自己所加工生产的纺织品，可大部分或全部归自己所有。母亲去逝，其遗产儿子无权继承，只能由女儿继承。如无女儿的才由儿子继承，女儿有继承母亲财产的特殊权利。

从整个人类社会发展史来看，一般而言，随着父系社会代替了母权制社会以后，妇女的社会地位随着男子地位的上升而降低，在侗族地区却与此不大相同。究其根源：一是侗族地区母系氏族社会维持的历史比较长；二是他们崇拜女神的社会意识，延伸到社会生活中来，产生了尊重女性的社会习俗。

概而言之，由于侗族盛行祖先崇拜，其中又以女神崇拜为主体，在这种宗教信仰文化的影响下，侗族社会仍保留了相当多的母系氏族社会的遗风遗俗，并产生了以女性崇拜为主要内容的信仰文化。

二、泛神论的自然崇拜

任何宗教观念的产生都不是无缘无故的，是由该民族社会生产方式和社会制度决定的。侗族泛神论的自然崇拜也正是侗族社会生产力低下，经济发展缓慢的反映。在我国汉民族早已从万物有灵的原始宗教观过渡到天神合一的一神崇拜的时代，侗族的宗教信仰，仍处在"万物有灵""多神崇拜"的原始信仰文化阶段。这主要表现在万物有鬼神的自然崇拜和占卜巫术的信仰方面以及由此信仰而产生的丧葬方式、祭祀仪式等诸多信仰文化。

1. 万物有灵的自然崇拜

自然界是人类初期最崇拜的对象，是所有民族皆经过的信仰阶段。侗族先民也是如此。在他们看来，自然界中存在着某种神秘的、超人的力量，因而大自然总是有神灵、鬼魂的支配，从而产生了对大然神力的崇拜。这种崇拜意识认为，无论是天上的日月星辰、地上的山川河流、各种动植物、四季的变化，变幻莫测的风雨雷电，还是人工建造的桥梁、楼阁等，皆是有生命的神的威力，这种原始意识形态，同现有观念材料相结合，则成为他们顶礼膜拜的具体对象。

（1）天

在侗族的宗教观念里，不以"天"作为单独的神而是将它和"地"连在一起作为主宰人间祸福的至上神。凡遇水、旱、风、火、虫、雹等灾害，甚至瘟疫饥荒以及兵荒马乱或风调雨顺，五谷丰登，无不归之所为。"天地"以为天地高阔，最能洞察秋毫，主持公道，明辨是非。人遇不平，含冤负罪，便身贴纸钱，倒背蓑衣，头顶三脚架上束点燃长香，或焚香化纸，磕头跪拜，呼地唤天，鸣冤叫屈，以求明断。

（2）日

在侗乡，有迎祭太阳的习俗。每逢大年三十早上，日未东升，便在院坪里摆张方桌，摆12杯清茶及糖果等品，点一盏有12个焰头灯火，燃15炷香，分插五方，焚纸鸡炮，迎日升起。有的村寨于农历六月十九日清晨，日出前用一张大桌和一张小桌，叠成台，置于高坡，上摆"刀头"酒醴，其他陈设与前述相似，祭者遥望东方，念颂经文，迎接太阳。平时眼疼头痛，以为触犯"日神"，于朝于夕，面向东西，烧香烧纸，作揖跪拜。据说古时有的还择吉日，杀五头水牛，与之赔礼赎罪。由于用费巨大，难以负担，故至近代，改用广菜制成牛形，加上一只鸡、两只鸭（统称"三牲"）求之以愈。

（3）月

在民间流传的神话中，不以月为白兔、蟾蜍、嫦娥、吴刚栖身之地，而是认为这里系人们避难之处，安居之境。相传古时，有位聪明多智的汉子名叫王述，他与虎同居，同山打猎，获得野物，大都被王述用计攫取。虎怒，逐之逃入月中，坐在月中树下织草鞋度日。这虽属神话，但却反映了侗民认为月是可以信赖和爱戴的人民之神，对其进行崇拜。每逢农历八月十五夜晚，有的地方，儿童用一柚子穿于一竹竿尖，上插点燃长香，以示"香燎"，高高举起，成群结队，穿于大街小巷，或汇集于院坝，对月跳跃欢呼；或手持"饼子"，向月亮表示得意洋洋，高呼"月亮没有糖饼，我有糖饼"，欢声此伏彼起；有的富裕人家，用一两丈长竹竿，尖端穿插一燃香柚子，竖在院里，如此可达数月。且摆一张方桌，上供糖果，烧香化纸，鸣炮祭敬，家人亲友，团聚周围，共享月光。人们平时不许对着月亮小便。出现月食，称为"蜈蚣食月"。合寨群众，伐鼓鸣金，捶板敲壁，用尽最大威力除"蜈蚣"，拯救月亮。

侗语称雷为"岜"（bias），雷习惯称"萨岜"（saxbbs），即"雷妇"。似与殷契"雷妇"之名相符，只是一为汉称，一为侗称。侗族认为雷性情虽暴，却能伸张正义，打抱不平，若有人谋财害命，嫁祸于人，将遭雷劈；如有过雷劈其屋，警告其主，改邪归正。侗族将雷看成维护社会秩序和道德规范的善行加以崇拜的同时，也对雷产生了恐惧心理。侗族民间认为结婚之日，若遇雷鸣，夫妻难以白头偕老，须另选吉日，再举行简单仪式，方化凶为吉。对雷劈的杉木，视为有"过"之木，不可用作建材和棺木，否则影响生者昌盛，死者不安。人死以后，出柩前停在堂中，闻听雷声，须打伞遮盖，让之安息，不致受惊，人们将雷的自然属性，与人的善恶和生息连在一起，凝成或敬或畏的心理状态。

（4）虹

因其色之美又因其两首着地，成一拱形犹如龙吃水之势，故称之为"龙吃水"。民间认为只能观赏，不可用手直指，否则指断。且在这时既不能与之争水，也不能在家饮水，更不能出外汲水。人们又认其为吉祥物，与龙同等。传说这时此"龙"口念珠宝，用金瓢打水，所以周围五颜六色，瑶光闪耀。若人临其境，大吼一声，将之惊骇，其"朱"将落，其"瓢"将掉，人拾之而发财致富，对之产生希望和幻想。

（5）地

主要是对自己居住区的土地崇拜。侗族民间普遍认为寨周围之土，有的地方，能保人畜兴旺，寨内吉祥，封之为"风水地"，定之为禁区，尊之为神圣不可侵犯之处。不许任意践踏，违者惩处。有许多村寨，还在村头寨尾、桥头路口、山坳，建有"土地祠"。内立一男一女老年偶像，或书写牌位，统称为"土地公"。逢年过节，前往祭礼。有的家里，还于神龛脚下，设有土地神位，同祖先一并供奉。有的于正月，择一个吉日，请道师来家安置五方"龙神地脉"，名曰"起五皇"。每当于住宅附近挖地取土，掏圈除粪，移动巨物，都要先与之上香化纸，方可行动。否则家中牲畜堕胎，孕妇流产。

在农耕上，立春过后，五个戊日，不可动工，不然五谷不兴，影响丰收。有的还在地里垒一石堆，插一草人，象征神在这里守护。春夏播种，先与土地敬香作揖，压几张纸钱在石堆上，乞之保苗，不受灾害。收获时，亦复如此，以谢其功。或在农历六月初六的早晨，携带祭品，到祖先辟造的田，或寨边大田（俗称"母田"）举行祭敬，插一根高过禾苗树枝，上挂几条黄、白色纸，以示其神在此防御。

每至季节之首，上坡犁土或种植作物，选一触目之处，用石头砌成"山门土地"，烧香焚纸以敬，祈佑苗获丰登。有的由一位世袭老户，在春耕之前，择一个吉日，于深更半夜，赤身裸体，荷锄挑粪，到寨边田丘，挖地施肥，插株芦苇，燃香化纸，敬祭田土，全村群众，才开始生产。凡此种种，全是对土地崇拜的遗迹。

(6) 山

侗族民间认为境内的崇山峻岭，有的地方是"地脉龙神"，侗曰"龙岑堆麦"，划之为禁区，不许浇淋粪便，埋葬死人。若有所违，人畜生病，狗无凭而狂叫，鸡不逢时而乱鸣，猪牛在圈里跳蹦，寨无宁日。要请巫师杀猪敬祭，与之讨好，才能村泰民安，六畜兴旺。对奇峰怪山，多因其形，赋以神名。以为山有山神，主管飞禽走兽，森林树木。集体出猎，带头者须于沿途路口，或设有"山神土地"之处，焚纸烧香，叩首作揖，求其暗助。并随即打一"草表"，掷于其地，或放进衣袋，而后进山巡猎。上山伐木，亦先在林地烧纸烧香，祈山神保佑开采顺利。

(7) 水

侗族认为水有水神。每逢正月，首次下河或投井汲水，须带香纸，插或烧在井边河畔，而后取水回家。年三十晚，深更鸡叫即由一男或一女持香纸，到河边焚化，抬一挑水回家，以示吉祥。有的在水井旁边，建一座小祠，立一人形树根，象征其神。逢年腊月正月初一及立春这天，先与之燃香烧纸，才汲水而归。有的村寨，春节期间，择一吉日，各家由一名妇人，备酒饭菜，携带香纸，来到井边祭敬，而后围坐聚餐。餐毕，彼此手牵着手，绕井"多耶"。歌颂井水四季清凉，源源不断。平时不许随意把井水搅浑，违者将挨"耳光"，导致耳聋。途中饮道旁井水，绾一草标投放水中，乞求关照，饮之无恙。认为井神可以保佑儿童健康。有的地方在婴儿满月那日早上，母亲抱到水井旁边，用"三牲"和酒饭为供品，焚化香纸，与之报"满月喜"。不少人家，将孩童拜井为"爷"，逢有关节日，带着祭品香纸，前往供奉，祈求保佑，使儿童易养成人。

(8) 火

火性凶恶，常与人为祸。侗语称之为"向背"，意为穷凶极恶之火，或曰"火殃"。发生火灾，或至岁终，选一"除"日，买头小猪，从各家灶里，取一撮灰，盛入特制小船，于夜静更深时，到河边举行驱除"火殃"仪式，将带去的"船"投入水中，任其漂流，而后大家就地而餐。吃剩的饭菜全部倒光，表示扫除干净，不留祸根。此时寨内灯火熄灭，不许有丝毫的光亮。并派人把守路口，严禁生人闯入，否则无效。罚违者承担用费，重新举行驱除"火殃"仪式。侗族认为家中火塘，居有火神。三脚火架不准敲打，非净木柴不可生火，更不能让小孩向火里撒小便，否则引起火灾。年终辞旧迎新火塘内须烧火通宵达旦，象征来年交"红运"。迁居新屋，亦复如此，以为"火旺家昌，塘火不熄，子孙绵长"。

（9）石

侗族民间相信奇岩巨石有灵威，加以神化。多因其形其址，是否与本村的祸福相关，决定其神性善恶。所谓能保村寨兴旺，人畜安康者，当成禁物，崇拜保护，不可攀动。反之，视成恶邪，多将之摧毁。以为巨石窟窿，有石神幽居，不可随意在此大小便或投污物于其中。若取石料，要先燃香纸与之"赎买"，方可动工，以免引起石神不满，发生事故。有的人为了孩儿平安，拜石为"爷"。逢有关节日，携祭品香纸前往祭祀，贴三五张纸钱在石上。

（10）树

侗族民间认为村边及近郊古木，可保一境，能佑一村，故称之为"风水树""养村木"或"保寨树"。以为经常与之培土覆根，护理周到，村可安泰，寨出能人，民可富裕，世代繁昌，严禁火烧和乱砍，违者寨遇不幸，人畜不宁，须杀猪禳除。说古树根蔸窟窿积蓄的水，也有神灵，能治疮包，消除耳病。有的大树常被新生婴孩以作"婆婆"，乞求大树神灵保佑孩子顺利成长。

总之，侗族先民认为凡自然界的一切皆有神灵。与此同时，他们还以为一切自然现象也皆有鬼，而鬼也有善恶之分。在世为人善良者，死后能入家族的祖坟者，均为善鬼。凡因灾祸而死的（不是正常死亡者）死后不能入祖坟，均为恶鬼。人间的灾难都是恶鬼所致。因此，他们祭神的同时，也往往祭鬼。

2. 巫术占卜信仰

侗族民间认为万物有灵，鬼魂观念特重。疾病、天灾、人祸等自然或社会现象的出现，都认为是神差鬼使，往往要举行巫术活动，以驱鬼除魔，消灾祈福，求得安居乐业。侗族民间经常进行的巫术活动有走阴、招魂、送鬼、祭邪、打保福、开财门、送白虎、酿星、酿关、架桥、开阴锁、抬煞、送雷神、送天狗、还愿、扫寨、冲滩等多种。如过阴是侗族地区常见的一种巫术。"过阴"也叫"走阴"，它的意思就是阳间人进入阴间。过阴的形式很多，有的地方必须是"阴师"亲自过阴，而有的地方则是平常的人在巫师施法的情况下，也能到达阴间。过阴的目的很多，有的是村寨有灾情、疫情或者村寨连续有人去世等，巫师就要放人到阴间去察看到底触犯到什么鬼神，以定禳解之法。而有的是家人去世后，阳间的人非常想他，于是过阴到阴间去探望去世的家人。

　　一些村寨举行过阴活动的时间比较固定，过阴的时间一般都是在正月半或七月半，但是在巫师从事某种巫术活动时也可以"过阴"。过阴的时候一般由巫师来施法，把人放到阴间时要念一些咒语，而这些咒语只有巫师才知道。巫师先让过阴者坐在长凳上，用毛巾将过阴者的眼睛蒙住，然后点燃薰香并念念有词，大约十分钟，过阴者的脚开始均匀弹动，这时就证明过阴者已经进到阴间了，于是旁边的人开始向他问话，问起他阴间的情况，问他看见了什么，遇见了什么人等等，过阴者都一一回答，大家问完之后，巫师念起咒语，并摘下蒙在过阴者脸上的毛巾，过阴者似从梦中醒来，并感觉十分疲惫。醒来以后，对刚才阴间的事还存在一些印象。

　　过阴还有一种"扛神童"的形式，主要流行于黎平中潮等地。"扛神童"一般是寨子遭到灾情或疫情时举行，首先寨子要派人去请巫师来主持，然后再在本寨选两个三十岁以下的男子作为"马脚"。巫师到寨后先烧香燃纸敬祖师，两位"马脚"则坐在凳子上，用布包住头脸。巫师将两把锋利的杀猪刀交给两位"马脚"。然后巫师口中念叨咒语，并化水和扭诀，然后巫师喊一声"走"，只见两位"马脚"跳身而起，向外飞奔而去，虽然双眼被布蒙住，但是上坡下坎如履平地，两人找到引起村寨的灾害的地方，便分别将锋利的杀猪刀插入这个地方。如果祸根是人为因素造成的，人们就要立即停止活动，如果是由于自然变化造成的，就要请巫师来招谢，以求禳解在三穗、锦屏等地的侗族流行请七姑娘的过阴活动，这一活动举行的时间一般是在正月初三至十五。在请七姑娘的活动中，要先让一位姑娘扮作七姑，用帕子将她的头部蒙住，并坐在堂中的一张板凳上。桌子上点一炷香，先由两个人领唱《请七娘歌》，唱二三遍后，所有在场的便逐渐和起来，一直唱到扮演的"七娘"双手拍膝，两脚不停地颤跳为止。此时证明"七娘"已经入阴，这时在场的人唱起《七娘歌》，以歌的形式询问"七娘"，如男女青年则会问婚姻大事，年老的人会问自己今后有几个孙子等，扮演的"七娘"以歌声一一回答。如果大家认为要问的事基本上问完了，就在"七娘"的背上拍几掌，将蒙头的帕子揭开，由两人扶着"七娘"走上几步路，一会儿"七娘"就"醒"转过来了。

　　在三穗、岑巩等地的侗族，过去还有一种农历七月十一至十五"唱桃源洞"的习俗。这也是一种过阴的形式。举行仪式时先由一人扮成巫师状，头上包着毛巾，坐在长凳上，焚香化纸后，坐在边上的人反复唱《桃源洞歌》

"来桃源洞、洞桃源，桃源花开茂洋洋，邀哥同去看桃源……"逐渐很多人就跟着唱，唱的人越来越多，声音越来越大，装扮的人双脚开始慢慢跳动起来，表示进到了"桃源洞"内（即阴间），旁边的人就会问起自己死去的亲人在阴间的情况，装扮者一一作答，当人们问完以后，大家又齐唱歌声把装扮者从阴间的世界唤回来。

占卜术是人类文化的一种现象，世界上的任何一个民族都有过自己的占卜术，它是人类在自然界和社会的压力下，对自身的遭遇或行为的后果难以把握，因此希望得到某种神秘力量的谕示，以帮助自己决断疑难，在行动上趋利避害。

在侗族民间常见的传统卜术有米卜、螺卜、蛋卜、鸡卜等。米是侗族生活中的常见之物，侗族在现实生活中常用米卜来预测吉凶，常见的米卜方法有两种：一种是用一个小木盆，在里面盛点水，卜问者抓一小把米，取其中的一粒米用纸灰将米粒揉成灰色，将这粒米作为标志，同时撒进盆中，卜者焚香烧纸，并念卜辞，然后观看灰米所在的位置来判断吉凶。另一种方法是先由巫师焚香烧纸，并念颂卜辞，然后将选出的十五粒米分五次撒入木盆的水中，根据米粒所处的方位以及分布形状，测定吉凶。

如果村寨里要出征或者参加斗牛、芦笙比赛，常常要进行螺卜，进行螺卜时要在村中选两个未婚男子，其中一个人朝东走，另一人朝西行，两人相向而行；两人一个用右手，一个用左手，分别在田里拣一个田螺放进盛有浅水的木盆中。并选取其中一个为主，另一个则为客，盆的中间用一根芦苇茎秆为界，将两只田螺分置在芦苇的左右两侧，相距对峙，主持者螺卜的巫师在一旁念颂卜歌，让两只田螺自相靠拢并迎头相碰，两只田螺彼推此抵，最后以越界为胜，由此来判断事件的吉凶。如果主螺胜则是吉兆，如果是客螺胜则是凶兆。

用蛋来卜算的方式很多，常见的有五种：一是在为亡人选择墓穴时，将一枚煮熟的蛋放在坟山上，蛋如果滚至某个点上停下，则将这个点定为墓穴，将棺材埋在这里。二是用墨笔把蛋对半画一个圆圈，并用一根糯米草秆随墨圈束紧，巫师手持草的另一端，将蛋悬吊在水中煮熟，然后将这个煮熟的蛋切成两半，取粗的一头，用管吹掉蛋黄，将蛋白对空或对灯透视。如果蛋白呈现出太阳光芒状，而认为是吉兆；如果蛋白显出的是墨纹，则是凶兆。三是将鸡蛋煮熟以后，将其切成两半，由巫师观看蛋白的厚薄来判断吉凶。四是用将茶油涂在生鸡蛋壳上，对着油灯透视来判断吉凶，或将鸡蛋放入盛水盆里，由巫师观蛋的沉浮程度，断定吉凶。五是在选择墓地时，将鸡蛋埋入某地，隔半个月以后，取出来由巫师观测，由此判断此地的凶吉。鸡卜是侗族占卜术中历史最久、影响最大的占卜形式，鸡卜的方式有鸡骨卜、鸡血卜、鸡眼卜等。在侗族南部方言区的部分村寨，人们在祭祀"萨岁"时，要在"萨堂"里举行鸡卜仪式，先要让寨老们入席坐定，然后卜算的主持者念颂祷词，并且焚香烧纸，然后于寨中任意捉一只小鸡，拔掉腿上的羽毛皮肉，看鸡骨来辨认骨象的吉凶。鸡血占卜方式多用于卜测造新房、竖屋、立大门、进新屋等是否吉利。在大部分侗族地区，凡是造新房、竖屋、立大门、进新屋，都要由掌墨师傅怀抱一只大红公鸡，由掌墨师傅挥刀砍掉鸡头，通过观察鸡血喷射状况来判断吉凶。如果鸡血飞溅，满地洒落一片鸡血，则认为是大吉大利，于是可以发墨、立柱、立大门、入住新屋；如果鸡血不飞溅，而是点滴状流出，认为是不吉不凶，虽然可发墨、立柱、立大门、入住新屋，但是还需另请法师做法改煞；如果鸡头砍下而不出血，就会被视为大凶，必须另择吉日再行卜算。

  鸡眼卜在侗族地区也称为"看鸡眼"。常用于卜测婚姻与恋爱利弊。当两位青年开始谈婚论嫁时，双方的家长就要请卜师来看鸡眼，看鸡的时候，法师当着双方家长的面及媒人的面，将一只大红公鸡杀了去毛后放入锅或鼎罐中煮。待煮熟后捞出，然后看鸡眼睛的闭合状况来判断这桩婚事的吉凶：如果鸡的双眼是睁开的，则认为这桩婚姻天成、大吉大利，父母也会首肯这件婚事；如果鸡的双眼是紧闭的，则两人不宜婚配，应终止恋爱关系，家长也会出面干涉；如果双眼一只眼睁开，一只眼闭上，则认为这桩婚事可成，但要请巫师来解煞。

  在侗族的一些村寨，每年都要在春耕之前，由全寨共同集资购买一头大水牛，并由巫师择吉日吉时，由寨老召集全寨的男女老少举行砍牛绳仪式，村民们首先把牛的头和脚用粗绳捆绑结实，然后选派村寨中的十二名大力士爬到寨边的大树上去，用绳子将绑好的牛拉离地面两三丈高后悬空吊起。之后巫师口中念祷祭牛词为牛祈祷，旁观众人将双手反背在身后观看，任何人都不许出声。巫师祭完后，大喊一声"砍牛绳"，于是众人一起砍断吊牛绳索，让牛从半空中跌落地面。如果牛直接被跌死，则预示该年头为丰年，众人们欢呼雀跃，并按户数及人头将跌死的牛肉平分，而且众人当晚还要欢歌畅饮，通宵达旦；如果牛只是跌伤而不至于跌死，村民们则认为是太不吉利，须另择吉日请巫师消灾去祸。

三、图腾崇拜

侗族原始图腾崇拜往往指氏族与某种动物或植物有亲缘关系，而形成了该氏族的图腾标志。

侗族是古代社会邻近的若干氏族交融繁衍发展而来的，因而其图腾崇拜是多种多样的，其主要图腾崇拜有：

（1）卵

相传远古有四个"萨并"（sax biins），孵卵，生下松桑、松恩。她（他）俩相配，生姜良、姜美这俩兄妹，结成夫妻，生侗族先民。这种由女性孵卵而生族祖之说，显然是以卵为图腾崇拜对象。故卵，特别是鸭卵，在侗族的信仰里，占有极其重要的地位。

男女久婚不育，请巫师架桥求子，必以蛋为根本灵物。届时用染成红色鸭蛋一个，公鸡头一只，针一枚，红绿色丝线若干根，装入罐里，以红绿色布封好罐口。另备红蛋、猪肉、公鸡、糯饭、米酒等礼品，摆在桥头，举行求子仪式，将罐埋在桥端，给每位当事者一个红蛋，由男方从现场牵一引线往家的方向走，一直牵完为止。到家以后，用红布把两者的红蛋包好，放在床头，伴之同眠，或连孵三夜，而后食之。以为孵卵食卵可怀胎有孕，传宗接代。有的男女成婚，女家于陪嫁的被窝里，藏8个红蛋和红白间色糯饭一团，寓意匹配以后，早日生育。有的于迎亲之时，以蛋和其他供品一并祭祖，随后将蛋给新娘食用。以为如是，怀孕在望。将蛋和人的繁殖连在一起，结成不可分离的血缘关系。

幼童面黄肌瘦，食欲不振，以为"失魂"，家中人将一把米、一只鸭蛋或鸡蛋，盛入饭筥，携带香纸，到郊外焚化，呼孩儿"魂"归。将饭筥放在枕旁，伴睡三夜，再把米和蛋煮熟，让该童食之以为"魂"至病可渐愈。

认为蛋可护幼避邪。背婴儿到外婆家行满月礼；或携儿童出远门，须用一个鸡蛋或鸭蛋，装入网筥，挂在胸前，或放进衣袋，可防鬼怪袭击，一路平安。孵化过的蛋壳，也和蛋一样有"灵"性。在日常生活中，有的人家常用一根线将蛋壳连成一串，高挂大门枋上，表示所孵的鸡蛋鸭卵，完好无损，个个成活，象征瑞气临门，鬼魔不敢入侵；或穿于树枝，插在棉地，可保棉桃累累，花白如雪。或与一颗辣椒穿在一起，悬挂染缸旁边避免妖邪干扰，染布如意。凡此种种，无不与人的生产生活相关。

除此以外，还认为卵可判断人生祸福吉凶，这在民间当中，依然残存卵卜习俗。

(2) 蛇

在南部侗族地区，还有说某户是蛇种遗裔的情况。这种人家侗语叫"笨腊隋"，即蛇的"根骨"或"骨种"。笨腊隋的遗传，只传女不传男。社会上对这种人家的女子多存戒心，说其身附邪恶幽灵，见鸡鸭孵卵，其卵将坏，抱不出鸡仔鸭崽，看到母猪临产，这猪将难产死亡。有的还说其人能制"蛇药"，毒死一人，阴得禾谷一仓。往往见而远之，不敢信口招呼，随便迎之入室，有的甚至关门闭户，拒之于门外，以防其伤害家禽家畜。在婚姻上，知其底细者，多不与其女谈情说爱，更不敢同之结婚，怕"染"其种败坏家誉。若有所违，多受到社会舆论非议，说此人无能，低人一等，"丢族人的丑"，甚至被族人谴责，这显然与历史上的图腾禁制的族外婚制相关，或者说是人们以种种迷信方式或借口，排之于族外的一种表现。

普遍认蛇为己祖，清明时节扫墓，见蛇在坟边，以为祖先显现，不可惊吓，听其自便。有的立即加化香纸，叩首作揖，扑地跪拜。发现坟有洞穴，以为蛇洞，视为祖宗不安之兆，须添土堵塞，把墓修好。蛇居屋里，说是祖化身，当场焚纸烧香，祝之自归，安居故地蛟。侗语将吃粑粑叫作"记谁"，与吃蛇曰"记隋"音近，有的村寨逢年过节，宾客临门，打粑粑相待，须先敬祖宗，才能说这一词汇。否则被误认为吃自己的先祖，先祖将化身为蛇，窜入屋里、柜内，或横于门坎脚下。要攘除这种报应，必须与之祈祷，承认不是。

有的地方，奉蛇为神，村寨建有庙宇，安置牌位称为"蛇神爷爷"，易名"地神"，进行供奉。若在庙内或附近有蛇，不可击石挥棒乱打，须烧香纸以敬。逢年过节，家家户户备香纸酒肉，前往庙里敬祭。风调雨顺，五谷丰登，村泰民安之年，认为这是"蛇神"保佑恩赐，次年岁首，定要举行大祭，演戏庆祝。婴儿出世，家里的人，须持香纸到庙中"报喜"，祈之庇佑，使之易养。男女死亡，亦需与之"报丧"，禀告生卒年月日时使其知晓。身缠疾病，请巫师到家觅鬼寻妖，若巫者在施巫术当中，突然昏倒在地，翻如蛇，以为蛇神降临，亲临拯救，随即焚香化纸当场许愿，祈求保佑，让病人早日康复。久旱不雨，田土龟裂，禾苗干枯要召集寨人，带香纸供品，到附近岩洞，乞求蛇神，兴云降雨，解除旱象。遇到虫灾，则用茅草藤条，编成巨蛇，举之漫游田间，模仿蛇的行动，左弯右曲，昂头摆尾，时而匍匐前进，时而盘旋溅水，似在消灭虫害，保苗免灾，民间称之为"舞草蛇"，或曰"舞草龙"。若在村寨附近，见到巨蛇，听到蛇叫，须焚烧香纸，求之长住，永保乡里。同时以为长寿的蛇，可以成精生灵，能呼风唤雨兴风作浪，排山倒水，化为蛟龙，随洪归海。故在民众中，流传蛇可以变为龙之说。

对蛇怀有畏惧。有的地区，每逢重阳，用糯米打成粑粑，捏成蛇头形状，叫作"蛇粑"，须先将之于室外敬供蛇神后方可食用。这一习俗民间谓之"堵蛇洞"，祝之平安过冬，使之不出来危害人畜。在野外见蛇交配，不直呼其名，提及其事，改称"蛇相绞"，与见人野合等同，皆以为不吉，须于归途中先进庙宇，或者厕所，表示已排恶，洗净周身，方可进家。且于其后备办香纸酒肉，请巫师于郊野，举行驱邪逐恶活动。遇蛇蜕皮，认为背时倒霉，必须迅速脱下衣服，与之相比，以先取胜，表示压倒对方；或解下头巾、头帽，吐泡口水，迅速回避，以此化凶为吉。若得蛇为食，须于野外，烧香焚纸，请蛇神饶恕，否则将患奇症，难以治疗；或家中牲畜，因之而死亡。若因必需，诸如捕蛇取胆为药等携之回家，须先在门外烧纸烧香，与蛇神赎买，方可服用。若食蛇肉，事后定要漱口洗手，除净腥气，避免蛇来报复，导致牙落腹痛。

以为蛇可报吉凶。家有孕妇，族中的人，特别是当事人，梦见有蛇进屋，说是蛇神托梦，必生贵子。新娘进亲，途中遇蛇拦路，以为将遭不幸。发现蛇在"登萨"家的饭甑里，或于村内乱窜，以为寨中人得罪了萨岁神，因而化身为蛇，出来警告。全村群众，须备办酒肉，举行敬祭，向神赔礼道歉。

春节期间，有的地方祭祀萨岁，组织青年男女仿蛇蜕皮，以示庆祝。即将男女分成两路纵队，绕成螺圈，先从外向里，再由里向外，交叉穿梭，迂回盘旋，庄严慎重，不可混乱，否则其神不喜，参与者将头昏眼花，侗语称此为"隋喘"或曰"龙喘"即"蛇蜕皮"，或"龙蜕皮"。

（3）牛

在侗乡，有的人家，认为自古以来，在农耕生产上起着重大贡献的水牛是其家族的祖先。深信己祖属于"水牛种，像骨骼，肉香油"，可释之为"水牛之根骨，有如象骨之高贵，如同脂肪之清香"，系正宗血统，高门旺户，名声远扬的家族。有的还以犄角驾在门楼枋上，示以为水牛遗裔，显以为贵，人们多喜与之攀亲结戚，连成婚姻关系。民间流传的《祭祖歌》或《叙事歌》的启头语，皆将之与己祖相提并论，一道缅怀。说："老人死了留下我，老水牛死了留下角"。说家有孕妇，族中人梦见水牛入室，必生贵子。以为人食水牛堕下的胎盘，可使母牛多产乳汁，哺育牛犊，促之快长；或增强母牛的生殖能力，多产牛仔，和人生繁衍同步昌盛。许多地方奉牛同己祖,定期举行敬祭。将农历四月初八,或六月初六,作为"牛生日",或"祭牛节"。届时让牛在圈里休息,喂以精料,用猪肉或鸡鸭酒饭为供品,摆在圈前,焚香纸以敬,祝之清吉平安。有的还特制"鸟米饭",代替"牛粪",供全家食用,表示对牛为人造福的敬意和致谢。牛摔死或老牛病故视同家中人丧,请亲友前来处理,不说牛死,而曰"勒国"(意为"哭牛")。有的还在临吃其肉之前,主人先哭一声,表示悲痛,大家才举杯用餐。惜牛力胜过人力,宁愿自己挖田翻地,也不用牛荷犁而耕,怕牛劳累,影响繁殖。普遍认为杀牛有罪,畏之报复。每当宰杀,屠者总要寻找借口,或采取特殊举动,推脱责任,回避罪行。说这不是自己有意杀害,而是他人指使,后果与己无关;或说牛在世劳累,让牛投生还阳,同享一人间乐道,共享富贵荣华。有的故意用刀背杀牛,见者以为失误,信口纠正,屠者闻之,翻过刀背,用刀口屠宰且说这是他人叫杀的,或在临杀时,先焚香纸,说些托词,而后行动。若杀"斗牛"更是严肃慎重,须请巫师,举行鸡卜,确定可杀与否。凡遇杀牛,围观者多遵循古规,自觉把两手交叉,合抱于胸前,表示自己虽然置身于旁,亲自目睹,但未介入,无罪可负;或双手挽于后臀,似同捆绑意为束手无策,虽于心不忍,却无法拯救,望牛宽恕谅解。而且习以为常,对水牛肉多不直呼其名,往往称之为"南别"(胃内草汁肉)或曰"南独"("南"是牛之泛称),或叫"南纯"("纯"为黄牛)。认为水牛的头、角、口、眼、耳、鼻、蹄、腿的特征,及其毛璇部位毛色等,皆同村寨或家庭的贫富祸福相关。若具有与众不同的特殊征象,则认为"保寨牛"或"保家牛"备受尊重爱护,大都任其老死。且在水牯当中,选身强力壮、善斗非凡者,作为一村威望的标志,称之为"国让"(出众之牛),或叫"国刀"(斗牛,定期与邻寨的同类牛角斗,借以联络感情,增进友谊。尊之同己祖,呼之曰"公国"(水牛公),请专人饲养。护之无微不至,喂以精料,不许宰杀,任之自亡。个别的因角斗失败,若要杀之,亦先举行有关仪式,而后屠宰。所有这些,无不与图腾崇拜的原则及其禁制相关连。

(4)狗

狗也是侗族图腾崇拜之一。相传古时有户人家只有母亲、两个儿子和一只狗。狗吃住进出和人一样,在家里受到母亲的关照和保护。儿子长大后多次问母亲父亲在哪里?母亲为难地告诉他们说父亲远离家门做工去了,并希望儿子们好好听话勤快劳动并照看好看家狩猎的那只狗。开始儿子们还照管狗,后来时间一长就对狗厌烦了。一次,狗随儿子们上坡,儿子们趁其不备就把它打死了。晚上回到家，一进屋，只见大门里母亲正在一个死人身边痛哭，儿子们问是怎么回事，母亲含泪告诉他们说，你们打死的狗就是你们的父亲变成的。儿子们听后痛悔不已。从那以后，侗家人对狗就另眼相待了。人们常以狗为伴，以狗看家，靠狗打猎，视狗如同人类。吃饭时，必先舀饭菜给狗吃，甚至不准骂狗。不少寨和侗家人直到20世纪60年代还不敢杀狗，忌吃狗肉。有的人家没有生小孩被认为是"犯天狗"，于是准备祭品布置，并用楠竹制成一丈五尺高的天梯靠在寨边的古树上，请来巫师"祭天狗"，祈其降子于人。

此外还有崇拜太阳图腾、蜘蛛图腾、伞图腾、仙鹤图腾、金鸡图腾、龙凤图腾。太阳"大闷"，天上的萨称为"萨闷"，光芒四射，蜘蛛形象象征着太阳，他们把蜘蛛视为最珍贵的吉祥物。常把它的形象织绣在工艺品上。他们认为蜘蛛那千丝万缕的网能保佑人们的灵魂。如有人，尤其是小孩、青少年生病，就认为是丢了魂，于是请女巫师，或村寨中有权威的、年纪稍大的妇女替病者招魂。方法就是，用竹棍悬挂病者魂符（用红布袋写上病者的姓名），桌上摆好贡品，巫师念着咒语引导红蜘蛛爬入红布袋中，巫师即封口，表示魂已招来，再把装有红蜘蛛的口袋挂在病者胸前，表示安魂，直到病痊愈才取下来。前面已叙，在祭"萨"神时，德高望众的妇女打着一把伞，则象征着"萨"，实质上喻意"萨"，像"伞"样庇护着侗族先民。有"萨"这大伞的保佑，他们就平安、吉祥。在"萨堂"中，也往往要放一把撑开的伞。村寨中如举行盛大的活动，也总有人打一把伞。新娘迎娶也必带把伞。认为这样可逢凶化吉。

侗族先民对太阳、蜘蛛和伞等具体事物的崇拜，进一步引申、抽象化为对圆形的图腾崇拜。侗族妇女背小孩的盖头布、小孩带的兜肚、帽顶等均为金丝线绣成圆形。有的还用四条金线，射向四角，象征太阳神的形象，意寓着有太阳神保护孩子健康成长。

侗族地区的鼓楼顶部、鼓楼坪的中心、萨堂等均是圆形的，有的鼓楼坪中央图案，用鹅卵石镶成大圆圈，从圆圈四周对称地向四面八方射去。侗族妇女颈上、腕上戴的银项圈，大圈套小圈层层叠叠，圆圈越多象征着美和吉祥。这些皆是太阳、雨伞、蜘蛛崇拜的象征。

关于金鸡、仙鹤、龙凤的雕塑，在侗乡鼓楼的飞檐上随处可见。侗族把"金鸡起步，雁鹅飞天"比喻为本民族的祖公、祖婆。"金鸡"一般是指红色毛的大公鸡，侗族男青年在盛大节日，总是以头插金鸡尾为最美。

四、禁忌

禁忌亦称忌讳，是指在一定时间、一定范围、一定场合忌讳人们与"神圣"的不洁的事物接触，不讲不吉利的话，不做不文明不恰当的事，不食不干净的食物等事项。侗族民间禁忌繁多，且不同的侗族地区有不同的禁忌。这种禁忌，多为鬼魂崇拜、图滕崇拜在侗族民间生产生活中的表象与体现，意在引导人们依照鬼魂的旨意调节人们的行为举止。侗族民间信仰的重要禁忌部分，现选录侗族氏间部分禁忌分裂如下，以便从侧面窥视侗族民间的宗教信仰和宗教道德。

（1）日忌

一，立春后五个戌日忌动土。戌是天干第五位，属太岁，此日耕作是在太岁头上动土，粮食会歉收，百里会有灾荒。古有头戌敬天地，二戌敬阳春，三戌敬牛马，四戌敬本身，五戌敬社神之说。第五个戌日是春社日。

二，打扫阳尘之日忌属火。火日打扫阳尘触犯火神，易发火，损失财物，殃及寨邻。

三，六十岁生日忌请寿酒。甲子是天干和地支的配合，其变有六十。从甲子至癸亥止，期为六十，甲子到顶，从头算起，此时人祝寿，也会像甲子一样，已到周期。故发现有人图谋不良时，当以不要整人家六十岁相劝。

四，正月初一忌吃荤。初一这一天要吃素菜、素饭，如面条、米粉、豆腐之类，以图四季清清洁洁，吉利平安。

五，正月初一（日）忌打扫室内和庭院卫生。是日为开门吉日，打扫卫生会将喜色、财气扫走，导致财运不佳。

六，腊月三十日（小月二十九日）忌做针线活。"是日动尖嘴（针），来年猪打圈"，不好养，长膘慢，出栏迟。

七，初一忌出嫁。俗语"初一出嫁且再嫁"，这天出嫁的女子到婆家后，家道不顺，六畜不旺，有克丈夫。

八，初九忌竖屋。俗有"初九竖屋遭祸焚"之说。这天竖屋主家事业不顺，生活不乐，会有意外之灾。

九，十七日忌安葬。这天埋死人，阴不安阳不乐，家道不顺灾星多。

十，二十五日忌分家。这天分家起火，迁徙各居不吉利，伤人财，意味着有意外事故。

十一，正月初七忌外出，初八忌回家。俗有"七不出门，八不回家"之说，其意是新年开始，要图吉祥平安。"七头七脑不对头"，而遇是非口舌，八（与"爬"谐音）回家不吉之意。

十二，正月初一忌讲"死""穷""挨刀"等不吉利之话。一年之始，讲不吉利之话，是年不顺。

十三，小孩生日忌宴请。小孩生日宴请与老人寿酒相混淆，有不尊之意。小孩生日要讲某某今日"满笆篓"、某某今日"长尾巴"。这样，小孩才朴实憨厚，睿智伶俐，不招灾星，长命富贵。

十四，"红""白"等事之日忌往屋外倒垃圾。喜日倒垃圾，喜气散；忧日倒垃圾，忧上忧。

十五，四月初八忌牛使役。有说四月初八是牛王爷生日，要喂好料、精料，以示慰劳。这天牛使役，牛不服管教，易劳累，易生病。

（2）行忌

十六，家有孕妇忌搬家。传说胎儿每天看着一定的位置，如惊动胎儿，会有不良反应。万一非搬不可的，要请孕妇轻松愉快地离开现场，到平和安静的地方休息，尽量创造吉祥征兆，以示搬家平安。

十七，孕妇之夫忌靠重，即抬丧。否则，妻子生下的孩子脖软，头会偏，终生遗憾。

十八，住宅近周忌种大树。大树离主宅过近，阻碍阳气进入，防碍阴气驱散，易患疾病还有被雷击的可能。

十九，行亲走戚时忌打主人之狗。客打主人之狗，是种欺主行为，主人不高兴，俗有"打狗欺主"之说。

二十，长兄忌入弟婶卧室。长兄入弟婶卧室，是对胞弟和弟婶不尊重，被视为心眼不正，遭人指责。

二十一，忌外人夫妻在家同房。违忌会秽气残留，不吉不利。俗有"宁可借屋停丧，不可借屋成双"之说。

二十二，家有长辈健在忌做生宴请。否则，是对长者的不尊敬、不孝顺，被人们指责为不知"天高""地厚"的逆子。

二十三，行艺人忌经过晾晒的裤下或裤下蹲坐。有言"裤落头上，财气跑光""裤下一蹲，邪气缠身"。

二十四，孝服之家忌贴红联、红字画。有传"红"为主喜，红驱阴魂，亡人见红不敢上桌享供。

二十五，住宅中堂忌与前后房屋角对冲。俗有屋角对冲为大凶，十冲九不利，主人损财气。

二十六，小孩忌玩青蛙、鸟等小动物。否则，小孩长大后，手会发抖把握住笔，写字歪歪斜斜，绘画圈圈点点，造成终身遗憾。

二十七，在与别人玩耍或嬉戏时，男性忌摸头，女性忌摸腰。常有"男不摸头，女不摸腰"之说，否则是对别人不尊重，对方会生气。

二十八，中堂摆放的大桌子镶缝忌与座向相同。违者被视为不吉之举。

二十九，新娘进屋时刻，忌与娘家兄弟姐妹直接碰面，俗称"撞热脸"，会拌嘴，家不合，分居早。

三十，新婚洞房初夜忌孕妇进入。洞房初夜孕妇进入来秽气，是不吉之兆，有"孕妇花堂，喜气全跑光"之说。

三十一，接新娘时，忌两家接新队伍直接相遇。如相接遇，会有克一方。

三十二，住宅近周忌种桑树。因为桑与"丧"同意，桑树与"丧事"近音，特别"年节"和喜庆之日，人们不自觉地见其树而叫其名桑（丧）或桑树（丧事），这给节日带来晦气，被视为是不吉利的征兆。

三十三，忌用脚踩灶和拍打灶头。灶王爷是管一家德行的，得罪了灶王爷，腊月二十三上天向玉皇大帝禀报人间善恶时，他会直言不讳，将受侮之事说出，全家将会有不幸。

三十四，小孩忌剃光头，光头亦称和尚头。小孩剃光头意味家风不顺，是离家征兆。小孩剃时，要在头上留一撮"记心毛"，长大后才聪慧，记性好。

三十五，妇女生小孩后一月之内，忌他人（除服侍的人外）进入产房。这是因为产妇、婴儿身体都很虚弱，抵抗力差，需要静卧休养。他人进入产房，一会影响产妇婴儿休息，二会带入病毒，危害母子健康。至亲好友若非要见面时，也只能隔门（坎）隔帘交谈和祝福。

（3）言忌

三十六，夫妻拌嘴忌挑短。夫妻之间不论生活、思想、作风及过去或现在的情况都是互相了解的。一拌嘴就拿对方的"隐私"作为封住其口的"撒手锏"，会伤透对方的心，导致感情破裂、分家离异。

三十七，与人言谈忌带"话把"和"挖苦"之词，在与人谈话中带有"妈的"，"老子"等词语，会视为不礼貌，是"二杆子""老油条"，不可理喻的蠢才。有时会因"话把"或"挖苦"之词发生口角，甚至扯皮打架，闹成官司。

三十八，在接待姑娘客时，忌言请吃茶。在农村很多地方"吃茶"是订婚的代用词，你请她吃茶，姑娘会不高兴，甚至视为你是戏弄她。

三十九，乘坐车、船、马忌言"翻""沉""撞"之类的词语。出门旅途之中，不吉利之言会导致灾难。

四十，在养蜂人家吃了蜜糖之后忌言"多谢""走了""分散"等语。违忌主人不高兴，蜜蜂分家或倾巢迁徙。

（4）食忌

四十一，赴宴时，有长者同桌忌食鸡头。鸡头在宴席上被视为贵重之物，应敬长者，以示尊敬。否则，会被视为无家教不懂礼貌之人。

四十二，妇女生小孩后第一次忌吃母鸡。妇女产后第一次要吃公鸡，小孩才会有奶水吃，长得健壮标致。

四十三，未成年人忌食死在笼中的鸡鸭。俗喻死在笼中的鸡鸭是"监亡"，吃了思路狭窄，反应迟钝，呆板机械，及至陈陈相因。

四十四，未婚男女忌食猪脚叉。违忌会叉走媒公媒婆，导致婚姻不顺，波折多，婚难成。

四十五，有慢性病史的人忌食母猪肉。母猪肉营养成分少，难煮透，对病人补益甚微，吃了母猪肉，老病会复发，且难根治。

四十六，孝子在成服期内忌食荤。死者还停柩在堂，孝子是极其悲伤的，应食素以视孝敬。违忌视为忤逆不孝，要遭雷打天火烧。

（5）侗傩

侗傩是对侗族民间流行的傩戏、傩舞、傩歌、傩符、傩技等民俗事项和民俗文化的总称。它以迎神、娱神、降神的宗教巫术活动为主要内容，分文道和武道两大门类。无论文道和武道都有专职和兼职的表演人员，并有汉文字记载的演出脚本。文道表演者称"道士"，武道表演者称"老师"。侗族民间经常表演的傩戏剧目（或说经常开展的傩事活动）有招魂、谢土、开财门、祭邪、送白虎、禳星、禳关、架桥、开阴锁、打保福、抬煞、送雷神、送天狗、送替死鬼、还愿、扫寨、冲傩、开路、拜忏、踩灯、上家祭、运七、做道场、千人缘、万人缘、玉皇会等几十个项目。各项傩事活动表演的时间有长有短，各不相同。小型的傩事活动有几分钟、十几分钟、半个小时、两个小时，长的多达数天，乃至几十天。民国末期，天柱蓝田闭寨、都甫、坪寨等侗寨开展的"万人缘"（又名"血盆会"）活动长达27天。

如前所述，侗族尚无完整意义的宗教，侗族民间的宗教信仰尚停留在祖先崇拜、英雄崇拜、自然崇拜和图腾崇拜阶段。但明清以后，随着中央政权对侗族地区治理的加强，汉人大量进入侗区，汉族人民信仰的佛教、道教文化及儒家文化也在侗族地区广为传播，并与侗族民间的原先巫术文化相结合，两者之间经过漫长时期的移植改造和交汇整合，在侗族广大地区，尤其是在侗族北部地区形成了一种新的信仰文化——侗族傩文化。侗族傩文化反映了中原汉族人民的哲学思想、伦理观念、价值取向和审美情趣，也打上了侗族人民哲学思想、伦理观念、价值取向和审美情趣的烙印，成为侗族传统伦理道德思想的宝库和侗族民间宗教道德的重要组成部分。

下篇　侗族传统社会的道德实践与道德教育

如前所述，侗族传统伦理道德具有道德理念与道德实践相一致，道德原则规范与道德行为相统一的特点。侗族民间不仅重视道德理念及道德原则规范的创立与提出，而且重视道德理念及道德原则规范的贯彻落实与践行。为有利于社会成员及族群道德品质的养成及道德修养的提高，增强人们践行本民族道德理念及道德原则规范的自觉性，侗族传统社会在积极倡导社会成员及族群积极投身各项道德实践活动的同时，也十分重视对社会成员及族群进行道德教育。侗族传统伦理道德教育紧密结合侗族民间的各项道德实践活动进行，或寓于各项道德实践活动之中，内涵丰富，形式多样。下面介绍侗族民间主要的道德实践及道德教育活动。

第十章　生产劳动实践及劳动道德教育

生产劳动主要指侗族民间的农业、林业及其他生产劳动。它是侗族民间最重要的道德实践活动。侗族民间不仅重视社会成员及族群的劳动实践，也重视社会成员及族群的劳动道德教育。侗族民间重要的劳动道德教育有以下几个方面。

一、守职敬业、奉献社会的劳动道德理念教育

侗族民间除了运用民间开展的各项劳动工地、劳动场所及劳动过程对人们进行劳动教育外，还经常运用民间传唱的节气歌、种田歌、薅秧歌、打谷

歌、伐木歌、拉厢歌、放排歌等劳动歌对社会成员及族群进行守职敬业奉献社会的劳动道德理念教育。如侗族琵琶歌《十二月农事歌》就通过倡导社会成员及族群要遵循农事规律，不失时机地搞好每个月的农业劳动，以夺取农业丰收，向人们进行守职尽业的劳动道德理念教育；侗族民间传唱的《种田歌》则通过一年各月份农业劳动内容、劳动要求及应持的劳动态度的描述，阐述了种田的根本目的在于"保收成""为丰收""多打粮""保丰收"，满足人们求温饱、求富贵，求繁荣昌盛等的社会需求，对人们进行了守职敬业奉献社会的劳动道德理念教育。

1. 十二月农事歌

正月乐，
正月不热好上坡。
老蛇、蜈蚣岩洞躲，
放胆进山不怕毒虫咬手脚。
正月该是砍柴月，
懒似肥猪家里炉灶烧什么？
一年农事脚跟脚，
挖田、撒种、插秧、护理和收割。
月月田工磨推磨，
怕误农时正月家家砍柴堆成垛。
二月八，
春暖二月枝枝发嫩芽。
草青叶绿蝉歌欢，
日时渐长工渐杂。
初二吉日该动土，
种完小米再种糁子打粑粑。
苞谷高粱坡头种。
深耕泥块碎碎砸。
瓜菜豆种当月撒，
过时不种力白花。
干田未耕赶快挖，
抓紧翻犁灌水细细耙。
二月农事无闲空，

田角打盹日子易打发。
疏忽大意误农时,
进了三月拖娃带崽忙扑爬!
三月到,
暮春三月百虫闹。
南坡挖地种棉花,
手臂酸麻难直腰;
北坡盘山修水渠,
拦得雨水浇嫩苗。
两岭秧田泥脚浅,
汗水常伴粪水浇;
东边山梁土坡瘦,
日割秧青三百挑。
地中不留连根草,
小米出窝及时薅。
瓜豆抽芽需淡肥,
高粱长出三片嫩叶土要刨。
手头没钱农具缺,
犁耙藤条难配套。
农夫三月农事多,
吆吆虫鸣逗人恼!
四月到,
农活追后没空寨中唠。
燕子衔泥窝垒成,
田工纷繁头绪没找到。
天黑雨冷破衣单抢水打田急上后山包。
家里无牛肥料少,
土皮当粪还割嫩叶几大挑。
冲脚扯秧运到坡顶插,
沟渠漏水耽心秧难保。
男人耙田脸瘦黑,
女人栽秧两腿僵硬难直腰。
包饭上坡田工远,

早出晚归勤操劳。
年迈公婆不得闲，
媳妇背崽鸭笼肩上挑。
四月田工多得像牛毛，
话没空讲两手没闲着。
男女忙得转格螺，
谁图清闲秋季要糟糕。
四月田间粗活不轻易，
进至五月农家也是忙得难开交。
五月到，
五月天气闷热易疲劳。
耙田工夫剩不多，
头批栽的禾已该薅。
男的清早上坡割担草，
下午横在长凳抽烟扯白唠。
坡上田间百样工，
道是轻活全由妇女包。
东岭糁子地里除杂草，
西坡棉花地间把土刨；
花生、辣椒、苞谷地要管，
粘谷、旱禾、糯禾苗要薅。
汗水浸背湿复干，
青衣汗渍似花猫。
坡上坡下团团转，
活路堆成小山包。
工夫零碎不起眼，
丢下不管收成难得保。
五月过了又六月，
六月农活将要累断腰。
六月到，
日头火辣懒虫唧唧叫。
庄稼整天拔节长，
田里禾苗半腰高。

妇女六月工渐少，
男人夜守田水最难熬；
田边蹲来蚊虫咬，
树脚静听蛙嚎心发焦；
眼皮千斤撑上根草棒，
天不下雨哪能睡安觉？
迷迷糊糊天亮了，
露水浸湿半边腰。
强打精神挽裤脚，
还得下田把秧薅。
秧田宽宽心畏难，
看那片片禾叶像利刀。
秧叶满田怎下手？
刺脸割额血痕一道道。
六月农活真艰辛，
熬过六月也许七月稍要好！
七月到，
七月日头像盆火炉头上烤。
秋风吹得谷子黄，
秋风吹得人欢笑。
谷穗勾头半截子熟，
想坐清闲还太早！
老鼠夜夜在磨牙，
田坎杂草切莫忘铲掉。
麻雀天天掏滕胞，
快扎草人吓它跑。
七月糯禾正该薅二道，
其他庄稼也应把土松松刨。
七月农活重护理，
田地不管野草高。
种田最忌哄地皮，
男女老少心里要记牢。
七月过了八月接，

埋怨日月不等只会惹人笑。
八月到，
八月鹧鸪声声叫。
声声叫喊催人醒，
快收谷子往家挑。
割的割来抱的抱，
打谷嘭嘭震山坳。
割谷拱背腰酸麻，
打谷双膀胀痛真难熬。
挑谷下坎又上坡，
双肩磨出大血包。
还剩稻草捆成一把把，
留给圈中老牛冬天做草料。
田里活路还没理清楚，
坡上糁子成熟高粱已弯腰。
不及时收鸟雀要糟蹋，
田里坡上忙得两头跳！
忙死忙活就怕天下雨，
农夫八月收割够疲劳。
过了八月九月来，
九月还有活路成堆等人搞。
九月到，
九月天凉蚱蜢满坡跳。
粘谷归仓收藏好，
山冲糯谷迟迟才弯腰。
折禾季节工夫紧，
五更起床忙到火堂把火烧。
枞桄照明甑子蒸糯饭，
天还没亮忙将早饭午饭一起包。
箥篓挂在扁担头，
出得寨门小步跑。
先折坝子上的麻花禾，
后折高坡头的香糯稻。

百斤重担脚步沉,
天天摸黑回家饥肠咕咕叫。
幼儿灶边滚地哭,
鸡、鸭、鹅在楼下闹糟糟。
边烧晚饭边解禾把递上晾,
禾把递上晾点灯下楼喂猪潲。
小孩哭累已睡着,
催醒吃完晚饭公鸡已啼叫。
九月农事真忙乱,
进到十月田工才减少。
十月到,
十月不冷不热工渐少。
糯禾折完稍喘息,
男人没事进山打鸟安鼠套。
有的找钱外出做生意,
有的抱崽东家坐来西家唠。
妇女难享这份福,
大堆活路等着人去搞。
天蒙蒙亮起来去舂米,
三槽糯米得舂一大早。
棉花搬上屋梁晒,
转身挑箩下田捞浮漂;
田水冰冷身颤抖,
回家路上石擜赤脚利像刀。
到家天黑煮饭还要轧棉籽,
天天夜里劳累谁人晓?
十月工少也难做,
转眼十一月份悄悄到。
十一月,
北风吹来冷瑟瑟!
高坡屋檐都已挂冰凌,
家缺牛草迫不得已冒风雪。
圈中老牛皮包骨头颤抖抖,

怕它严冬难熬眼翻白！
牛是农家命根子，
小心看护马虎使不得。
男人专心管牲口，
妇女纺纱日夜不得歇。
根根纱线细梳理，
织布机声响彻夜。
侗布一匹廿丈长，
拆下新布染青色。
三染三晒蒸又捶，
没日没夜忙整月。
大崽缝件对襟衣，
满女裁套夏装挑花又绣叶。
全家老少全身一色新，
个个嘴巴笑歪心喜悦。
月到十一也易过，
三弯两拐转眼快到十二月。
十二月，
岭上坡下蒙蒙白。
房前屋后雪堵门，
离家一步也难得。
年关工夫同样紧，
粗粗细细各有别。
男人清早上坡挑堆柴
冷得牙齿打颤格格格。
脚不点地来回搬，
挑挑不下一百二。
妇女在家忙裁剪，
飞针走线眼昏黑。
掐指年关日日近，
出门半步也不舍。
家中糯米要备足，
脚舂手簸忙不迭。

冻果打制五十斤，
糯米糍粑打一百。
家中样样准备齐，
好吹芦笙过春节。
十二个月工夫月月有，
工夫常有无闲月。
劳动切莫贪玩耍，
哪个偷闲衣食缺。
年十二月农事歌，
敬望世人都记得。
今我讲来话啰嗦，
熟的收下生莫摘。

（参见《侗族大歌·侗族琵琶歌》128-137页）

2. 种田歌

正月种田立了春，
锄头撮箕不离身。
撮荒砌砍槌田埂，
田不漏水保收成。
二月种田惊蛰天，
扛起犁耙去耕田。
小娃上山割牛草，
全家大小不得闲。
三月种田是清明，
大山草木满山青。
千般都要早下种，
错过季节无收成。
四月种田四月八，
小满急忙把秧插。
忙种时节快下种，
农夫才有好庄稼。
五月种田把秧薅，

勤薅勤追育禾苗。
土内作物要管好，
勤耕苦种不辞劳。
六月收成火热天，
汗水流来湿衣衫。
不怕太阳晒破埂，
滴滴汗水为丰年。
七月里来秋景凉，
田间管理要加强。
防旱防涝防虫灾，
保证秋收多打粮。
八月种田谷子黄，
秋收活路更加忙。
精收细打莫忘记，
颗粒不漏收进仓。
九月种田九月间，
油菜小麦种下田。
桐油茶籽勤快捡，
还要翻犁泡冬田。
十月种田小阳春，
为了来年割冬青。
丘丘铺满冬秧草，
田肥才有好收成。
……

（参见《中国民间歌谣集成·剑河县卷》）

二、勤劳勇敢、吃苦耐劳的道德理念教育

勤劳勇敢、吃苦耐劳的劳动道德理念教育是侗族民间劳动道德教育的重要内容。侗族民间除了运用人们起五更睡半夜，面朝黄土背朝天，晴天一身汗，雨天一身泥辛勤劳作的劳动现场与情景；或运用人们爬高山，钻密株，奔急流，过险滩从事高风险、大强度的劳动工地与场所对社会成员及族群进行勤劳勇敢、吃苦耐劳的劳动道德教育外，还善于运用民间广为流传的神话

传说及民族起源、民族迁涉等古歌及相关的劳动歌、劝世歌等民歌对人们进行勤劳勇敢、吃苦耐劳等劳动道德理念教育。如侗族琵琶歌《哪有仙果从天落》即通过十二个月农劳动过程中的艰辛场景及气氛的描述，阐述了"一粒粮食一滴汗，一颗芝麻功夫多，世界哪有现成饭，只有仙果从天落"的道理，进行了勤劳勇敢、吃苦耐劳方面的道德教育。劝世歌《勤劳能够成家业》及《戒懒汉》则从正反两方面对社会成员及族人进行了艰苦创业、劳动致富的道德理念教育。

1. 哪有仙果从天落？

祖先开山又劈岭，
为我们留下好山河。
男人耕田种地早出晚归两头黑，
女人纺纱织布夜夜五更月亮落，
前辈勤俭好榜样，
子孙要把勤俭学。
正月不要留恋鞋和袜，
先把刀斧快快磨，
砍出荒山岭连岭，
好种玉米和粟禾，
傍晚回家挑担柴，
年长月久积得多。
正月过去接二月，
人不停歇上山坡，
挖田挖地功夫紧，
农活全靠勤耕作。
三月南风吹来万山绿，
割青送肥来往似穿梭，
人勤春早做在先，
雨季防洪护坝治江河。
四月光阴贵如金，
争分夺秒莫错过，
牛背犁耙马背鞍，
犁田耙地不停脚。

五月芒种准备好,
插秧趁早多收获,
先插粘谷岭上田,
后插糯谷在坡脚,
一年农活打下好根基,
插完秧苗再来杀鸡鹅。
过节吃喝莫贪杯,
六月结队上高坡,
镰刀扁担割草回,
牛也壮来肥也多,
伏天闷热不怕累,
翻山过岭理粟禾,
棉花玉米勤看管,
旱工水活多又多。
七月立秋整田坎,
杂草堆来放把火,
田园四周扫干净,
老鼠飞虫无处躲。
八月扛锄铲茶山,
山山茶林结金果,
葫芦装饭挂树梢,
酸鱼酸肉香满坡,
一滴汗水一颗果,
铲得金果乐开壳。
铲罢茶山收金瓜,
收罢金瓜收芝麻,
莫嫌芝麻颗粒小,
积少成多山一座。
九月秋收是大忙,
金黄禾穗红似火。
三更舂米五更吃,
披星戴月去剪禾。
颗粒归家谷满仓,

十月禾廊堆金垛，
喜庆丰收放田水，
火烧鲜鱼把酒喝。
十一月天北风吹，
满山茶果纷纷落，
男女老少上山岗，
捡满背篓装满箩，
黄昏时刻回家转，
千挑万担黄金果。
年终抓紧事一桩，
修整塌方不要拖，
运泥搬石砌安稳，
开垦荒山把地扩。
一年共有十二月，
辛辛苦苦四季活，
春天冒着倾盆雨，
夏天日头烈如火，
秋天北风阵阵寒，
冬天冰雪冻手脚。
一粒粮食一滴汗，
一颗芝麻功夫多，
世上哪有现成饭？
哪有仙果从天落？
老人世代传真话，
我传十二月劳动歌。

（参见《侗族民歌选》36-39页）

2. 勤劳能够成家业

（劝世歌）

众位请坐放宽怀，我把劝歌唱起来；
唱一个快劳动的人，会把活路巧安排。

天刚麻亮他就上坡去，夜晚披星戴月转家来。
晴天雨天都一样，落雪下凌也不挨。
你看他干活如老虎，力气从来不见衰。
哪个山冲地势平，他就精心把田开；
挖蔸砍刺蓬，挑土又打岩。
田埂砌得严实又匀称，犹如四方料石铺的街。
田中压青不漏水，禾稻长得惹人爱。
不能开田的干冲和干坡，他把桐、茶、杉树栽。
精心铲草，勤快料理，不让山火把树苗烧坏；
九年的工夫，树木长得茂密青葱把山盖。
山冲黑土种烟，溪边松泥栽菜。
青菜白菜长得好，南瓜北瓜结成排。
吃不完的作饲料，还有节余拿去卖。
稻谷堆满谷仓，差点把房子压歪；
圈里猪肥大，壮得爬不起来。
这些都是他劳动所得，按理说吃穿好一点也应该。
可是他想的是细水长流，还考虑他的子孙后代。
他身上穿的补巴衣裤，烂成条条也舍不得把新的买。
上坡下田做活路，总是穿自己编织的草鞋。
买丝线和梳子的钱，他拿瓜菜去卖；
卖猪的收入，才给家里姑娘买穿戴。
银项圈、银耳环，戴在身上放光彩。
勤劳换得富，名声远传开。
有的人蛮犟不服气，说他撞着个好日出娘胎；
说他命中带福分，说他命中该发财；
又说人生富贵由天定，半点不由人安排。
这都是懒人讲懒话，这样的人想得富贵那才怪！
其实发家并不难，就看你勤快不勤快；
不讲八字生得好，不讲为人笨和乖。
勤劳能够成家业，精打细算家业永不败。

（《中国侗族歌谣故事精选》陆中午北京　中国文联出版社　2006.9）

3. 戒懒汉

大家听我唱支歌,
别人未讲我先说。
劝你年轻人不要懒,
应该管好田地勤干活。
管好田地秧苗才长得好,
种的广来收的多。
一种人成天家中坐,
一心只是享快活,
初初当我还不晓得艰难是什么样儿,
做活路的时候少,玩的日子倒也多。
经常穿新衣当罗汉,
整天吃过了,又思量喝。
游村逛寨他高兴,
妻子约他上山他就闷闷不乐。
要他当家当不好,
当个懒汉倒是刚刚合。
晚上懒得打草鞋,
白天他说头痛懒上坡。
近山远山他都不肯去,
抱手空坐,懒得出奇。
太阳出来他怕晒头,
落点细雨他怕湿脚。
雨天晴天他都不喜欢,
独有阴天他才算合。
一天干活十天闲,
丢田不管变荒坡。
人们都这说,
旁上的田干死了泥鳅,
寨脚的映田鱼晒得发臭。
不去薅来不去难得抽穗的禾苗,
干脆割它来喂牛。
田硬从来不会割,

刺蓬长满了田四周谷粒不如稗粒大，
年年收成不好，他哪晓得苦难又临头？
人懒干活家必败，
没有饭吃只好把田卖。
年轻人啊，你们不要吵，
年轻人啊，你们不要笑。
我说懒汉的下场不会好，
懒的出路一团糟。
要是不及早改过来，
眼前死路有一条！

三、齐心协力、互助友爱的道德原则规范教育

在生产劳动实践中，侗族民间经常运用各种劳动工地和劳动场所，尤其是需要大众广泛参与的生产劳动工地与场所对社会成员及族群进行齐心协力、互助友爱方面的道德原则和道德规范教育。如在农业劳动中人们在栽秧、薅秧、打谷等农忙季节进行换工互助；林业劳动者运用人们劳动过程中伐木、拉厢、放排等需要群体协同参与的生产劳动及民间起房造屋期间各项协作劳动对人们进行齐心协力、互助友爱的道德原则和道德规范教育。以侗族民间起房造屋为例，其过程和程序有定式、伐木、架向、排扇、偷梁木、立柱、上梁、抛粑、开财门、升匾、吃竖屋酒、烧进屋火等程序和过程，除个别程序仅需少数匠人及竖屋主人参与外，大多数程序都是需要群众广泛参与的生产劳动和民俗活动，也是体现侗族民间齐心协力、互助友爱等传统美德及劳动道德的场所。侗族民间就善于组织民间广泛参与这一活动，对人们进行齐心协力、互助友爱等传统美德及劳动道德教育。如起房造屋过程中的排扇、偷梁木、立柱的过程，就是侗族民间对社会成员及族群进行齐心协力、互助友爱等劳动道德及传统美德教育的典型过程。

1. 排扇

根据看好的日子，竖屋前一天，即做了各项准备工作。第二天清早，掌墨师根据工作需要找来三四个副手，主人也请来五六个人一起帮忙。吃完油茶就动工了。

开工前先要在工棚中间的地上烧一堆火。据说火能避邪；其实，工棚里

有一堆火，师傅们抽烟、喝茶都很方便，冷天也可以取暖。掌墨师手持丈杆专门在柱、枋上划墨线，其他人则根据墨线砍的砍，锯的锯，刨的刨，凿榫眼的凿榫眼，木屑四溅，刨花飞舞，好不热闹！

材料准备好之后，在规定竖屋的前一天，便开始"排扇"——用穿枋将屋柱串连起来。如果是五柱五瓜屋，则将五根柱及五个瓜柱用穿枋串成一列，叫作一扇；若是四扇三进屋，就串四列。

排好扇，掌墨师要对每一扇的卯眼进行认真检查，看是否掏洗干净，卯眼与榫头的大小是否一致；并对每个卯眼进行测量，将尺寸记在一根八寸长、一寸多宽的篾签上，号称"掏签"。将一扇屋的掏签用红布条捆成一扎收藏好，以便立柱时用。

接着，在屋场里把地脚枋按地理先生量好的中脉桩摆好，并榫接起来，钉一些木桩将地脚枋夹牢，再把地脚枋的各个榫接处用石礅垫高起来，让地脚枋都处在一个水平面上，叫作"夹礅"。为讨吉利，主人还将木桩系上红布条。夹礅完毕，掌墨师一声呼喊，几十个人一拥而上，齐心协力将排好的一扇扇屋柱抬放到地脚枋边。先抬中堂左边那一扇，将每扇屋柱一一摆放在各自的位置后，一切准备就绪，只等第二天吉时一到，把这一扇一扇的屋柱立起来就大功告成了。然而，"万事俱备，只欠东风"，还缺少新屋正中的那一根梁木，侗家叫"坐梁木"，又称"正梁"或"大梁"，认为它是这一栋屋的主宰，把它看得很神圣。随意砍来的木料是万万不行的，从别人的山上"偷"来的才好，于是便形成了"偷梁木"的奇风异俗。

2. 偷梁木

为什么梁木要偷？有一个这样的传说：鲁班的弟子张良学艺三年后，自认为手艺超过了师傅，就提出要和鲁班比试高低，在三天内各自竖一楼房，看谁的先竖好。第二天下午，张良累得腰酸背痛才把木料清好，准备排扇。他起身去看看师傅的进度，顺便歇口气。谁知跑到鲁班工地上一看，顿时傻了眼：工地上一个人也没有啦！原来鲁班不只排了扇，还夹好了礅，只等第二天天一亮就竖屋了。张良年轻气盛，生怕丢面子，趁屋场里没有人，就把梁木从中锯断了。鲁班办事素来谨慎，刚睡到半夜，想起明天就要竖屋，便去查一下，看有没有失误的地方。一查，发现梁木被锯断了，知道是张良干的。但木料已经用完，怎么办？只得背斧上山偷砍一根回来，又把它做好了。天一亮，鲁班的楼房就竖起来了。这时，张良还在手忙脚乱地立扇呢！张良为了学到本事，要继续拜鲁班为师，并说："师傅，你还没教徒弟接梁术呢？"鲁班笑道："我哪里有什么接梁术？那根梁木是偷来的！"因为鲁班开了金口，从此梁木就都要偷了。

当然，这只不过是故事而已。实际上"偷梁木"是为了讨个吉利，借他山之木作为这一栋房屋的主宰，取"进财赐福"之意。

偷梁木是在立屋那天凌晨一点左右进行的。刚过半夜，四个年轻后生就出发了，其中一人背着鲁班斧，一人提个小口袋。屋外夜幕沉沉，天上忽明忽灭的星星捧出了眼前那条隐隐的山路。凭着山里人的勇敢和熟练，四人很快就进了山。树是在白天就物色好了的，路也是事先探好的。他们轻轻地将柴草拨开，迅速接近"鸳鸯树"。锄净周围的杂草后，砍树的人右手提斧，左手抚着那根杉树，口里念着吉语："手提鲁班斧，弟子迎木君。请上华堂作主宰，主家百福生。进富又进贵，发子又孙！"旁边的人一齐回答："是哩！"接着便开始砍树：第一斧砍树的上方；第二斧砍出斧口，落下来的第一块木楂要用口袋接住，不能掉在地上；第三斧砍树的下方，然后一斧一斧砍下去。砍树时不许亮灯，只能借助星星的微光，必须小心谨慎。这时周围静悄悄的，那"笃、笃、笃"的伐木声在幽深的山林里显得格外清脆。不多久，只听得"哗——"的一声巨响，这根杉木便朝山的上方倒了下来。他们还要摸黑把枝丫修掉，修枝丫时，要让一个人把树身抱住，不使树干沾地，以免扯走灵气。剔完枝丫，将树尖掐一点放进袋里，表示从头到尾都带走了，并在树干中间系一根红布条，就由两个人扛起抬着走，另外两个人则把一个小红包放在被砍伐的树墩上，里面包一元二角钱。这一方面是赠给山主的利市；另一方面当白天有人来到这里发现钱包时，会脱口而出："发财啦！"以讨别人的封赠。偷梁木时还要放一挂鞭炮鸣谢山主，当主人家半夜里听到山上传来的鞭炮声，晓得是偷梁木的，也就不会去阻挠了。按规矩，抬梁木不能换肩，即使抬不动了需要另外两人来替换，也只能用同一边肩膀递接，路上不准停歇，要一口气抬到屋。

梁木到家时，主人要放鞭炮迎接，直接抬到工棚的木马上放好，然后由掌墨师开始做梁。在动手之前，还要讲几句吉庆垒词："宝梁，宝梁，干大修长。用尺一量，不短不长。安在中柱上，铁稳铁当！"念完，随即将梁木刨光，锯好榫头，就"开梁口"，也就是在梁木的正中间用凿子凿一个三寸宽的四方眼，把木块挑出来，将七粒五色米，八片茶叶和一粒朱砂放进四四方方的梁里，用刚才挑出来的木块封住，再在四方口上面放上木匠师傅的那支竹笔和两块墨、一支毛笔、一本老皇历、一个小铜线、一绺五彩线，并用一块一尺二寸大的红布包好。红布的四角，分别用一枚小铜钱将它钉进梁木里，还要用一双筷子平放在红布上，然后用红线将它捆紧。这双筷子是主人在街上生意兴隆的饭馆里讨来的，用以祈求生意兴旺发达。这叫"包梁"。包好梁后，掌墨师还要念几句吉语祝贺："红绫包金梁，金梁放豪光，安在中柱上，瑞气满华堂！"

3. 立柱

竖屋这天最为热闹，亲戚朋友都过来庆贺，寨子里几乎家家都有人来帮忙，每个人都主动去做自己力所能及的事，而众多的男子汉在吃完甜酒后则集中在屋场里准备立柱。

在立柱前，要进行"撵煞"，就是将凶神恶煞赶走。（因为立柱危险性大，经常出现倒扇和伤亡事故。）"撵煞"如果去除迷信的内容，也可说是提醒大家注意安全。这时掌墨师左手提一只大红公鸡，右手执鲁班斧，站在中堂前面的一张小四方桌子旁开始撵煞。桌上摆刀头肉一盘，插香三炷，烧化纸钱后，掌墨师大声念道："此鸡不是平凡鸡，须弥山上报晓鸡，头上带着红冠子，身上披着花蟒衣，凡人将你来收养，弟子用作撵煞鸡。五方凶神恶煞，赶紧回避！快快逃避！"说罢，举起锋利的鲁班斧在雄鸡脖子上一划，立刻提着还在挣扎的雄鸡，把鸡血洒在地上，口里又念："此血落地，凶煞远离！"接着又在地脚枋上抹一点鸡血，念道："此血落枋，凶煞远藏。"然后再涂上些鸡血在屋柱上，并用斧头在柱子上敲几下，边敲边念："此血落柱，凶煞远去，去去去！吾奉太上老君急急如令！"念完，马上把雄鸡抛出中堂。

撵完煞，掌墨师还要对榫头和卯眼进行最后一次检查。因为只要大小尺寸有毫厘之差，就会给立柱造成很大的困难。

立柱前，人们用茶杯粗细的棕绳把柱头和柱脚捆好，又把梯子和扬叉等工具准备齐全，只等吉时到来。

侗家大多选在寅时立柱，俗话说："寅时鸡叫卯时光。"这时天还未明，只有星星在闪烁。屋场中，马灯与松明槁把的光影里，人们都在忙碌着，显出一派热闹的景象。不久，寨子里传来几声悦耳的鸡啼，吉时到了！于是，拉绳子的、扛木梯的、拿扬叉的、抬柱子的……都各就各位，站到中堂左边那一扇屋柱边。只听得掌墨师一声号令："升起来哟——"那四五十个人便一齐呐喊："哦嗬！"这时主人点响鞭炮，那高高的一列屋柱，在热烈的喊声中，在爆竹的红光里慢慢升了起来，当这一扇屋柱快要立正时，掌墨师又大喊一声"立起来哟！"大家也同时发喊，一齐用力，将数千斤重的一列屋柱同时抬离地面，并迅速把屋柱的脚榫准确地插进地脚枋内，周周正正落在磉墩岩上，于是，这一列屋柱就高高地立起来了。人们赶紧用木梯和扬叉支撑住，接着又一同去把中堂右边的那一扇屋柱立起来。这两列屋柱立起来后，还要用串枋将它联结起来，也就是说，要把十多根串枋两头的榫子同时插进左右两边的柱眼里，这是竖屋中最紧张的一幕！这时，两扇中堂的每一根柱子上都要爬上去两个年轻力壮的后生，一个站在二楼的穿枋上，另一个站在离地更高的三楼穿枋上。那两扇中堂的柱子上站起二三十个年轻后生，当下面的人把串枋递上去时，上面的人则用索子位，把拉上去的每一根串枋都放在柱眼边。每一根串枋都要掌墨师亲自用"掏签"来安排发放，一点也不能粗心。如果对不上号，榫头就插不进柱眼里，整个工序就得重来，还容易出危险。

　　串枋拉上去后，掌墨师手持鲁班斧站在中堂指挥，屋柱上的每个后生都俯下身子一手抱柱、一手托起七八十斤重的串枋全神贯注地等待号令，连空气都紧张得几乎凝固起来，只听到掌墨师一声喊："开扇！"下面的人就拉的拉索子，拿的拿扬叉，搬的搬楼梯，迅速将立好的两扇中堂向外倾斜。这时柱子上的每个人为了将串枋托住，身子不得不向前倾斜，几乎悬空，仅仅用一只手使劲抱着柱子，以免掉下来，另一只手则猛力托起串枋，将它对准柱眼。如果谁托不起，不但工作要立即停止，还会砸伤下面的人。而下面开扇的人既不能用力过猛，也不能开得太宽，否则，托串枋的人手够不着，串枋就会滑脱下来打伤人。所以，只能慢慢地小心拉开，当每个人负责的榫头都对准了柱眼时，掌墨师再喊一声："合扇！"大家也紧跟着发一声喊："嗬——"，那两列中堂又缓缓地往回合拢来。如果谁的力气不支或有一点偏差，就又得重来。因此，每个人都得聚精会神，半点也马虎不得！

　　合扇后，两列中堂联成了一个整体，还要用"响子"（松木做的大槌）咚咚地敲打屋柱，让榫头紧紧地完全进入柱眼，这叫"饱榫"。之后，再加上挂栓，就稳如泰山了。如果榫头很轻松地进入了柱眼，不需要用响子敲，那并不好，以后风一吹就会"嘎嘎"作响。不用响子，对掌墨师来说是不光彩的。要是榫头插不进柱眼，掌墨师就得用掏签来核对，若确有误差，须用凿子来凿洗，这也蛮丢面子的。因此掌墨师必须手艺高超、一丝不苟。

　　立好中堂后，主人就端出热腾腾的油茶来请大家过早。立屋的油茶是特别丰盛的，尽管吃。大家吃饱喝足之后，又继续立柱。经过一番苦战，一幢高大的屋架在一片煮粥般的鞭炮中终于耸立起来了。

（参见《苗侗文坛》1995年1、2期）

四、生产劳动中的综合性道德教育

在生产劳动过程中，侗族民间紧密结合劳动实践对社会成员及族群进行劳动道德教育，但这种教育往往不是单一的道德教育，而是多重的、综合性的道德教育。以林业生产实践为例，侗族民间不仅根据林业生产过程的实情对社会成员及族群进行爱林护树等职业理念和敬业精神教育，还针对林业生产劳动往往需要群体参与，并且有高风险、大强度等特点，对社会成员及族群进行勤劳勇敢、吃苦耐劳、齐心协力、互助友爱等劳动道德理念教育及传统美德教育。作者龙燕怡、龙民怡撰写的《五溪林俗写真》一文所描述的就是侗族民间林业生产实践及林业生产实践中对社会成员和族群进行综合性劳动道德教育的生动画面，是一份反映侗族地区林业生产实践及在林业生产实践中进行综合性道德教育的重要文献，现列入本书附录，供读者鉴赏。

第十一章　日常生活中的道德教育

日常生活中的道德教育主要指侗族民间生养、婚嫁、交往、节庆、丧葬、祭祀等方面的道德教育。侗族民间日常生活中的道德教育往往是结合民间日常生活实践，以言传身教及歌唱等形式进行的，主要有以下几个方面：

一、文明礼貌的人生礼仪教育

侗族民间十分注重礼仪教育，并在社会成员的言行礼仪及社会群体的社交礼仪方面，形成了一套比较完整的礼仪系统。在社会成员方面的礼仪有：

饮食礼仪。侗族民间礼仪首先表现在饮食方面。侗族民间在家庭用餐上，饭菜上桌后，家人围桌而坐，由老人先举筷，而后大家开始用膳。用膳中不能挑食，盘中菜肴要顺手拈吃，不可上下搅动，要细嚼慢咽，不要狼吞虎咽；给长辈添饭要双手奉送，不要单手传递。在用餐时，遇亲朋好友到来，要热情邀请入席共同用膳；如乞丐上门乞讨，侗家人不会冷落，而是好心施舍，给乞丐送一筒米后，还心平气和地说："我家没有多的给，你再到别家去讨点吧。"侗家人有句谚语"只有吃饭让狗看，不能吃饭让人看"。吃饭饱了，把筷子平摆在桌上，对大家说慢吃，然后离席。如宴请宾客，要先给年长者斟酒，大家斟酒后，由主人举杯先喝，然后客人同饮。品尝菜肴由主人举筷邀请，客人才跟随逐碗品尝。这叫作"主不吃，客不饮"。从小看大，以一斑而窥全豹，长辈往往在餐桌上、酒席间观察晚辈是否懂礼貌、是否有修养。

问候礼仪。在和人接触当中，第一次见面要有礼貌地问候、致意，这是观察一个人道德修养的第一次测试。因此，每个人从小就受到长辈的教导要学会礼貌也就是要懂得问候礼仪。侗族问候礼仪是这样的，早晨起床后，第一次见到老人要问候，如说"公公或奶奶，您老人家起来啦"；见到平辈人说"您早"；在上午或中午见到人时说"您吃饭啦"；向熟人问候时，对被问候人的辈分、年龄有不同的称呼，不能马虎大意，遇上老年男人，是本寨人一般称为公公或伯伯，外寨人可称为外公或大舅；遇上年纪较轻的男人，本寨人一般称为叔叔或哥哥,外村人可称为小舅或表哥;遇上老年妇女,本村人一般称为奶奶或姑妈,外村人可称为外婆或大舅妈;遇上年纪较轻的女人,本村人一般称为叔妈或娘娘,外村人可称为姨妈或姨娘。

言谈礼仪。在社交场合中,个人的言谈举止是礼节行为的重要方面。在老幼同堂叙谈的场合,十分重视长幼有序,如在鼓楼里休息、在花桥上乘凉 老少为伴在欢乐地谈天说地,此时此地往往由老人们唱主角,年轻人要静静地倾听,小孩更不能打搅。若是平辈人之间的交谈,要注意语音适中,使对方能听清楚,对方讲话要注意倾听;如果多人议论,对言之有理者要点头表示赞同,不要抢话头、大发议论,要等别人把话讲完,然后发表自己的看法;如有争论,要平心静气,平和谦虚,绝不恶语伤人。

行走礼。侗族社会人们行走礼仪主要表现在走路姿式、让路和与行人打招呼上。走路姿式,要求步伐自然,两手自如摆动,两眼向前平视,不昂头,也不低头;如昂头大步,旁若无人,人们认为这个人目空一切,自高自大。正如谚语说的"他是个走路踩死鸡崽的人",如走路只顾埋头向前,则认为是此人沉闷孤独,不爱与人交往;如左顾右盼,则认为此人油滑,不庄重。在路途上,如夹道相逢,青年人要让老年人,男人让女人,空手人让挑担人。让路是一种谦虚,也是礼貌。如果某青年人,外出遇人,特别是亲戚中的老人,不打招呼,不问候,人们会对他有不好的评论,说他愚蠢,或是不懂礼节。

衣着礼仪。侗族人的衣着,崇尚青、蓝、白三色,故外装重深色,内装重浅色。秋冬衣着上下一色,春夏着装上蓝下青,或上白下蓝。在穿着规矩上,男人身着对襟上衣,纽扣要排比对称,不能敞胸露怀。

侗族民间在集体交往方面也养成了独特的程序和礼仪。如地区之拦路迎宾间及村寨之间开展的群体社交——"为也"活动就有以下程序礼仪。

"为也"活动的第一项重大程序和礼仪是拦路迎宾。按照主客双方事先商定的时间、出访人数等有关事项,客寨大队人马按时浩浩荡荡地向主寨进发,待到主寨门前,进寨的路都早早地被主人用鸡笼、纺车、织布机、木材、茅草、荆棘等杂物拦住,伙同杂物拦路的还有主寨的男女歌队、芦笙队和寨老等人。面对如此阵式,客人只得停下,准备与人对歌。如果主寨是女歌队当头,客寨则以男歌队相对;反之,如主寨是男歌队出面,客寨则派女歌队上阵。对歌开始,先由主寨歌队唱拦路歌拦路,申明本寨今天出了很多不吉利的大事,要忌寨,不准外人进入。客寨歌队则唱开路歌逐一应对,反驳其不让进寨的种种理由都不成立,一定要进寨。主人百般刁难、盘诘,客人巧妙地解说对答。双方一问一答，你来我往，妙趣横生。如此这般的群体性对唱，大都进行一两个小时，直到人把所有障碍物撤走，客人才得以进寨。这种迎客仪式，从头至尾都贯穿着双方歌队这种诙谐风趣的对唱，使主客双方都感到他们之间的交往十分融洽、亲切。

1. 踩堂多耶

踩堂多耶是"为也"活动的另一项重要的程序和礼仪。客人进寨后，在歌队的带动下直奔主寨的"萨坛"。侗"萨"是"婆"或"祖母"的意思，即侗家祖先女神。"坛"所敬奉的就是"萨"，是侗族女神。侗族民间提及的女神至少有四个，她们是"萨柄"（掌兵女神）、"萨堂"（掌坛女神）、"萨岁"（为众牺牲的女神）、"萨玛"（至高无上的女神）。按侗家规矩，无论迁到哪里居住，都要先设"萨坛"如九洞古歌所唱"未置门楼（鼓楼），先置地头（萨堂）；未置门寨，先置地柄（萨柄）；未置三间堂屋，先置木堂门守（祭祀萨玛的殿堂）"，可见侗家人对其"萨"的敬重，因而"为也"活动中客人进寨得先到"萨坛"祭萨。

祭祀程序是：先摆放鲜果、肉类等供品，点燃纸烛，然后客人"呜！呜！呜！"大喊三声，锣鼓、芦笙随之齐鸣；其次是列队三鞠躬拜祭，主寨老人向众人献平安茶；最后是主、客双方的所有人员——不分男女老幼，在"萨坛"前的大草坪上围成圈，男女间隔，里外数层，手拉着手边歌边舞，即踩堂多耶。多耶一般先由客人歌师领唱三支"敬祖耶"，众人踏节相合；随后主寨歌师领唱三支，再交由客寨歌师领唱三支，如此循环转接，直至活动结束。这种往复交替的领唱，既是对祖先的一种祭祀，也是主客双方歌才的比试。所唱的踩堂歌开始主要是颂赞祖先女神"萨"的丰功伟绩和英德以及本民族的历史，而后逐渐唱夸赞主寨、欢迎客人等即兴编唱的歌曲。

2. 鼓楼对歌

鼓楼对唱是"为也"活动中最重要的程序和礼仪。这一活动多安排在白天或晚饭后的黄金时段进行，一般要唱几天几夜。对唱模式与拦路迎宾相似，双方以异性歌队相向，主寨若是女歌队唱，客寨必以男歌队答，反之亦然。对歌开始，主客双方先唱"迎宾歌"与"赞美歌"，相互招呼，彼此客套，客人表示来到贵地增添麻烦，主人则表示没接待好请多多原谅。然后双方你一首我一首地交替唱起代表本村寨、本族姓的鼓楼大歌，相互展示本村本姓鼓楼大歌的丰富内容及艺术特色。这一时段重在表演，各自尽显本寨、本族姓鼓楼大歌的优势，充分表现其特色。代表本村寨、本族姓的鼓楼大歌唱到一定时间，接唱其他村寨、其他族姓的鼓楼大歌，这就进入了比试阶段。对方起唱某一村寨鼓楼大歌的歌头（赶赛），就预示着双方要以这一村寨的鼓楼大歌歌腔继续对歌；唱到一定时段，又换另一村寨的鼓楼大歌相对，如此不断推进，直到一方词尽歌穷，俯首认输才转唱声音歌，演唱声音歌也是相互比试，凡对方起唱某一种声音歌，双方就得以这一歌腔对唱。这一阶段，大都要把模拟蝉鸣、鸟啼、流水以及显示歌队声音、炫耀歌队技艺的所有声音歌都唱遍，谁唱不上来就算输。在这场马拉松式的对歌比试中，哪个村寨的歌队声音好，训练有素，配合默契，会唱的歌多，临场表演精彩，这个寨子的人们便会感到无比荣耀、无比自豪。

3. 炉旁说唱

炉旁说唱也是"为也"活动中的一项程序和礼仪。这项活动一般安排在晚上，多在鼓楼对歌之后的深夜，地点则分散在几个住家的火炉边。活动内容及形式有两种：一是主客两寨的男女老少随意围着火炉听老歌师或曲艺师傅说唱故事。唱故事，侗语称"嘎锦""嘎节卜"，这是一种侗族多声部歌腔演唱的长歌或短歌。歌师、曲艺师唱故事时，听众不仅是这种长歌和短歌的欣赏者，也是这种说唱艺术的积极参与者，歌师、曲艺师在领唱时，听众往往适时参与帮腔或轻轻哼唱持续低音烘托，使歌师、曲艺师的演唱表演得更加完美。二是主客两寨自由结伴的青年男女围着火炉群体性地对唱"琵琶歌""牛腿琴歌"，相互倾吐爱慕之情，俗称"行歌坐夜""坐妹"或"闹姑娘"。

4. 合宴待客

合宴待客也是"为也"活动中一项富有特色的程序和礼仪。"为也"过程中，主寨除了"抢客""轮流待客"等形式招待客人外，一般要举行全体成员参加的一次合拢宴招待来访客人。这一活动一般安排在"为也"活动的最后一天，宴席设在鼓楼坪。宴会前，主客双方的男女青年在鼓楼坪对唱耶歌，一般是主寨的后生与客寨的姑娘对唱，主寨的姑娘与客寨的后生对唱。宴会时，由客寨中一小伙子讲款，内容一般从"开天辟地""人类起源""芦笙来源""破姓开亲"，一直讲到村寨款约，最后是感谢主人的盛情款待。

　　这种全体成员集体参与的宴会，侗语叫"腊也"或叫"做筵"，别有风味，可说是吃百家饭，主寨举办这种宴会除集体杀猪、宰羊外，各户都根据自己的情况，自动从家里带一壹壶酒、一盘醃肉或酸鱼到鼓楼坪招待客人。酒过三巡，主寨姑娘往往唱起酒歌，向客人敬酒，客队以歌答唱。对唱过程中，客人对酒席上的碗、筷、酒菜以及主寨的男女老少，都要分别以歌夸赞，如果唱不下去，就要被罚酒。主客之间相互比试，相互逗趣，欢笑之声不绝于耳，充分显现彼此之间的团结和友谊。

5. 拦路留客

　　拦路留客是"为也"活动中最后一项程序和礼仪。"为也"活动一般延续三五天，到最后一天早上，主客双方群聚寨中广场，歌队相互表演从对方那里学来的鼓楼大歌、声音歌等歌曲，芦笙队则表演新学来的芦笙曲。然后全体到"萨坛"前举行告别仪式，全体成员手握着手多耶。再后是男女老少送客出寨，这时，主方姑娘们拦住大路，唱"拦路歌"，挽留客人；客方罗汉唱"开路歌"辞别主人，主客之间情意绵绵，难舍难分。分别时，有的送一头牛，有的送匹马，有的送一个猪头，俗称"安尾巴"，留下"尾巴"好继续往来。按照侗家规矩，主寨来年要依样回访客寨，以示"为也"从此生根。如果某寨不愿再交往，有的则献出一头牛或猪，会同两寨人士聚于两寨中途宰而分食，以此不再往来，有的则在送猪头时挂上猪尾巴，表示以后来往从新开始。

二、向善从良的道德品质教育

　　在日常生活中，侗族民间注意结合日常生活实践对社会成员进行向善从良的道德品质教育。教育社会成员正直、诚实、善良，不说损害他人的话，不做损害他人利益的事，不赌、不偷、不嫖、不娼、不骄横、不奢侈，不漂流浪荡等。如侗歌劝《莫赌钱歌》这首歌就通过历数赌钱的害处，劝人戒赌；侗族《阻盗歌》则通过对小偷心态社情和丑态的描述，告诫人们不要偷摸。

1. 劝莫赌钱歌（侗族）

　　正月赌钱是新年，
　　三朋四友去赌钱，

上场赢得三五吊，
请个脚子去挑钱。

二月赌钱菜花黄，
爹娘骂崽不在行，
别样事情你不做，
咋过学个赌钱郎。

三月赌钱是清明，
家家打纸去挂清，
人家坟上挂白纸，
你家坟上草生青。

四月赌钱活路忙，
捞起铧口去开荒，
把牛吊到田坎上，
田坎脚下赌一场。

五月赌钱五月五，
妻子劝他莫去赌，
你到外头就好耍，
我到屋里受亏苦。

六月赌钱热忙忙。
一觉睡到象牙床，
梦中得听骨牌响，
翻身不见赌钱郎。

七月赌钱七月七，
赌钱之人无定一，
早晨没得早饭米，
晚上赢钱买马骑。

八月赌钱八月八,
因为赌钱败了家,
因为赌钱砍了手,
哪个赌钱是王八。

九月赌钱是重阳,
重阳造酒桂花香,
吃了三杯桂花酒,
杯杯相劝赌钱郎。

十月赌钱冷兮兮,
身上还到穿汗衣,
身上冷得兀兀颤,
口中还问卖哪的。

冬月赌钱立了冬,
一个家屋都输空,
一个家屋输空了,
得泼毛扇过一冬。

腊月赌钱完了年,
人家有钱我无钱,
十个指拇来赌咒,
教子教孙莫赌钱。

(参见《中国民间歌谣集成·岑巩县卷》)

2. 阻盗歌

静静闲坐我来唱首阻盗歌,
小偷小摸请先听我慢慢说。
做人最讲意诚心正名声好,
活着要走直路切莫走弯角。
脚弯手拐人人白眼个个恨,

为是晚做野猫日做偷油婆。
一天不偷心痒痒，
一夜不盗睡不着。
出门贼眼溜溜四处望，
去看哪蚯田里鲤鱼大又多。
别人晚上回家他在暗处等，
深更半夜他就动手脚。
上堵田水下开凼，
水干急跳田中把鱼捉。
大鱼嫌少小也耍，
禾谷踩倒不管别人的死活。
偷了一次又一次，
盗了坡上又来到冲脚。
白天别人上坡劳动他串寨。
鸡鸡鸭鸭只管捉。
越偷越大钻进别的家，
翻箱倒柜想要金银货。
大缸小坛都瞅看，
屋角床角四处摸。
贪心过头胆子大，
磨蹭半天恰被人抓着。
磕头跪地声声求饶命，
脸似火红红到脚。
老狗刁猾跳不过十二蹬，
绳子一捆成一砣。
拖到鼓楼梁上吊，
拳打脚踢死又活。
半夜三更哭像杀猪叫，
怒骂审问厉声喝：
"还有哪个跟你是同伙？
偷了几次扒几家？
偷得东西共几箩？
话不及应棒棒鼓脚踝，

口水鼻涕糊满脸，
乞怜求饶脑门都磕破。
贪生厚脸从头来招认，
声声答应"再不敢偷摸"！

三、仁爱孝悌的传统美德教育

在日常生活中，侗族民间十分注重仁爱孝悌的传统美德教育。侗族民间就传唱着许多民歌，对社会成员进行和亲睦邻、孝敬父母、尊敬公婆等传统美德教育。如《十劝歌》就对社会成员进行和亲睦邻等传统美德教育，《孝顺父母》《尊敬公婆》就对社会成员进行了尊老敬老、孝敬父母等传统美德教育。

1. 十劝歌

不说前朝与后汉，　单唱一段十劝君。
一劝少年敬父母，　难报父母养育恩。
十月怀胎娘受苦，　三岁四岁离娘身。
五岁六岁娘养大，　长大成人莫忘恩。
二劝世间兄弟听，　兄弟相和莫相争。
自己兄弟不和睦，　何曾结得外头人。
五湖四海结朋友，　莫说同胞共母生。
打虎不过亲兄弟，　急难何曾见一人。
三劝世间姑嫂听，　姑嫂相和莫相争。
行亲走戚大嫂去，　烧火煮饭二嫂行。
只有三嫂年纪小，　做个提篮打菜人。
家中无水多挑担，　哪见工夫累死人。
四劝世间媳妇听，　孝敬公婆要诚心。
早晨一盆洗脸水，　夜晚洗脚水一盆。
三餐茶饭要供奉，　早晚有事要小心。
媳妇恐有不是理，　公婆骂你莫做声。
公公骂你为护你，　婆婆骂你教你们。
堂前桌椅轮流坐，　媳妇也有做婆时。
孝顺还生孝顺子，　忤逆还生忤逆人。

不信但看屋檐水，　颗颗落地不差移。
五劝世间姊妹听，　姊妹相和莫相争。
姊打妹来看娘面，　千朵桃花共树生。
姊妹都是外乡命，　年登十八各自奔。
在家要看爹娘面，　出门还要互相行。
六劝世间学生听，　读书写字要用心。
莫把读书没要紧，　用来一字值千金。
虽然没得高官做，　免得旁人欺压人。
读书三年知理义，　办事千万要公平。
七劝两边邻居听，　邻居相和莫相争。
小孩相打拉开散，　莫拿言语来伤人。
快刀伤人由自可，　言语伤心记在心。
远水不能救近火，　远亲不能比近邻。
八劝世间凡人听，　无钱都难结交人。
不信但看筵中酒，　杯杯先劝有钱人。
有钱有酒多兄弟，　急难何曾见一人。
人在世间莫作孽，　五湖四海一家人。
九劝世间凡人听，　父母恩情海洋深。
父母见你将言骂，　骂你为愿子成龙。
开口骂爷天地动，　反眼看娘日月昏。
你骂爷娘孙骂你，　忤逆还生忤逆人。
看一代来还一代，　远看儿孙近看身。
十劝君来十劝民，　君民如同鱼水情。
为民只盼君勤政，　君也为愿民太平。
君民同乐共欢庆，　锦绣江山万年春。
国富民强火兴旺，　五湖四海威名扬。
任它帝国不敢犯，　儿孙代代享安康。

2. 劝世歌

孝顺父母
客人请别把话说，
静静地听我唱支歌。
做儿女的要孝顺父母，

才是我们侗家人的美德。
自从儿女生下地，
父母受尽苦楚把儿女养活，
像牵在岩石上的藤子，
日晒雨淋紧紧扒住不滑脱。
像牵在岩石上的藤子，
日晒雨淋紧紧扒住不滑脱！
儿女未曾生下地，
父母就先把衣裤背带准备着，
满月刚一过，
母亲背着儿女干活下地又上坡。
不怕烈日红似火，
不怕大雨从天落；
精心护理儿女们，
赛过母鸡婆。
儿女长到半年六个月，
像梁上的乌燕还离不得窝。
成天背在娘背上，
两只小脚直把娘的衣裳戳，
踢得母亲衣裳烂浠浠，
母亲反而觉得心快乐。
一身衣服扯烂成襟绺，
夜晚灯下又补破。
父亲为了养儿女，
成天劳累在山坡，
星子还在天上就出去，
收工回家把黑摸。
采得山上的野果，
儿女拢来乐呵呵，
儿女小时父母愁病又愁饿，
长大毛干翅硬爹娘苦未脱，
腊办要帮他成家把亲讲，
腊也要找个丈夫好出阁。

好容易愁完儿女事,
父母千辛万苦受折磨。
腊办得了媳妇莫跟父母分炉火,
男儿要有自己的主见,
腊乜嫁到别家莫撮丈夫嫌公婆。
枕边告状也就莫奈何。
如果他听婆娘巧话,
不孝顺父母是很大的罪过。
早早晚晚跟老人吵架,
害得父母难以坐卧。
把老人的恩情全忘了,
一心只信婆娘撮。
骂老很不好听的话,
任随婆娘把嘴磨。
不孝敬老人家,
忘恩负义不会得到好结果。
老人家耕田种地,
为的是给孩子吃饭和穿着;
老人家起房造屋,
为的是给子孙后代住。
屋檐水,点点滴,
点点滴在璇水窝;
前人是后人的榜样,
后人照样跟你学,
不孝顺父母的儿子,
他的儿子也不会把他放过。
到那时呵,
再也找不到后悔药。
做儿女的人,
时时刻刻要把老人记着,
好的要先送给父母吃,
轻言细语不要恶。
减轻老人负担,

少让做些家务活。
冬天问寒夏问暖,
老的健康少的乐。
父母恩情深似海,
父母恩情重如坡;
要量难得找尺寸,
要秤难得找秤砣,
即使赔情不过二指大,
算得了什么?
生死要记父母情,
代代相传这支歌。
聪明的人听了这支歌,
心情激动不打瞌;
愚蠢的人听了这支歌,
他骂唱歌人醉酒胡乱说。

3. 尊敬公婆

众位请坐莫做声,
静静地听呵静静地听;
我唱一支姑娘去做媳妇的歌,
姑娘们听了好好去思忖。
姑娘去到婆家做媳妇,
好像南瓜发岔去牵藤。
南瓜牵藤靠肥料,
媳妇去到婆家靠老人。
先有老,后有小,
世代繁衍到如今。
公公婆婆好比亲父母,
一样对待像那斗量谷子分得匀;
手板手背都是肉,
肥瘦轻蜇不要分。
公婆生了病,
媳妇要尽情;熬药煨水煮饮食,

耐烦服侍莫要起二心。
久病床前有孝子,
一身重病自然轻。
公婆被褥衣衫经常洗干净,
不要嫌脏怕臭不摸又不闻。
公婆嘴碎说话无止境,
像那山中宠树多须根。
不跟老人计较,
应有尊老德性。
公婆老了吃得做不得,
切莫嫌弃他们;
一切家务活路,
自己两肩担承;
让公婆的晚年生活,
过得安安稳稳。
公婆有这样贤慧的媳妇,
就是死了,也心甘情愿闭上眼睛。
做公婆的人,
最怕媳妇不尊敬,
媳妇讨进门,
公婆一边欢喜,一边忧闷。
喜的是,了却父母一宗心愿,
忧的是,对新媳妇还不知情。
一怕媳妇良心丑,
撮她儿子起二心;
二怕遭虐待,
日子过不成;
三怕媳妇顾娘家,
油盐柴米往外腾。
做媳妇的人,
对公婆孝顺,
公婆的疑虑,
也就自然消失。

媳妇有如亲生女，
今婆就是父母亲。
一家和和气气，
度好日月光阴。
唱歌的人嘴巴多，
爱说人间伦理情，
喜欢，就请光临；
不爱，就请远行。

（参见黔东南州文学研究室编《民间文学资料集》第一集）

四、自由自主的恋爱婚姻道德教育

在日常生活中，恋爱婚姻道德教育也是一项重要内容。侗族民间教育青年在恋爱方面应该坚持正确的操守和规范，不要轻易犯忌，跨越雷池；不要轻浮草率，私订终身，不要挑选过度，遗误青春。在婚姻方面，提倡爱情专一，反对朝三暮四；重感情，轻钱财，更反对嫌贫爱富等。侗族民间在教育青年应持正确的道德理念和道德规范的同时，也注意教育家长和父母应尊重儿女在恋爱婚姻方面应有的权利。《谨慎交友》《劝你莫唱这首歌》就反映这两方面教育的情况。前者对青年姑娘轻浮草率的婚姻进行了劝诫，而后者通过父母和长辈包办儿女婚姻的恶果揭露，教育父母和长辈应尊重儿女恋爱自由、婚姻自主的权利，才能获得美满幸福的婚姻。

1. 谨慎交友

高山木叶匹匹青，
唱歌来劝姑娘们。
谈情说爱要谨慎，
不能大意与粗心。
有的男人奸得很，
花言巧语哄你们。
天真幼稚又纯洁，
往往一听动了情。
不去问问他身世，

不去查查他家庭。
几次花园结交后，
急急忙忙许终身。
家中父母不同意，
就跟男的去私奔。
男的骗得你身心，
一脚把你踢出门。
这时才知上了当，
酿成苦果自己吞。
这种事情多得很，
唱首歌来提个醒。
记住前人的教训，
免得耽误你一生。

（参见傅安辉编《侗族口传经典》43～44页）

2. 劝你莫唱这首歌

仔细听我唱支歌，
劝诫儿女婚姻父母莫包罗。
话说有个后生娶媳妇，
妻子原是姑表家中一娇娥。
老人做主，
儿子违心顺从因怕爹打怕娘恶。
表妹为妻后生不遂意，
一心只想寻找借口来推脱。
妻不乐意心头闷，
饭不想吃水不喝。
心不相印难相连，
一天当着一年过。
只恨年长月又久，
思来想去只叹这条命难活。
春耕三月活路忙，
妻子喊他耙田，

他不动不音像个木砣砣。
日出三竿他还闷头床上睡,
娶子敢怒不敢言。
饭后妻子好言约他去挖地,
他口头答应心里窝着一肚火。
上坡来回不同路,
妻到坡顶他坡脚。
妻子在后同伴悄悄把话问,
"你们夫妻为何各走各?"
妻子无法只得照实把话讲:
"丈夫不知着了什么魔。
我俩今日在坡上挖地,
我挖一角他一角。
跟他说话问他一句得一句,
一句不少半句也不多。
收工回家他不等,
他各走他我走我。"
晚上伙伴来相约,
他到月堂乐哈哈。
坐到夜深月堂人散尽,
剩他一个还不舍动脚。
不说回家他的心情多愉快,
说转回家心如乱麻好难过。
不到门口吼声叫开门,
妻不闩门他也无故把妻恶。
来到床边灯也不点上床睡,
草鞋一甩不洗脚。
衣服裤子绞成一堆闷头睡,
各睡一头裹被窝。
妻子着凉想把被窝扯一扯,
他不做声猛踢妻一脚。
半夜吵架骂妻"你快滚",
怒冲冲拿起镰把被窝割。

席子被窝全都割断成两截，
各用半截席子被窝滚一砣。
妻子忍气吞声酸泪往肚流，
天刚放亮呜呜咽咽告公婆：
"我俩夫妻今世无缘分，
鹞鹰斑鸠难合窝。"
公婆听媳诉说也是心无计，
只好任听分离留不着。
老人帮忙当面来把东西分，
男个鼎罐女口锅。
棉花布匹银钱平对半，
谷子大米你一箩来我一箩。
鸡鸭论只猪狗凭价算，
从此以后夫妻各走各。
儿女终身姻缘配，
小鸟自己选伴相依才有满林歌。
鸡鸭共圈唱音难和调，
夫妻之间互不恩爱难成林。
猪狗同栏争淯打破钵！
有缘相会才对这首歌。
冬瓜个大黄瓜小，
样子相像两种瓜秧难接活，
痴心父母满天下，
劝你莫唱这首歌！

（参见《中国民间歌谣集成·从江县卷》）

五、日常生活中的综合性道德教育

侗族民间日常生活范围较为广泛。一定的日常生活实践彰显和体现了特定的伦理思想教育或多重伦理思想教育。因此，侗族日常生活实践对社会成员及族群的伦理道德教育往往不是单一的，而是多重的综合性教育。以节日庆祝活动为例，侗族有众多民族节日。侗族民族节日是侗族民间自己集资、自己创办、自己参与、自己享用的民间艺术节，是侗族传统文化的路天博物馆和大百科全书，是侗族人民文明礼貌、热心公益、热情好客、互助友爱、齐心协力、诚实守信、公平公正等传统美德集中展示和体现的场所。因此，侗族民间开展的节日庆祝活动成为侗族民间向族群及社会成员进行伦理道德教育的综合性大课堂。侗族人民参加节日庆祝活动，不仅获得了美的感受，愉悦了生活，也受到本民族伦理思想和道德观念的启迪和教育，陶冶了情操。对侗民族群体意识，即侗民族共同心理共同价值观念、共同行为标准及民族传统美德的形成和培养，起到了潜移默化的作用。以民族节日自身活动为例，侗族的民族节日集会一般都有一定的规模，组织工作难度比较大，但民族节日大都顺利进行。这是侗族人民传统美德的体现，也是侗族人民发扬传统美德的结果。正是由于侗族人民大都热心公益事业，具有团结友爱、互相协作精神，积极做好活动的筹备工作和组织工作，在竞赛表演过程又努力做到公平公正、谦荣礼让，才使民族节日活动大多秩序井然、有条不紊，老一辈在节日活动中展示和体现的传统美德，激励和哺育了青年一代的成长，使民族的传统美德代代相传。

　　在节日庆祝活动中，集会组织工作大多由经验丰富的寨老和款首主持，但也吸收青少年参与，这不仅利于培养和提高青少年的交际能力和组织协调能力，也可激发青少年的竞争意识，提高他们自我改造、自我完善的能力。因节日集会组织工作的好坏，全体竞赛表演水平的高低，成绩的优劣，不仅事关个人荣誉，而且事关村寨声望，青少年为了争得个人的荣誉，维护集体的声望，不仅节日活动主持者做好各项组织工作，还努力向长者、同伴和竞争对手学习，不断改造自我、完善自我、提高自我；社会和家族也积极支持青少年到节日活动中去学习去实践、去锻炼，去增长知识本领和才干。这样，节日庆祝活动不仅促进了一代代歌师、戏师、乐师、芦笙手、舞蹈家等民族文化传人的成长，也促进了一代代寨老、款首、芦笙头、罗汉头、姑娘头等节日活动的组织者和群众领袖的成长，使一批又一批新人成为侗族传统社会的行为楷模和道德风范。

第十二章　款组织活动中的道德教育

款组织即侗民族内部长期执行的一种自治制度——侗款制。侗款制不仅有严密的组织、比较系统的法律条规，还有丰富的活动内容，款组织经常开展的活动内容有聚款、开款、起款、讲款活动。

聚款又称合款，犹如现在的立法活动。聚款往往是几个小款或大款的款首，带领款民聚济一堂，共同议定款规款约大事。气氛十分严肃：首先要杀牛祭祖，然后要饮血盟誓，所以又叫"倒牛合款"。侗族历史中的"五溪合款""九十九合款"都是大型合款活动。合款大会制定的款规款约，都编成念词、唱词，在民间传唱推广，使之深入人心，家喻户晓。

开款，犹如现在的公审公判活动。款民中如有违反款约的行为，则要召集民众，当从讲明违反款约的人的行为和造成的损失及损害，依靠民众集体裁判，集体办案，经民主协商一致同意后，才决定执行。如有不同意见，就反复协商，协商不成就实行"神明裁判"。

起款是合款村寨或地区遭到外敌入侵时所采取的自卫军事行动。一旦本村寨或邻近村寨有遭到外敌入侵的信息传来，款首就立即召集民众全副武装，集体出征打击外来者。侗族历史上曾经发生过多次重大的起款活动，如杨天应救飞山、吴勉及林宽反抗明王朝等。

讲款，即宣讲款规款约的内容。讲款有固定的时间。届时款首台集款民聚在鼓楼前，在庄严的仪式下由款首讲解款规款约。款首宣讲一条，款民即相呼应，表示赞同和决心。侗族民间开展节日集会和其他集体活动，也往往先讲款，然后才开展其他内容的活动。讲款既有固定时间，也有不固定时间。春耕秋收季节，都要定期举行讲款活动，俗称"二月约青，七月约黄"。各种款组织活动都是以款众进行款规款约教育的。讲款则是更为直接的教育活动，这种教育内容大致包括以下几个方面。

一、法律规范与道德规范的认知教育

法律规范与道德规范教育，相当于现在的普及法律知识教育和道德规范教育。侗族民间订立和宣讲的法律规范和道德规范就是民间流传的款规款约。侗族民间流传的款规款约，由于时代的不同及实施对象的不同发布和流传的载体有石头、款词、碑刻等多种，在内容方面也有自治款约、自卫款约、民事行为款约及型事款约等多种。在各种款规款约中流行最广、影响最大的当为《约法款》。它是侗族古代社会不同时代、不同地域立法经验的概括和总结，是不同类型的款规款约构成的款文化的集大成者，堪称侗族古代社会的"民间法典"，也可以说是侗族古代社会的"基本大法"。《约法款》分为"六面阳规""六面阴规""六面威规"3大部分计18条，内容涵盖社会生活的方方面面，还包括对犯者的处理原则、办法、手段及劝教等。全文如下。

1. 六面阳规

（1）一层一部

我不讲六面厚规，我只讲六面薄规。养女坐夜学搓麻，养男走寨弹琵琶。我们游到你们的村寨，老人睡在床上莫说话。你们有人玩耍来到我们的村寨，我们老人一样闭嘴巴。围着火塘边边坐，月光下面来赏花。蹲在屋角，走过房廊；头顶插鸡尾，耳脚吊耳环。走路不许碰翅膀，耙田不能碰头颅。如果谁人的子孙，走路碰翅膀，耙田碰头颅。这是小事初犯，罚四两四，罚八两八。如果你们跟我们，少男少女，一赞一夸。痴言恋语，歌声对答。墙脚男有言，门前女有话。轻轻话语随溪水，细细歌声伴琵琶。讲到金夫，说到银妻。高山辟成田畴，荒山种上庄稼。酸坛冒出竹笋，酸桶蕨菜发芽。青草绿了山野，嫩树开了新花。说好吉日娶，说清良时嫁。限日已过，限时已到。谁知李变成梨，真变为假。男翻心倒肠，女三心二意。翻言不对，歌唱不和。头不记前言，尾不记后语。刀离刀把，难背难挂。前不记得担数，后不记得桌数。男的娶不进美妻，女的嫁不到婆家。男知上了当，喊天天在高；女知吃了亏，踏地地又硬。睁大猪眼无计可想，睁圆牛眼无计可施。哭声起，泪水滴。猪让食盆阻嘴，人让言语塞喉。寨老不会袖手旁观，款首定要以款处罚。猪屎要他吃一团，狗屎塞他满嘴巴。

（2）二层二部

讲到婆媳夫妻，家家有男也有女。量脚打鞋，量体裁衣。看人结亲，看亲结情。坪宽开田，坡大开地，坡挖成田，岭辟成地。有媒人相通，有金银为礼。画眉窜进深山，蜻蜓飞过小溪。父坐左，母坐右。鸭成对，鹅成双。苦酒已吃，甜酒已尝。牵人屋门，接上楼梯。一早夫，二早妻，三早双双酿蜂蜜。

（3）三层三部

讲到三层三部，款理款义分得明。如果谁人的子孙，鼓不听声，耳不听音。上山偷鸟套，下河盗钓钩；进村偷鸡，下溪偷鸭。偷瓜偷菜罚两一，偷鸡偷鸭罚三两，偷条烟杆罚两二，偷李偷梨受人批，偷鸟罚六钱，抓得蚂蚱赔油盐。青年煮茶偷韭菜，小孩煮茶偷南瓜。这是礼俗，不骂不罚。这事态小呀，这事体轻呀。事态小小没什么可吃，事体轻轻没什么可论。碗装白酒，盘装青菜。这种事呀，早起夜收。哪村崩田哪村砌，哪村跌牛哪村理。他若做牛角撬下，他若做羊角撬上。瞪眼发怒，做白石拦路。那就推他上十三坪坛，拉他上十九款坪。罚他四两四，罚他二两二。

（4）四层四部

讲到山上树林，讲到坡边竹林。白石为界，隔断山岭。一块石头不能超越，一团泥土不能吞侵。田有田埂，地有界石。是金树，是银树。你的归你用，我的归我管。若是有人安心不良，安肠不善，扛斧窜山，背刀穿岭。进山偷柴，进林偷笋。偷干柴，砍生树。偷直木，砍弯树。抓得木证，拿得柴捆。要他父赔工，要他母赔钱。跟随者罚银六钱，领头者罚银二两。

（5）五层五部

讲到塘水渠水，我们如何共同使用？按照公时的款约来办，按照父时的条规来断。水共渠道，田共水源。上层归上层，下层归下层。有水从上减下，无水从下旱上。水尾难收稻谷，水头莫想吃鱼。莫要让谁人——偷山塘，偷水坎；挖田埂，毁渠道。在上面的阻下，在下面的阻外。做黄鳝拱田埂，做泥鳅拱沟泥；引水翻坡，牵水翻坳。同上边争吵，同下边对骂。这个扛手臂粗的木头，那个抓碗口大的石头。互相捶打断梳子，互相推打破脑壳。这个遍体鳞伤，那个鲜血淋漓。喊声震天，哭爹骂娘。舞手画脚，塞水平基。我们要他水往下流，我们要他恢复原样。要他父亲赔工，要他母亲出钱。

（6）六层六部

我讲到六层六部，男女老少要记住。讲到红薯地，讲到芋头山。菜园有主，豆角有秆。如果谁人的子孙，夜晚走路不点灯，白天进村不遵约。不怕雷公轰顶，不怕雷婆放火。地头偷红薯，地尾偷豆角；园内偷白菜，田中偷萝卜。抓不得要侦破，抓得到要处罚。肩上得担，背上得篓；筐里得青菜，篮里得豆角。瓜薯菜豆四两四，还要罚他喊寨敲锣。寨中要有人做主，船中要有人把舵。祖宗传下章法，我们后代依样来学。

2. 六面阴规

（1）一层一部

我不讲右部，我专讲左部；不讲六面薄规，不讲六面阳规。

今天对着大伙，专讲六面厚规。有谁人的儿孙，与众不同。胆大骨硬，肚横肠弯。砍鹅颈，斩龙腰。骑坟葬祖，挖生尸，拱干骨。开板见人，拆棺捡骨。让活着的人卷肠，让死去的人不安。大事惊天庭，深仇震海底。这事态大呀，这事体重啊。大得登十，重得登百。不管他猛如豹，不管他恶如虎。

今天我们红衣要他穿，短衣要他披。金银拿来赎，牛马拉来杀。抓他三父子共埋老鼠洞，抓他五父子同抛深水塘。大潭让他去住，大窖让他去睡。塞他三丈黄泥，填他九丈红土。

（2）二层二部

如果谁人的子孙，胆像葫芦瓜，声音像雷鸣。恶如虎，凶如龙。在楼上拱禾仓，在楼下撬金银。拱田埂挖鱼窝，挖深墙拱厚壁。我们寻蚂蚁足迹，我们找野猪脚印。沿蹄寻得路走，沿翅觅得路飞。拿得上手，挑得上担。得真不得假，得实不得虚。用棕索勒颈，用草绳绑臂。拿进十三坪坛，推上十九款坪。翻屋倒仓，拆屋倒梁，打他屋板破碎，门坎断节。家财捡尽，金银捡完。楼上打它稀烂，楼下打它破碎。打他凹进凹出，压他碎得如丝。撑他父亲去三天路远，赶他儿子去四天路长。父不让返家，子不让归村。

（3）三层三部

如果谁人的子孙，虎胆雷声，狗肚狼肠，拦路抢劫，夺取金银。深山抓人，路上杀人，抓人不识面，杀人不知名。放火烧屋，放火毁林。谋财害命，天地不平。这事态大呀，这事体重呀。大得登十，重得登百。拿进十三坪坛，推上十九款坪。有财财去当，无财命去偿。有财财去顶，无财莫想生。打桩平地，事惊天庭。四千家聚起，八方村邀齐。让他成一堆木，让他成一堆石。要他命归阴曹，要他身归地府。牛尾两边刷，马尾两边扫。你村这样办，我村依样行。款约这样做，人人得太平。

（4）四层四部

如果谁人的子孙，头不识耳，眼不识珠，嘴巴不认兄弟、认亲戚。他做公公的去连媳妇，他做兄弟的去连姐妹。依三条规叫姑姑，依九条规叫亲娘；把斧头称锄头，把鼎罐称锅头；要木当竹，要泥当石。扰乱了条规，毁坏了礼俗。今天村人依规来罚，今天寨人依礼来惩。罚他登底，罚他登稂。罚他稻田无一垄，罚他鱼塘无一口。牵他进潭尾旋水塘，推他进潭头绿水塘，要他跟乌龟共村，要他跟鳖鱼同寨。

（5）五层五部

我讲到五层五部，如果谁人的子孙，安心不良，安肠不善。吃上塘，拱下塘；塘里偷鱼，田里偷谷。那我们就来失谷找糠，失鱼寻鳞。寻蚂蚁足迹，沿野猪脚印；沿蹄寻得路过，沿翅觅得路飞。要得上手，装得上担。抓上十三坪坛，推上十九款坪。拣钱财像拣螺蛳，晃家产像晃鱼帘。让他父没有宅基来坐，让他子没有村庄来住，撵他父去三天地远，赶他子去四天路长。少不给归家，老不给还乡。

（6）六层六部

我讲到六层六部，如果谁人的子孙，木桶卖吊耳，谷粒卖须须。千亩田产卖田边草，万亩田产卖千蔸蔸；卖基石过河，卖空名过县；骗别人的金银流下河，哄别人的油水流下溪；一条竹笋脱几层壳，一根树木剥几次皮；旱田要了三次冤枉钱，水田要了九次背地钱。今天村寨忌恨，今天地方难容。村人聚到一起，寨民归向一方。蛇肚挤出老鼠仔，鱼肚挤出小虾公；鸬鹚要它吐尽，青蛙要它吐光。做到家财平稳地方好，做到买卖公平人心安。齐来乡尾居住，齐来乡头吃食。金银共个地方收藏，牛马共个地方关管。像牛一样共山坡，像鸭一样共江河。

3. 六面威规

（1）一层一部

我要讲到六面威规的全部，这里是一层一部。天上有三十六威，水中有二十四条。天上有雷威，水中有龙威；山中有虎威，村中有人威。你到我的村寨，我施威给你；我到你的山寨，你发威给我。你来我村，我去你寨，你来我往，都是一样。夜晚有月光，白天有太阳。莫让谁人的子孙，吃饭脏碗，睡床脏毡。吃一碗，乱一桌；睡一时，脏一季。那我们要雷鸣给他听，那我们要电闪给他看。野鹿入圈，是牛群兴旺的先兆；野鸡入笼，是好运到来的预告。虎靠四爪发威，网靠铅附捕鱼。肉靠身体才能增长，金靠银子才显珍贵。

（2）二层二部

我讲到二层二部，讲到我寨的青年，过新年，游正月。三十人过坳，四十人过岭，来到你的村寨。莫让谁人的子孙，砍绝坛的树木，抹去游年的风俗；莫让谁人的子孙，用蜘网隔断山岭。你要让我村的青年，起步过田段，撑伞过山梁；有干石凳来坐，有干稻草来歇；门枋安直，花女团圆；十二把纺纱机的叶片翻了，十二个纺纱机的纱团转了。那我们月也也抵得，那我们结亲也值得。"月也"交上三年，结亲联上九代。如果你让我村的青年，起步难过田段，撑伞难翻山梁，坐湿凳，坐生草；你的门枋歪斜，你的姑娘躲藏；纺纱机的十二把叶片不翻，纺纱机的十二个纱团不转。我就到你的门前来哭，我就来你的梯脚责问。金男你要放出，银女你要放走，你要吹笙送上路，你要放炮送出寨。你的门张，我的门开；你的屋无人，我的屋上锁；你做初一，我做十五。马尾两边扫，牛尾两扫摆。不是单讲你，也连讲到我。从今以后，八五一十三，九四也十三。我们做米共簸箕，我们做水共条笕。相识成好友，联姻成好亲。

（3）三层三部

讲到三层三部，讲到兄弟本家，兄弟乱兄弟。乱织布机上的纱线，乱山林里的竹子，乱到鼎罐、锅子、三脚架、火塘，乱到碗盏、模筒、箱笼、纺纱机、树林竹山，屋宅禾晾。一个石头不给跨越，一团泥土不给移动。青石来划线，白石来划界，田有田埂划分，山有石头划界。不让谁人的子孙，移上边的到下边，移右边的到左边。兄弟本家，要像石崖千年不塌，要像石山万代不崩。金子不能砸碎，银子不能破边。要他塘里积深水，要他塘基通大路，肩膀不能相互碰撞，膝盖不能互相扭打。

（4）四层四部

讲到谁人，狼手虎脚，猫眼狗肠。偷猪出栏，盗羊出圈；偷马过坳，盗牛下山。穿圆角，牵扁角。赶过龙岭，拖上虎坡。我沿蹄找印，沿窝找蛋。沿渠找水，沿河找滩。我丢了谷子找米糠，我丢了草鱼找鳞片。寻到你的村寨，觅到你的地盘。在寨边得牛角，在寨脚得马鞍。在楼底得羊毛，在梯底得猪肝。那我山藤缠树林，那我纱线绕竹竿。那你莫拿虎皮来遮，那你莫拿龙皮来盖。要你白石撬出土，要你荆棘挖出山。河里的龙子你莫护，朝中的王子你莫祖。拉他出门，拖进款坛。推上大庭广众，游过四村八寨。你扛黄旗走先，我扛红旗走后，让他父受重处，让他子受严惩。如果谁人的子孙，在树脚窝藏青蛙，在树尾窝藏松鼠，在深山窝藏老虎，在锈水窝藏大蟒。那我们大家，就要采取行动。铜锣从外边敲进，握槌敲头壳，握槌敲双脚；铜锣从里边敲出，握槌敲两腿，握槌敲两臂。

（5）五层五部

我讲到五层五部，不论你的儿孙，不论我的儿孙，不能安仇在脚底，不能挟恨在肩窝。如果谁人胆敢抓苗人，赶瑶人，害杨家，害吴姓，那就要他上天三百丈高，抓得雷子；那就要他下水七百尺深，捕得龙孙。如果他抓不得雷子，如果他捕不到龙孙，那我们要罚他：草鱼三百斤，龙须三百根，米三百担，酒三百坛，银三百两。你能备齐这样多的物品？他能顶得这样重的处罚？那就拉人上坛，那就抓牛进款；他备不起这样多的物品，他顶不得这样重的处罚，那就抓人除性命，那就抓牛剥毛皮。今天破家产像捡螺蛳，今天抽银两像抽水帘。让他父难坐宅基，让他子难住村落。

（6）六层六部

我讲到六层六部，如果谁人鼓不听声，耳不听音。不循古时条规，不遵锣声劝告。是他掳山掠冲，是他掳河掠溪。摇掉十二坡茶桐，压翻十二岭松杉。我们寨脚有人乖巧，寨头有人聪明，寨中有人厉害。那就跟他把道理来排，那就跟他把款条来讲。实就是实，假就是假。实事实办理，假事同解开。送他到龙王殿边，送他到白虎坡前。不怕他像钢一样硬，不怕他像铜一样韧。是钢也要把他锤碎，是铜也要把他擂断。

二、遵守款规款约的观念教育

遵守款规款约的观念教育，相当于现在的遵纪守法观念教育。在款组织活动中，侗族民间十分重视对社会成员进行遵守款规款约的观念教育，教育族群和社会成员懂得遵守款规款约的重要性，了解执行款规款约的必要性。侗族款词《我约要学好榜样》就通过总结款区内前后两个时期，遵守和执行款规款约正反两方面的经验教训，教育社会成员"我们要学好榜样，讲老辈的话，学祖宗的模样，照当初的规章"。懂得遵守款规款约的重要性，了解执行款规款约的必要性。

我们要学好榜样

讲老辈的话，学祖宗的模样，照当初的规章。
因为年长月久，改了万千。
斛了山坡，换了山岭。
斛了老辈，换了后生。
换竹子，斛笋子。

前人置，后人用。
这辈青年兴得不同；
前人置，后人使，
这辈人出了新样。
乾隆十一年以后，嘉庆二十五年以前。
丢下侗族规矩，丢下祖宗款约。
学习外边，捡了客家。
唱戏做热闹，舞龙凑高兴。
白天想敲鼓，夜里想敲锣。
女的像汉人，男的像丑角。
舞龙到处跑，唱戏满村游。
还要烛香纸，
一祷告天地，二祈求神灵，
未见什么好，没见哪样行。
我们还引"客"进村，引外人进寨。
田里无收成，山上没出宝。
团寨冷淡，家业萧条。
老人不喜欢，年轻心不宁。
侗变不成汉，马变不成牛。
做家业不富，养猪羊不长。
浸米也不发，种菜也不生；
方方无计，事事无成。
一怪天地，二怪年成。
谁知丢下祖宗规矩，搞烂乡村！
到了道光，一二十年间，
又才依照侗家规矩，修复祖宗款约。
田里插满秧，大路也平正。
中了人心意，合了神心肠。
全村共条心，全寨同心肚，
坏人心变好，歹人变忠良。
做事讲道理，说话重实情。
好事不到外地，坏事不进衙门。
大事不重金银，小事不花钱财。

有事大家相劝,断事大家商量。
屎水不进江河,花钱不进衙门。
歇息不押宝,空闲不打牌。
分厘银钱都在手,禾米糯饭吃不完。
堵住池塘,鱼不出走,
堵住田口,水不外流。
搭帮年成也好,风水复兴。
水转源头,鱼回滩头。
青年喜欢,姑娘高兴。
说年轻人聪明,不及老人更聪明。
依照当初的规矩,更加好。
人说后生想得周到,
不及老人更周到。
依照当初规夕,更加兴旺;
这才开始寻求耶书读。
照书上做事,事事顺手。
年长月久,书被虫蛀,字不清楚。
歌也想不起,"耶"也想不出。
问没问处,求无人教。
父亲自学,儿子精研。
解释耶的究竟,学会耶的歌词。
得了耶,得了歌。
懂得歌词,知道底细,
男女老少都爱听,团团寨寨热闹腾腾。
一同上坪唱歌,岩坪摇摆多耶。
如果歌词不熟,没有读透,磨刀未见钢,
磨枪未锋利,同是一支耶的底,
各人的歌词不相同;
唱得对,莫赞扬,
答不对,莫见笑。
只听歌声嘹亮,阵阵哈哈欢笑。

三、执行款规款约的体验教育

执行款规款约的体验，主要是组织社会成员参加款组织内部处理违法违规案件的活动，让社会成员了解被处理的违法违规人员，错在哪里，罪在何处，对社会和人们造成了什么损失和危害，受到什么样的处理，获得执行款规款约的真切感受和亲身体验，从而提高执行款规款约的自觉性。如黎平县肇兴乡堂安寨案清朝同治年间款首处理的一起盗切案就是对款众进行执法体验教育的成功事例。黎平县肇兴乡堂安寨，于清同治三年（1864年）发生了一起重大偷盗案。这起偷盗的作案人，不是满脸横肉的猛汉，而是寨上最富有的陆怀根。这个案子的审判依照侗族习惯法在堂安寨鼓楼进行，由款首主判。因案子罪犯是寨里有名望的富户，众人都想看看款首能不能依款判决，有没有胆量动这个有钱有势的人犯。款首成员中确实存在两种裁决意见：一种认为陆怀根这家伙不怀好意，怕日后难以安生，主张放虎了案；一种认为王子犯法与庶民同罪，一定要依款约惩治。以陆旋龙为代表的指出，就算陆怀根是只猛虎，也要拔掉他两颗虎牙。陆旋龙铭志：地厚天高，理直法正。他为人正派，刚直不阿，众人信赖。审判在鼓楼堂进行，鼓楼及前后空地，面对鼓楼居民廊檐窗口，只见人头闪动。陆旋龙坐入鼓楼堂审判桌旁，放眼如此众多的听众，说明众人在期待。陆旋龙把手一摆，一位寨老宣布公判开始。接着陆旋龙举起他的大手向公众示意，要大家静下来。他根据原告告发陆怀根的行盗罪恶，举一件，问一声，要被告当众认是与不是。最后，根据款约规定裁决：陆怀根偷盗的钱财——退还原主。他环视听众，清一下嗓子，宣判对陆怀根的处理，根据陆怀根的罪行，判处他在堂安寨的泉井处修造一眼特大的石瓢井。同时，在井边修造三条石凳、九个石墩，供人歇息，引以为戒。这个裁决，开始有的人认为便宜了罪犯，修个石瓢井花不上二十两银子，若到官府罪犯不花上千两也要几百。但多数众人理解旋龙的裁决费了苦心，修个井虽花钱不多，但不仅对其犯罪有教育作用，对人们来说也是敲响了警钟，而且功利千秋，是文明的判决。

四、对款众进行自卫意识教育

对款众进行自卫意识教育主要是通过起款活动进行的。侗族的历史是饱受民族压迫及兵匪侵扰的历史。为了民族的生存，必须联合起来，才能行成一定的防范力量。侗族款组织虽然以村寨为基础，但其实质在于合款制，在于小款、大款及扩大款区的联合，这样能把整个侗族社会组织起来。这也是款组织的一项重要职责。各款区都设有关卡，有专守关卡传递信息的人。若邻村受到外来侵犯，就擂鼓、吹牛角、点燃峰火报警。邻近村寨就会立即集合民众来应对。稍远一点的村寨还派人送粘有几根鸡毛的木牌，并加上火炭，表示十分火急，迅速传递，速来支援。于是各款首迅速聚集民众，由款首带领集体背诵《出征款》，表示众志成诚，万众一心，打击外来者，誓死保卫村寨的决心。凡是接到鸡毛牌的都迅速赶来支援，人多势众，直面强敌，直到把入侵者打败才收回村寨。款约还规定了对英勇善战者奖励、对临阵逃脱者惩罚的规约。对于接到信息而不来支援的村寨，应即被开除款区，从今以后各个村寨都冷落他们、孤立他们，他们有难别的村寨也不相帮。这一系列的制度，对款众进行了自卫意识教育。为了民族的生存和村寨的安全，大家紧密团结英雄顽强共同对敌，积极做出自己的贡献，正像《出征款》所描述的模样：

> 今日有妖怪过河，今日有妖婆进村；
> 今日有老鹰抓小鸡，今日有鸱枭捉小鸟，
> 一伙寨老，一伙头人，
> 才是发起联村联河，
> 才是领头联寨团款。
> 联村进场，团款进坪。
> 我们要像蚂蚁聚众杀穿山甲，
> 我们要像蜜蜂合力刺毒蛇。
> 咱们要像猛烈的阵阵过山风，
> 咱们要像天上突降的冰雹。
> 我们要像雷公施法击精怪，
> 我们要像老虎张牙咬妖婆。
> 打它老鹰灭种，打它鸱枭没命。
> 分精怪的肉众人吃，分妖婆的汤大家喝。
> 不许谁人，像鸡那样怕老鹰，
> 不许谁人，像鸟那样怕鸱枭。
> 谁人当鸡，会被人拖进林里杀，
> 谁人当鸟，会被人抓在脚底下踩。
> 青年人拿刀，壮年人拿枪。
> 勇猛地杀过哪路，哪路敌人就纷纷逃亡。

眼明人射箭,心亮人举旗。
勇猛的打过哪路,哪路敌人就哀哀哭啼。
团结密切像簸箕,团结无隙像葫芦。
紧如盆底,硬像铁箍。
我讲这些话就像"皇帝"的言语。
(众呼)对啦!是呀!
龙头摆,龙尾摇,
弟兄们,拼命打。
龙头立,龙尾抬,
兄弟们,打得好,
好日好时,旗开得胜,
让我们起款出征吧!

第十三章　家族宗族活动中的伦理道德教育

家族活动中的道德教育，主要指侗族民间家族宗族对族人及民众进行的家规、族规、家训、家约教育。明清以后，中央政权对侗族地区的治理加强，汉文化在侗族地区广为传播，汉族人民时兴的谱牒文化在侗区，尤其是在侗族北部地区广为传播普及。修家谱、续族谱成为侗族民间广为流传的民俗事项和民俗活动，还在农历六月六定期举行"晒谱"活动。"晒谱"活动除商讨和处理族内重大事务及召集族人聚会聚餐外，重要内容就是由房长和族长向族人宣讲家规、族规、家训、家约的内容，并要求族人践行。

侗族民间的家规族规家约家训，是侗族民间制订的比较系统的伦理道德原则和道德规范教育，其内容除包括侗族民间各项道德理念和道德原则规范外，还把汉民族传统伦理道德理念和道德原则规范列入其中，也就是说，把中华民族的传统优秀道德列入其中。因此侗族民间的家规族规家约家训成为侗族民间向族人及社会成员进行比较系统的伦理道德教育的好教材。

下面举例说明。

一、家规教育实例——若水杨氏家规

孝

十月三年母最劳，承欢菽水靠儿曹。
昊天罔报须当报，底豫声名虞帝高。

悌

笃谊敦伦手足恩，一胞共乳本同根。
推梨让果融虽小，万古高风今尚存。

忠

出仕从王姓字杨，千钟万粟勿空尝。
尽心竭力奉君国，试看忠臣宁俞良。

信

一言九鼎自无欺，莫学面非心是词。
久要不忘平生约，善交有道仲为师。

礼

中正齐庄本自持，谦恭逊顺事咸宜。
莫言相鼠有皮句，须效子华这礼仪。

义

桃园三结古今奇，明断优为自无疑。
大道坦然由我走，高风凛凛动人思。

廉

临财毋苟实堪夸，取向无伤总未差。
一介千秋终有道，四知可畏是谁家。

耻

毋为机巧勿图谋，循理安分那有尤。
蹴尔乞人常不悄，足恭因被邱明羞。

型家八字七言绝语

孝

从来万善孝为才，莫把蓼莪作逸篇。
爱日输诚将菽水，免悔遗憾到终天。

悌

手足如何重五伦，由来形气一身分。
埙篪雅奏高千古，莫学阋墙起斗争。

忠

草茅征贱各怀真，岂盖登朝报主恩。
奉赋从王知守法，戴高履厚是良臣。

信

友生谊重笃嘤鸣，合志同方要率真。
金石言辞千里应，猜疑莫起戏同人。

礼

大经小曲灿人呈，出入斯门矩护森。
尽得一身归律度，三章相鼠不须庚。

义

平平正路任君行，时措咸宜义乃精。
利善之间分舜跖，孳孳何待起鸡鸣。

廉

一介分明尹志清，万钟加我等浮云。
高风千古扬莘野，取与何如道又真。

耻

近勇知非气若山。寸心少悖发诸颜。
好将动处能充扩，尧可方兮舜可班。

持身十要七言绝语

守分

分外诸般切莫为，持身涉世有成规。
人情参透同天理，夷狄虽之勿改移。

安命

人生顺受命如雷，巧弄机谋是祸胎。
穷且益坚行素位，逍遥自在胜蓬莱。

知足

食足衣丰境便宽，休徒温饱叹无官。
寸心倘若同深谷，千驷万钟守也难。

自反
是非得失两相参，除却圣贤悉抱惭。
凡事到来严内省，莫将己过自包含。

温厚
温柔敦厚昌超群，扫尽浮嚣玉石分。
躁暴飞扬多失德，谁知恬静著奇勋。

宽和
宽洪简重古今转，敛却才华气蔼然。
茹吐惟师山甫矩，刚柔相济世称贤。

谦恭
踞傲骄矜醉若狂，损招因失守谦光。
纵然万事皆如愿，仍要虚怀自敛藏。

正直
为人且莫尚波淫，直道而行举世钦。
遇事随波终有害，端方慷慨值千金。

公平
尔我相交贵秉公，平心做去百般通。
等闲识得循环理，利己损人总是空。

积善
善恶由来果报真，机关智巧枉劳神。
若能事事存心术，远裕儿孙近润身。

酒
世俗多贪酒，无钱也要赊。
宴宾宜有节，养体切无奢。
但得三樽饮，休将一石夸。
醉人曾丧命，酗者且亡家。

周诰昭箴戒，雅诗自怨嗟。
欲防沉湎焚，无事只烹茶。

色

人生当远色，最忌德行亏。
暗室怀三畏，幽闺守四知。
花街休举步，柳巷莫奔驰。
欲海深沉处，性天淡漠时。
红颜虽夺目，清介勿怀私。
败国多缘此，慎毋钻穴窥。

财

穷通都是命，戒尔莫贪财。
放利恒多怨，堆金自匿灾。
锱铢收拾去，劫夺报将来。
这把源流计，何须子母推。
广钱非是有，化蝶几时回。
忆昔陶朱富，于今安在哉。

气

漫便偏刚性，应酬贵得中。
快刀容易缺，锐气自难终。
扛鼎毫无益，拔山总是空。
休持三尺剑，敢道万夫雄。
凛凛威虽大，昂昂势亦穷。
豪强如项羽，败绩走西东。

骄

境遇原无定，持身切莫骄。
仪容存太朴，意象去浮嚣。
踞傲情终薄，夸张气易销。
位高惧有险，禄厚恐先凋。
一得何庸诩，片长不足标。

常怀谦受益，与世共逍遥。

奢
奢华无限弊，临用要防闲。
宜念耕耘苦，当思物力艰。
虎麋容易尽，耗散有谁还。
日费千钱少，身园一味间。
此时贪口腹，转瞬作贫鳏。
宁俭圣人语，挽回这一班。

游
嬉游妨止叶，岐路莫轻行。
览胜维怀古，无缘少寄情。
往来随我意，得失有人评。
信步身终创，私奔品不清。
当师式古训，莫学愧虚生。
举止安详励，扶摇万里程。

荡
沉潜真是宝，漂荡信堪忧。
逐浪分高下，随波作去留。
存心多蕴藉，处世自风流。
嫖赌终招祸，江湖莫放舟。
花花尘世界，渺渺洞庭秋。
愿受前贤范，从兹著远猷。

以上规条，人生大道，族长成集，各村寨款头公议标题。凡我族各宜遵议奉训，领要守戒，罔懈子子孙孙勿替引之。

（参见《贵州省民族志资料集》第三集）

二、族规教育实例——金子岩杨氏十甲族规

① 孝为百行之源，人所共知。倘有奉养疏忽及忤逆情事，由族长责治，不悛者送究。

② 族中子弟务宜爱亲敬长。兄友恭堂有阋墙肇衅，同室操戈，由族长严加教训。不悛者责治。

③ 宗族宜敦雍睦，倘有恃强凌虐，伏尊制卑，或子侄无礼悔慢尊长者，由族长理处。不服者责治。

④ 春秋祭祀先由值年经管，清扫祠宇，通知各礼生届期与祭，必须恪恭将事永远奉行。如有任意废弛或贪图酒食，致滋酗闹者，由族长处治。

⑤ 祖坟山地至为重要，倘不法子弟盗卖丈尺，由房长投鸣族长，依据法律备价赎出，并责治其子弟。

⑥ 祖山进葬宜分昭穆，倘不法子弟统凶强葬，破塚扬棺，混乱秩序。或已封禁，犹有诓葬偷者，由族长勒令迁徙，并严加分别责治。

⑦ 祖山竹木，蓄禁保基，来龙去脉，亦宜顾全。倘有不法子弟及他姓毗连擅行破挖者，均应鸣族长理处。不服者由族长分别指名禀究。

⑧ 先人坟墓年湮月久，每多倾颓，宜宇清明冬至前后一律扫除荆棘添土修培，并周围修筑坟墓，禁止践踏。违者，由族长分别责处。

⑨ 田土坟茔等事，或口角肇衅及分挂不清，或与异姓毗连相争，必先据入本祠，由族长查明理处，寝事不遵，再由族祠处断，但不准强砍强掘牵坐并种种。

⑩ 无论公产私产如有族中强佃霸压，骗租借端夯索等弊，鸣族长理处。不服者禀究。

⑪ 立承继祧由亲及疏，或立贤，亦可临时选择。但不得有碍昭穆。倘有谋继夺继应继不继者，由族长理处，不遵者责治。

⑫ 婚嫁为人伦之本，倘有逼嫁悔婚，无端出妇，或恶姑妒媳，恣行凌虐，由族长查明责治。或他姓嫌贫爱富，始嫁终悔，及纵女逞刁唆怂改适者，由族长邀恳公地邻理处，持强者禀究。

⑬ 出嫁女或系冤毙及凌辱自毒者，应鸣本祠族长问论，恃强者本支祠房长，会同总祠族长开族祠问论，恃强者禀究，或实系病故并无别情妄行牵众滋事者，由族长理处，不尊者分别责治或追究。

⑭ 族中悍妇不孝翁姑不敬丈夫者，鸣族长严加斥责，倘女家唆怂恃强者悍泼，由族长理处禀究。

⑮ 族中悍妇无故轻生拼命者，由族长查明从宜治葬。倘女家借故牵众滋闹者，鸣族长理论。恃强者会同总祠族长开族祠问论禀究，或实系逼伤人命，毒害弱媳者由族长送惩。

⑯ 兄弟伯叔侄子倘有分析年久，境遇不佳者各安天命，不得借口滋事，

迭起争端，违者鸣族长责治。

⑰ 族中孤儿寡妇无恒产者，可酌量周济；有恒产者，宜设法保全。如有恃强侵欺谋产霸占者，由族长处理，违抗者送究。若寡妇年少家贫无子任其改适，不必强留。

⑱ 族中子弟有不务正业专事游惰，应责成父兄随时约束。如不率教，由族长责治，父兄袒庇一并罪其父兄。

⑲ 族中子弟倘误入匪，由族长从严责悔，不悛者送究。

⑳ 族中子弟如有嗜酒滋闹，恃强逞凶，或操习痞棍，由族长严加训诫，不悛者，分别责治或追究。

㉑ 族中子弟倘犯盗窃奸拐及私宰、赌博、洋烟窝贼销赃等事，如未经告诉及官署，访查有案，由族长自行察觉者，从严责治，不悛者送究。

㉒ 娼优奴隶辱及祖宗，如有族中子弟有甘为此贱疫者，由族长勒令改业，不悛者责治。

㉓ 族中读书子弟如有品行不端，包揽词讼，淆乱是非，武断乡曲者，务宜熟读家规，随时改悔，由族长斥责。

㉔ 族中子弟年满八岁应责成父兄送入就近学校或家塾读书，至少须满三年。如后资质确系可造者任由父兄继续送读，若父兄无力即由亲房或族中公款津贴送读书，其不堪造就者应察其性质，可就授以农工商各种技艺，以资生活。

㉕ 族中所有之荒山荒地应由管业人随时相定土宜分别种垦，如有力不能种或任意其荒废者，经族长查明或仍责成本人种植，或劝令租给族人承种，其租金得由族长依照该地普通时价定之，仍双方应立款约，以杜后来纠葛。

㉖ 族中公有或各个人私有竹木，不准同族中任意砍伐或偷伐，情事如违，由族长查明处治。

㉗ 族中所在地方道路无论属公属私，均应随时修理，以便行人，不得任其毁坏。

㉘ 祠堂钱谷出必须择殷实老成实心办事者经理，不得分房争充，每年账簿凭公核算，如有滥用浮开，吞没公产等弊，由族长勒令赔偿责革。

㉙ 本总祠及各个支祠更换族长、房长由族中选举，随时禀报县署备案，不得恃势霸充。如各支祠族长、房长有假公挟私情弊，由族中共同理处。

㉚ 列各条凡我宗人均宜恪守，如不遵从，即系破坏家规，由族长责治。
附则以上各条举其大略如有未尽情事，均照一律先鸣本支祠族长房长理处，不服再开总祠，唯须开具简明事由，不得捏情砌词加诬狡辩。族长到祠办只

设蔬食便餐，其费用由公临时酌备，庶免两造耗费。

凡条规内应责治者，以斥责、朴责、羁束为限。应处治者处以罚金，充作本祠祭费，但朴责不得逾百，羁束不得逾十日，罚金不得逾三十元。

（摘自会同金子岩十甲杨民国二年所修族谱卷首）

三、家约教育实例——都甫杨氏十甲家约

前既有家规，何又有家约。约者，约束子弟，较家规为更严也，故孔子云，以约失之者鲜矣。吾族子弟沐浴国家大化之覃敷，遵道遵路者固多，而作奸作恶者亦复不少，故更著为家约十五，使父老谆谆告诫，庶子弟辈其已知约者既约而愈约，其未知约者，亦可训至于约。行见革薄从忠，型仁讲让，而家道隆矣。

——朔旦家长率众子第参谒祠堂毕，出坐堂上，男女分立堂下，令子弟一人敬读，听！听！听！凡为子者必孝其亲，为妻者必敬其夫，为兄者必爱其弟，为弟者必恭其兄；听！听！听！毋徇私以妨大义，毋怠惰以荒厥事，毋奢侈以失俭约，毋听妇言以间和气，毋为横非以壤门庭，毋作曲蘖以乱厥性，有于一此，既陨尔德，复坠尔胤。

睽目祖训，实系废兴，言之再三，尔宜深戒。听！听！听！众皆一揖而退。

——小宗家长坐各中堂，令子弟一人朗诵男女训诫之辞，男训云，人家盛衰皆系乎积善恶而已。何谓积善；居家则孝悌，处世侧仁恕，几所以济人者，皆是也。何谓积恶？恃己之势以自强，刻人之财以自富，几所以欺心者，皆是也。是故以爱自孙者，遗之以善，不爱子孙者，遗之以恶。传曰，积善之家必有余庆，积不善之家必有余殃，天理昭然，各宜深省。女训云，家之和与不和皆系妇人之贤否，何谓贤，侍勇姑以孝顺，奉丈夫以恭待姊姒，以温和御子孙，以慈爱于此之类是也。天道甚近，福善恶淫，为妇人者，不可不谓。诵毕而退。

——为家长者堂以至诚待下，一言不可妄发，一行不可妄为。庶合古人以身教之意。临事之际毋察而明，毋暧昧而昏，更须以量容人，当视一家如一身，可也。

——子孙赌博无赖及应违于礼法之事，家长量其不可容，会众罚拜以愧之。但长年者受其拜又不悛，则会众而痛棰之。再不悛，则呈于官而放绝之，仍告于祠堂于系图上削其名三年，能改者复之。

——择端严公正可以服众者一人为族长。有善公言之，有不善亦公言之，在上者必当犯颜直谏，谏而不从悦则更复谏。在下者则教以人伦大义，不从则责之。如或知而不言，言而非实，众告祠堂，声罪而易之。

——买卖产业在彼出于不得已，吾欲之交易，当计果值若干，尽数还足，不可以物货负欠相准。有等狡狯之徒而买者，于当买之时潜荫含曰欲之，有心而卖者于既卖之后又生随赖我价之谋，此背偷薄之俗，吾族当深戒。

——子孙固当竭力以奉尊长，为尊长者亦不得挟此自尊，攘拳奋袂，忿言秽语，使人无所容身，甚非教养之道。若其有过，反覆戒之，不得已会众棰之，以示耻辱。

——子孙饮食幼者必后于长者，言语亦必有伦。不得谑浪败度，免冠徒跣。凡诸举动不得攘臂跳足以陷轻佻，见宾客亦当肃行，只揖不可参差错乱，应对必以名，毋以尔我呼称，亦不得杂以裡俗方言。

——打点衙门帮扛词讼未有不损败家声者，子孙要知痛戒，宗族如有此辈，族长责令改过自新，力农务本，若怙终不悛，指名报官拿问，仍将恶迹登记于谱，其亲友与人忿争求助于我者，虽闭户可也。

——和邻睦族，祖训所重。孔子曰，一朝之忿忘其身。以及其亲非惑欤宗族。旧尚斗忿，一事之微，辄繁众操刃，至于忘身丧家而不能顾，此诚孔子所谓大惑也。今后子孙务以礼让相劝，从容逊诱，凡有小忿急为解息，勿令成争。如有聚众操刃相斗著，族众闻之，即往谕解。不从，即闻于官，以凭重治，仍书其事于谱，吾宗子孙当以此为深戒，是又守身，以事亲之一道也。

——造诬言毁言毁谤人过，恶以小为大，面是背非，或作讴咏，匿名帖子，及发扬人之私隐，无状可求，及喜谈人之旧过者，宗族如有此等，族长白于官，严正以法，仍书其事于谱，以为行恶之戒。

——凡遇冠婚丧祭及一切喜庆等事，但登筵宴会宾客，俱要本等衣巾，而不许小帽便服，以自同于舆皂。若长者后来，少者出席立旁，俟长者入坐，方可依次复位。至于饮食亦须从容，毋得大饭长饮，亦不许席未终，长者未起，少者先去，务待长者起身，少者随后出。且有酒后发言，妄语放肆，不尊教令，泥乱家法者，下次不许入席。

——凡为人子者，当念父母鞠育之恩，昊天罔极，无可补报，必竭才力以奉养，必体心志，以顺承世，有一等逆子至于妻室惟命是听，而父母之言漫不听从，甚至敌抗不逊，有饮食不供奉，无诚敬者使亲忧闷而成疾，有病不奉汤药，有背亲与妻私食，有心无定主而从妻拨惑者，此皆吾见亲闻而不忍枚举。夫子曰，天下无不是的父母，斯言诚是，足以破万世不孝者之惑。再犯不俊，定行重究。

——子孙贵养其才，子孙之不才者，由为祖父不知教训耳是故自幼幼至长而不遣之久学、有遣之入学者，又溺爱而不严其勤学者，有图俸贽之薄迁就请延庸师者，又有父兄自不知学不知礼义倡率者，以致爱亲敬长之道平日未讲未闻，毋怪心胸茅塞，识见鄙陋，不孝不悌，无礼无义，以终身也。自后吾宗务宜及时教子勤学，否则虽千金之遗亦虚物耳。

——人子于亲，生事葬祭固有，当行之礼一定不以移者。顾世之昏昏者，于生而不知敬养，每假乎僧道以预修醮禳，于死而不知追荐，每供佛琢僧，以为超拔上升灭罪资福。司马温公言之详，决不可言者矣。吾宗子孙正当痛绝，而于养生送死所当为者必诚必信，及时尽道，则亲心自悦，子心自安，不必求诸天，求诸人，求诸鬼神，而福自可至矣。然当时诬惑已久，恐难卒变，苟能深戒痛戒绝，吾必曰，对人之徒也。蒂必圣人之徒也。

（摘抄于都甫、碧涌、由卜《杨氏家谱》首卷）

四、家训教育实例——江东杨氏家族家训

家训者何患时之偷也。宗不正则祠不严，祠不严则族不合，族不合则离亲，亲离则礼忘礼，忘者义灭，礼义忘灭则骨肉视为途人。于是乎，时之偷极矣，可不患哉。夫返偷莫先于敦俗，敦俗莫急于建标，不建则教不著，教不著者训不行，训不行则偷不反。吾宗之谱新矣，吾宗之序有定矣，使无家训守以为法焉，犹之大匠诲人不以规矩，后羿诲人不以壳率，亦奚所适从哉。是故谱而合乏，庙而宗之，无离亲焉。忧而聚吊，喜而聚庆，愈繁而愈远，而愈密无散族焉。菩宗将近四千年来，犹一日也，非敦之至耶，昔有敦彝懋德，敬志迪教者，吾爱其成法焉，请为宗人诵之，作家训凡十九条。

（1）九先以事父母

一曰轻暖先亲已宁寒，二曰肥甘先亲已宁恶，三曰安逸先亲已宁劳，四曰玩乐先亲已宁苦，五曰善言先亲已宁讷（谓之有于善亲归），六曰显行先亲已宁隐，七曰爵禄先亲已不陋，八曰荣贵先亲已不辱，九曰祈祷先亲已不病。

（2）去九私以处兄弟

一曰居无私财者气常同，二曰室无私言则心常一，三曰田无私善则业常共，四曰室无私广则处常和，五曰衣无私锦则体常安，六曰食无私味者胃常充，七曰分无私则积则家盛，八曰亲无私厚则姻常睦，九曰仆无私多则身常协。

（3）兴九慈以成子孙

一曰勤子四肢则业兴，二曰劳子心志者家昌，三曰禁子妄言则祸息，四曰教子端行则福生，五曰择子师友则学正（虽匠艺亦必择师），六曰粗子衣服则身健，七曰薄子滋味则寿长，八曰历子事变则材高，九曰训子贤哲则族大。

（4）遵六无以造家

一曰妻妾无妒则家和，二曰嫡庶无偏则家兴，三曰婢媵无纵则家尊，四曰嫁娶无奢则家足，五曰蚕织无休则家温，六曰宾祭无惰则家良。

（5）修五典以追远

一曰新祠堂则神有依，二曰谨供献则嗣必贤，三曰祭及五世则本不忘，四曰祭举四时则诚不替，五曰品因家有则礼不废。

（6）举十致以联宗党

一曰从见相拜以致敬，二曰暂见相揖以致睦，三曰岁首相往以致和，四曰长致梧贺以致厚，五曰燕见相勤以致善，六曰公见相下以致让，七曰庆必有名以致实，八曰吊必有哀以致情，九曰会必有故以致礼，十曰宴必有据以致乐。

（7）兴九让以处朋友

一曰告善必法语则易入，二曰规过必巽言则易改，三曰临名无妒则美自多，四曰临利无争则害自寡，五曰幼不凌长则行自顺，六曰富不傲贫则德自高，七曰衣裘能共虽仲由可到，八曰善能不伐虽颜渊可班，九曰过恶能隐虽大舜可期。

（8）用十有四尚以善门弟

一曰尚忠厚戒浮薄，二曰尚才能戒愚顽，三曰尚年齿戒凌犯，四曰尚节义戒诡崇，五曰尚规过戒阿比，六曰尚廉介戒贪鄙，七曰尚正直戒奸邪，八曰尚施惠戒悭吝，九曰尚恭逊戒侮悍，十曰尚信实戒虚诈，十有一曰尚勤谨戒迨怠惰，十有二曰尚礼貌戒粗俗，十有三曰尚俭约戒淫靡，十有四曰尚宾冠戒无序。

（9）惩八过以昌后

一曰衣无过华恐后寒，二曰食无过美恐后饥，三曰室无过制恐后陋，四曰器无过巧恐后敝，五曰车无过丽恐后损，六曰马无过壮恐后蹶，七曰田无过多恐后鹭，八曰园无过多恐后口。

（10）崇九善以治家穑

一曰春耕必深发积阳，二曰秋敛必早受积阴（秋割后犁起地受风雪霜露），三曰数让畔则征太和；四曰数让水则有后润，五曰种必即时则苗茂，六曰耨必务本则莠绝，七曰耘锄肯借则器自利，八曰车马不轻则田益充，九曰粪治不惰则有后获。

（11）崇四实以正田税

一曰无遗税以累人，二曰无射税以殃邻，三曰无酒税以毒众，四曰无重税以累后（卖者未除而买者先收则为重税）。

（12）推六德以广群蓄

一曰朝不饮羊则易育，二曰夜不逸犬则易守，三曰不扰邻鸡则雏多，四曰不杀牝毚则豚广，五曰不吝借马则有常乘，六曰不私宰牛则有常耕。

（13）起六思以茂草木

一曰不斩邱木思近圹，二曰不种樊柳思近盗，三曰不植田木思害稼，四曰不剪春枝思贱本，五曰不窃园桃思病主，六曰不伤道柳思病客。

（14）急十一救以睦闾里

一曰救溺必济，二曰救焚必灭，三曰救盗必护，四曰救难必解，五曰救寒必衣，六曰救饥必食，七曰救困必亨，八曰救病必诚，九曰救伤必助，十曰救乏必周，十一曰教枉必伸。

（15）屏六匿以正婚姻

一曰毋匿恶病取后犯，二曰毋以贫富悔旧约，三曰毋侈财帛诒流俗，四曰毋致怨旷伤和气，五曰毋重富贵贱清贫，六曰毋忘亲丧擅嫁娶。（近有因丧嫁娶之俗）

（16）用五情以治丧

一曰毋吝财货薄棺殓，二曰毋信风水久暴露，三曰奠祭过奢不如致薄，四曰埋葬浮费不如立祠，五曰多请僧道不如礼用。

（17）祛六诬以息讼

一曰毋好胜则矜不在己，二曰毋掩实则诈不在已，三曰毋买证则公道自白，四曰毋偏佐则信行自成，五曰毋诬良吏世贼尔类，六曰毋诬良民世仇尔身。

（18）除八害以利己

一曰毋赌博害尔家，二曰毋闲游害尔业，三曰毋酗淫害尔子孙，四曰毋斗狠害尔父母，五曰毋潜谤害尔心，六曰毋贼盗害尔命，七曰毋欺善害尔性，八曰毋党恶害尔情。

（19）守五免以起征课

一曰办不违期则免辱，二曰纳不包揽则免累，三曰输不隐费则免刑，四曰盐不私带则免祸，五曰钞不私匿则无诘。

（家规、族规、家约、家训资料参见《贵州民族资料汇编第三集》）

第十四章　宗教巫术活动中的道德教育

宗教巫术活动，主要是指侗族基于祖先崇拜和英雄崇拜、自然崇拜、图腾崇拜及侗傩信仰而产生和流传的迎神、女神、降神（驱鬼除魔）宗教巫术活动。侗族民间各种宗教巫术活动是对客观世界虚幻的反映，对人们的思想起着麻痹作用，但一些宗教理念和宗教活动却体现和彰显了进步的道德理念和伦理思想。如祖先崇拜和英雄崇拜就彰显和体现了尊贤敬能、尊老孝亲等道德观，驱鬼除魔彰显和体现了惩恶扬善的道德观，神明裁判的巫术活动彰显和体现了公正平等的道德观，老人过世后民间的拜忏、踩灯、上家祭等傩事表演彰显和体现了尊老孝亲、孝敬父母等道德理念。自然崇拜中隐含着爱护自然保护生态的伦理观。民间开展某宗教巫术活动的过程，就是对族群及成员进行某些道德理念教育的过程。如侗族民间开展的然萨、孝萨、田萨、水萨、贯萨和祭萨崇拜活动的过程。其中上家祭傩戏就通过跪拜、上香、鸣炮、作乐及歌唱寄托对老人的哀思和怀念，对亲人及族人进行了孝顺父母等传统美德教育；侗族民间开展神明裁判的过程就是对族人及社会进行公正等道德理念教育的过程。侗族传统社会的宗教道德一章已对侗族民间祖先崇拜、英雄崇拜及自然崇拜所彰显和体现的伦理思想及对族群所进行的伦理道德教育已有详尽描述，在此不再赘述，这里仅对侗族民间家祭习俗及神明裁制习俗所彰显和体现的伦理思想及对族群进行的伦理道德教育给予介绍和说明。

一、家祭习俗中的尊老敬老及孝顺父母的道德理念教育

侗族人民有个良好的社会风尚：尊敬老人。老人生前一般得到晚辈良好的照顾，死后也得到妥善的安葬。老人去世后，孝子一般要举行比较隆重的葬礼，以寄托对亲人的哀思，而亲朋子侄也往往举行一些奠祭活动，以表达对亲人的怀念。北部侗乡流行的上家祭的风俗，从一个侧面反映了侗族民间的这一社会风尚。上家祭是老人去世后，亲房子侄辈共同举行的奠祭活动。它的祭品由老人的侄子们共同出资备办，孝子及侄子们共同参加，程序和仪

节如下：

堂祭所需：箸、爵、鸡、鸭、刚鬣（猪头）、柔毛（羊）、鱼、食、糖、羹、茗、花、萧香、芳沙、祝帛、衣裳、酒、樽、面盆，以及通赞二人、讲读二人、歌童二人、执事四人。

1. 祭百神

天地开张，日吉时良。孝士开祭，大吉大昌。

孝堂肃静，作乐迎神。孝士就位。跪！叩首（三）。俯伏读祝：

维尔百神，濯濯厥灵。视之不见，听之不闻。群黎百姓，莫不尔问。承兹当祭，恐触于神。聊陈不腆，愿祈来歆。各安方位，合孝安宁。

兴！礼毕。退位。焚帛。鸣炮。作乐迎神。

2. 开祭礼

孝堂肃静，作乐迎神。引赞生引主祭孝男先着吉服吉冠，出帏行开祭礼。就位。整冠。束带。纳履。服成鞠躬。引赞生引主祭孝男诣于△△△上寿（仙逝）故△之香案位前，行上香礼。跪。初上香。二上香。三上香。兴。引赞生引主祭孝男诣于成服所，去吉服，反丧服；去吉冠，反丧冠。

引白：更衣毕，入杖。复位。

引：主祭孝男诣于何所？

引：主祭孝男诣于△△上寿（仙逝）故△之灵席位前，行奠献礼。出杖。跪！司爵者捧爵进，献爵，献箸，献馔，献食，献羹，献茗，献豚方，献豚腿，献刚鬣，献柔毛，献德禽（鸡也），献纳气（猪肺也），献龙（蛇也）肝，献龙腹，献龙盘，献小鲜（鱼也），献仙席，献玩席，献祝帛。

引：献毕。俯伏读祝：

昔维：△△在位之有△年，岁次△年△月△日，不孝△△谨以三牲酒礼，致祭于△△（年代）上寿（仙逝）△△之灵席位前而祝之曰：呜呼！我△去世已三日矣，犹然停柩在堂，非敢缓也，以待吉也。当祭奠之前，蒙众亲友咸来会吊，△等谨具生前所嗜好者，备为呈献，灵其不昧，尚赐先尝。哀哉！尚飨。入杖。兴。复位。出杖。跪！叩首（三），兴。礼毕。退位。入帏。焚帛。鸣炮。

3. 堂祭礼

暑往寒来春复秋，夕阳西坠水东流；

生前事业今何在，一旦无常万事休。

内静外静，内外肃静。执事者各执其事，主祭者各尽其诚，观祭者不得喧哗亵渎。击鼓。鼓止。鸣金。金止。鸣炮。作乐迎神。鼓吹作大乐，穿席绕堂初次。大乐止。作细乐穿席绕堂初次。绕堂毕复诣于乐所，仍作细乐，率从孝眷洗耳倾听读文公戒词：

祭之以礼，丧致乎哀。养生者不足以当大事，惟送死可以当大事。凡尔孝眷，各宜凛哉。倘有孝堂失礼，不恭不敬，惟神最灵，必生嗔怪。果能内尽其诚，外尽其礼，非徒尔享，亦必尔福。凡各执事，共聆此戒。

引赞生引众孝眷绕棺宣读圣经（从"大学之道"唱起至"皆以修身为本"止），接读《正气歌》，绕棺三匝。绕棺毕，引赞生引主祭孝男执杖出帏，诣于灵席位前，听读昭告文词：

维不孝等罪孽深重，祸延故考（妣）老大（孺）人恸于△年△月△日△时，在室正（内）寝，当冯壬癸洗尘，衣冠（衾）装束，停柩在堂。择吉于是月本日开席祭奠。今则灵筵备设，祭礼主行。非云酹德，聊以表情。当望灵兮不昧，来格来歆。

引赞生：主祭孝男诣于何所？

引赞生：主祭孝男诣于盥洗所。

至盥洗所。出杖。濯水。净巾。盥洗。洗毕，入杖。复位。

引赞生：主祭孝男诣于何所？

引赞生：主祭孝男诣于衣裳所。

至衣裳所，司衣裳者捧衣裳，省衣裳，赞衣裳，歌衣裳之诗：

设其裳衣，恍惚依稀。

睹之故物，惨惨凄凄。

赞毕，复位。

引赞生：主祭孝男诣于何所？

引赞生：主祭孝男诣于爵所。

至爵所，司爵者捧爵，省爵，赞爵，歌赞爵之诗：

虽无旨酒，聊设杯觞。

魂兮何在，听唱阳关。

赞毕，复位。

引赞生：主祭孝男诣于何所？

引赞生：主祭孝男诣于馔所。

至馔所，司馔者捧馔，省馔，赞馔，歌赞馔之诗：

> 既有旨酒，予以莫之。
> 又有佳肴，薄言献之。

赞毕，复位。

引赞生：主祭孝男诣于何所？

引赞生：诣于炰禽所。

至炰禽所，司炰禽者捧炰禽，省炰禽，赞炰禽，歌赞炰禽之诗：

> 有承白头，无失其时。
> 膳夫左右，炮之燔之。

赞毕，复位。

引赞生：主祭孝男诣于何所？

引赞生：诣于柔毛所。

至柔毛所，司柔毛者捧柔毛，省柔毛，赞柔毛，赞柔毛之诗：

> 尔羊来思，其角戢戢。
> 尔爱其羊，我爱其礼。

赞毕，复位。

引赞生：主祭孝男诣于何所？

引赞生：诣于小鲜所。

至小鲜所，司小鲜者捧小鲜，省小鲜，赞小鲜，歌赞小鲜之诗：

> 有鳣有鲔，鲦鲔鲈鲤。
> 岂其食鱼，祭之以礼。

赞毕，复位。

引赞生：主祭孝男诣于何所？

引赞生：诣于食所。

至食所，司食者捧食，省食，赞食，歌赞食之诗：

> 释之溲溲，蒸之浮浮。
> 是用孝享，如有隐忧。

赞毕，复位。

引赞生：主祭孝男诣于何所？

引赞生：诣于羹茗所。

至羹茗所，司羹茗者捧羹茗，省羹茗，赞羹茗，歌羹茗之诗：

> 既有香茗，亦有和羹。
> 以享以祀，去秽能神。

赞毕，复位。

引赞生：主祭孝男诣于何所？

引赞生：诣于仙席所。

至仙席所，司仙席者捧仙席，省仙席，赞仙席，歌仙席之诗：

    糕饼之香，异味芬芳。

    棘糕以祀，佐茗有光。

赞毕，复位。

引赞生：主祭孝男诣于何所？

引赞生：诣于玩席所。

至玩席所，司玩席者捧玩席，省玩席，赞玩席，歌玩席之诗：

    奇花异草，飞禽走兽。

    素以为绚，焕乎其文。

赞毕，复位。

引赞生：主祭孝男诣于何所？

引赞生：诣于萧香所。

至萧香所，司萧香者捧萧香，省萧香，赞萧香，歌萧香之诗：

    予以采萧，焚达中霄。

    神之格思，德音孔昭。

赞毕，复位。

引赞生：主祭孝男诣于何所？

引赞生：诣于芳沙所。

至芳沙所，司芳沙者捧芳沙，省芳沙，赞芳沙，歌芳沙之诗：

    维土与茅，密密典包。

    数行血泪，染透衣梢。

赞毕，复位。

引赞生：主祭孝男诣于何所？

引赞生：诣于祝帛所。

至祝帛所，司祝帛者捧祝帛，省祝帛，赞祝帛，歌祝帛之诗：

    帛以致敬，祝以叙情。

    聊将祝帛，表谢洪恩。

赞毕，省亲毕，歌省亲之诗：

    物其多矣，维其佳矣。

    物其旨矣，维其偕矣。

赞毕，复位。

引赞生：主祭孝男诣于何所？

引赞生：主祭孝男诣于左昭位前进香行礼。

出杖。跪。初上香。二上香。三上香。叩首（三）。

俯伏读祝。辞，焚帛。复位。

引赞生：主祭孝男诣于何所？

引赞生：主祭孝男诣于右穆位前行上香礼。

出杖。跪。初上香。二上香。三上香。叩首（三）。

俯伏读祝。读毕，焚帛。复位。

引赞生：主祭孝男诣于何所？

引赞生：主祭孝男执杖入帏，负灵，诣于降神所。

至降神所，捧灵登位，望灵举哀。哀止，出杖，叩首（三）。司酌者开樽酌酒，灌地降神。引赞生歌灌地降神之诗：

　　　　去也归何时，来兮再不能。
　　　　聊将一滴洗尘气，灌地迓神灵。

入杖。兴。捧神（即灵也）离座，负灵（即神也）入帏。

引赞生唱：

　　　　无父何怙，无母何恃？
　　　　出则御恤，入则靡至。

引赞生：主祭孝男诣于何所？

引赞生：主祭孝男率众孝眷等执杖出帏，诣于拜位前。

至拜位前，主祭孝男等皆就位，拜（一、二、三、四）。拜毕，入杖。引赞生引主祭孝男率众孝眷诣于讲书所。出杖。跪。听讲书。讲书生登台讲书。讲书毕，讲书生避席。孝男等入杖，引赞生引主祭孝男率众孝眷诣于读礼所。引至读礼所，出杖。跪。听读礼。读礼生登台读礼。读礼毕，读礼生避席。兴。入杖。复位。

引赞生：主祭孝男诣于何所？

引赞生：主祭孝男诣于香案位前行上香礼。

出杖。跪。初上香。二上香。三上香。上香礼毕，歌上香之诗：

　　　　三牲香成礼，生泉路转遥。
　　　　百年一旦永相抛，哪得不悲号？

入杖。兴。复位。出杖。跪。叩首（三）。入杖。兴。

引赞生引主祭孝男诣于△△△上寿（仙逝）故△之香案位前，行初献礼。出杖。跪。司爵者捧爵进，初献爵，歌初献爵之诗：

　　　　　　旨酒当前设，琼浆扑鼻香。
　　　　　　九泉深万仞，一滴到何层？
司箸者捧箸进，献箸，歌献箸之诗：
　　　　　　表直曾资箸，闻雷尚记刘。
　　　　　　登筵双影在，呈献泪同流。
司豚方者捧豚方进，献豚方，歌献豚方之诗：
　　　　　　馔薄难为礼，肴疏勉尽情。
　　　　　　席前资摆列，万勿真生嗔。
司豚腿者捧豚腿进，献豚腿，歌献豚腿之诗：
　　　　　　藤腿圆圆割，恩难点点酬。
　　　　　　亲魂何处去？曾否赐赏末？
司豚肝者捧豚肝进，献豚肝，歌献豚肝之诗：
　　　　　　失怙（恃）嗟无父（母），伤心痛割肝。
　　　　　　灵筵资沥献，血泪共潜潜。
司纳气者捧纳气进，献纳气，歌献纳气之诗：
　　　　　　多孔深纳气，成形暗属金。
　　　　　　这番资献敬，哪见略沾唇。
司龙腹者捧龙腹进，献龙腹，歌献龙腹之诗：
　　　　　　愁绪空盈腹，释兹念在兹。
　　　　　　个中何所有，只剩苦相思。
司刚鬣者捧刚鬣进，献刚鬣，歌献刚鬣之诗：
　　　　　　豚首一元具，鸿恩半点酬。
　　　　　　伤心今日事，哪不泪盈眸。
司柔毛者捧柔毛进，献柔毛，歌献柔毛之诗：
　　　　　　三百群中物，柔毛擅美名。
　　　　　　莫将微物视，跪乳重亲恩。
司德禽者捧德禽进，献德禽，歌献德禽之诗：
　　　　　　报晓迎朝旭，司晨振翰音。
　　　　　　及时堪养老，雅号表德禽。
司家凫者捧家凫进，献家凫，歌献家凫之诗：
　　　　　　夜宿双凫解，新鸡一匹轻。
　　　　　　羽毛丰又满，反哺愧斯人。
司小鲜者捧小鲜进，献小鲜，歌献小鲜之诗：

> 湖海恩波阔，江河德泽深。
> 卧冰称大孝，触目愧见心。

司食者捧食进，初献食，歌初献食之诗：
> 万里冥途远，千条愁绪长。
> 加餐须努力，即此是黄粱。

司羹茗者捧羹茗进，献羹茗，歌献羹茗之诗：
> 素饮尼山乐，芳茗雀舌香。
> 食余资点献。点献略沾尝。

司仙席者捧仙席进，献仙席，歌献仙席之诗：
> 饼咏槐芽羹，糕茗柳汁新。
> 充饥非可借，聊以佐香茗。

司玩席者捧玩席进，献玩席，歌献玩席之诗：
> 景物真堪羡，花容大可观。
> 形形复色色，莫作等闲看。

初献礼毕，总歌初献之诗：
> 礼仪成初献，
> 儿心尽一毫。
> 薄物何堪将孝敬，
> 微忱聊以谢尘嚣。
> 滴泪染衣梢。

入杖。兴。复位。引赞生引主祭孝男率众孝眷执杖入帏。歌童出，就位。对揖。易位。复对揖。跪。歌蓼莪之首章。兴。对揖。歌童入。鼓吹作大乐，绕堂二次。绕堂毕，复位。复诣于乐所，仍作细乐。引赞生引主祭孝男率众孝眷执杖出帏诣于拜位前。引赞生引主祭孝男率众孝眷皆执杖出帏诣于讲书所。出杖。跪。听讲书。讲书生登台讲书。讲书毕，讲书生避席。入杖。兴。引赞生引主祭孝男率众孝眷诣于读礼所。出杖。跪。听读礼读。礼生登台读礼。读礼毕，读礼生避席。入杖。兴。复位。跪。叩首（三）。兴。

引赞生：主祭孝男诣于何所？

引赞生：主祭孝男诣于△△上寿（仙逝）故△△之灵位前行亚献礼。出杖。跪。

司爵者捧爵进，亚献爵，歌亚献爵之诗：
> 爵亚献，殷勤再劝亲。

劝亲更进一杯酒，西出阳关无故人。
凄切好伤心。

司豚方者捧豚方进，献豚方，歌献豚方之诗：
献豚方，触目信凄惶。
非敢已呈今复进，愿亲来格更来尝。
此是儿心伤。

司豚腿者捧豚腿进，献豚腿，歌献豚腿之诗：
叹豚腿，浑轮似月圆。
月不长圆今又缺，月圆月缺总堪怜。
曾否照黄泉？

司刚鬣者捧刚鬣进，献刚鬣，歌献刚鬣之诗：
刚何鬣，妙义此中藏。
豚首一元经再献，英灵哪儿再沾尝。
儿怎不悲伤？

司龙肝者捧龙肝进，献龙肝，歌献龙肝之诗：
肝味美，剖腹亦堪求。
再千英灵来享受，从此无处把恩酬。
唯有泪长流。

司龙盘者捧龙盘进，献龙盘，歌献龙盘之诗：
叹龙盘，曲折更玲珑。
补短截长奇又巧，藏牙伏爪到盘中。
再现表情衷。

司龙腹者捧龙腹进，献龙腹，歌献龙腹之诗：
龙有腹，饱满亦温柔。
再现席前冯剖腹，尚飨消忧并解愁。
冥情依旧。

司纳气者捧纳气进，献纳气，歌献纳气之诗：
气可纳，表里羡无差。
呼吸能通真一脉，形容几欲併朝霞。
愿父（母）享些许。

司家凫者捧家凫进，献家凫，歌献家凫之诗：
一匹鸡，雅号表家凫。
戏水掠波轻片羽，踏沙宿渚远相呼。

聊以佐觞壶。

司德禽者捧德禽进，献德禽，歌献德禽之诗：
　　　　五母鸡，曾见栖于埘。
　　　　只望杀鸡堪养老，谁知大限不容迟。
　　　　泪滴各沾衣。

司小鲜者捧小鲜进，献小鲜，歌献小鲜之诗：
　　　　叹小鲜，湖海吸清泉。
　　　　囹囹洋洋真自乐，依蒲依藻两悠然。
　　　　反复献灵筵。

司食者捧食进，亚献食，歌亚献食之诗：
　　　　食再献，既洁美菜盛。
　　　　蔬食不堪将孝养，黄泉依旧梦难醒。
　　　　聊以助冥程。

司仙席者捧仙席进，献仙席，歌献仙席之诗：
　　　　饼及糕，美味此之包。
　　　　上献艺灵前非一次，哪见我父（母）动分毫。
　　　　徒以助悲号。

司玩席者捧玩席进，献玩席，歌献玩席之诗：
　　　　席可玩，景致妙无涯。
　　　　万紫千红今在否，功名富贵眼前花。
　　　　入目倍咨嗟。

亚献礼毕，总歌亚献之诗：
　　　　亚献礼初成，哀告英灵。
　　　　重来享受鉴葵诚，今日与亲成永诀。
　　　　再见万不能。

歌毕，入杖。兴。复位。引赞生引主祭孝男率众孝眷皆执杖人帏。歌童出，就位。对揖。易位。复对揖。跪。歌童人，鼓吹作大乐，绕堂三次。大乐止，作细乐，绕堂三次。绕堂毕，复诣于乐所，仍作细乐。主祭孝男率众孝眷皆执杖出帏，诣于拜位前。至拜位前，引赞生引主祭孝男率众孝眷同诣于讲书所。出杖。跪。听讲书。讲书生登台讲书。讲书生避席。入杖。兴。引赞生引主祭孝男率众孝眷诣于读礼所。出杖。跪。听读礼。读礼生登台读礼。读礼毕，读礼生避席。入杖。兴。复位。跪。叩首（三）。孝眷等仍跪。主祭孝男入杖。兴。

引赞生：主祭孝男诣于何所？

引赞生：主祭孝男诣于△△上寿（仙逝）故考（妣）之灵位前行三献礼。

出杖。跪。司酌者捧酌进，三献酌，歌三献酌之诗：
> 旨酒贮金瓶，扑鼻香闻。
> 九泉一滴到何层？
> 今日灵前三奠献，血泪同倾。

司豚方者捧豚方进，献豚方，歌献豚方之诗：
> 小馔设豚方，气味馨香。
> 陈平宰割费评量。
> 惟愿亲魂休却吐，略略沾尝。

司豚腿者捧豚腿进，献豚腿，歌献豚腿之诗：
> 香腿割于豚，日月满轮。
> 灵前三献酹亲魂，
> 在日未能行孝敬，此际何曾？

司刚鬣者捧刚鬣进，献刚鬣，歌献刚鬣之诗：
> 藤首列刚柔，道具头头。
> 英灵点头来沾否？
> 满目愁云千万里，去也难留。

司柔毛者捧柔毛进，献柔毛，歌献柔毛之诗：
> 三百羡维群，柔擅佳名。
> 原来跪乳重亲恩。
> 爱礼爱羊闻孔圣，愧对英灵。

司家凫者捧家凫进，献家凫，歌献家凫之诗：
> 片羽浴清波，体态轻盈。
> 果然此物是仙禽。
> 三献艺灵前三祝赞，曾否知闻？

司德禽者捧德禽进，献德禽，歌献德禽之诗：
> 报晓闻成万家，应候无差。
> 翎毛五色放光华。
> 今日杀鸡无所养，徒切咨嗟。

司龙肝者捧龙肝进，献龙肝，歌献龙肝之诗：
> 异味表龙肝，至此恭难。

披呈沥献表心酸。

千古一朝今日事，路断泉关。

司龙腹者捧龙腹进，献龙腹，歌献龙腹之诗：

腹也亦称龙，美在其中。

对灵哀献血抛红。

欲见亲今难再见，梦里相逢。

司龙盘者捧龙盘进，献龙盘，歌献龙盘之诗：

龙也果谁盘，古昔相传。

叶公嗜好起无端。

莫点龙睛恐飞去，留献灵筵。

司纳气者捧纳气进，献纳气，歌献纳气之诗：

群视见气肝，肺亦云然。

诚中形外记先贤。

今日席前同沥胆，号泣于天。

司小鲜者捧小鲜进，献小鲜，歌献小鲜之诗：

光润美金鳞，破浪波腾。

王祥尽孝卧严冰。

湖海恩深嗟莫报，枉设三牲。

司食者捧食进，亚献食，歌亚献食之诗：

菽水滴新鲜，菜味浓煎。

灵帏点献泪涟涟。

在日何时不念我，今后谁怜？

司仙席者捧仙席进，献仙席，歌献仙席之诗：

果品列琼瑶，美味曲包。

香茗饮罢佐佳肴，

莫谓充饥同画饼，少报劬劳。

司玩席者捧玩席进，献玩席，歌献玩席之诗：

松竹与梅兰，苟药牡丹。

珍禽奇兽列般般。

色即是空空是色，着意看看。

三献礼毕，总歌三献之诗：

三献毕亲魂，如来知闻。

方丈席前空列满，

英灵曾否享些微，今永别离。

主祭孝男入杖。兴。复位。闭户熄煌。

引赞生：主祭孝男诣于何所？

引赞生：诣于△△上寿（仙逝）故考（妣）之灵席位前行点茶礼。

跪。献茶一、二、三，歌献茶之诗：

洗手做羹汤，唯舌生香。

素谙食性慢先尝。

菽水承欢非膝下，好不凄惶。

叩首（三）。兴。礼毕。退位。启户发煌。主祭孝男仍诣灵席位前跪。歌童出，对揖。易位。复对揖。跪。歌寥莪之四章。歌毕，兴。对揖。歌童入。司祝帛者捧祝帛进，献祝帛，歌献祝帛之诗：

语自衷肠出，言从肺腑生。

情长伤纸短，郑重告英灵。

歌毕，俯伏，听读祝文。读毕，入杖。兴。复位。拜（四）。司祝帛者捧赴焚燎所。引赞生引主祭孝男率众孝眷执杖至焚燎所焚燎，孝眷等望燎。礼毕，退位。撤馔。引赞生引主祭孝男率众孝眷皆执杖入帏。鸣炮。作乐送神。

二、神明裁判习俗中的公正平等道德理念教育

神明裁制是解决民间纠纷的一种特别手段。它是民间纠纷无法调解、矛盾激化到非要解决不可时所采取的双方都认为最公平的裁决方式。它主要解决盗窃纠纷，或无证人而又必须解决的纠纷。如原告告被告盗窃，但又拿不出足够的证据被告反控原告诬告，经寨老、乡老调解，双方都不接受，矛盾更趋激化，要解决这种纠纷，在侗族民间就只得求助于最具传统权威性的神明判决。

神明裁判在侗乡盛行已久，主要有"生闷"（喊天）、"动苟"（煮米）、"杀介"（杀鸡）、"沦疡"（捞油锅）、抽签五种形式。

1. "生闷"（喊天）

"生闷"（喊天）就是请求天神辨明是非，惩恶扬善。喊天有被盗者骂街式喊天；被告单独式喊天；有被告、原告一起喊天三种方式。

骂街式喊天，被盗者丢失牲口、银两、布匹等，不知谁人所盗知道谁偷而又证据不足，通常在桥头、寨边土地庙、大树下或巨石前对着天骂一通，

骂偷者不得好死、断子绝孙等。知道谁人偷又找不出证据的不敢指名道姓地骂，便以含蓄的语言，点某家某人固有的特征骂，人们听了都知道所骂的对象，被骂者心里有数，但又不敢站出来进行对骂。

被告者单独发誓，被别人尤其被有势力的人说自己偷他的东西，在被迫无奈的情况下，为了表明自己的清白无辜便以自己或一家人的生命对天发誓，这种赌咒只限于被告本人不涉及原告。

原告、被告共同对天发誓，这类发誓是"生闷"的高峰，是在双方都互不相让，双方势力相当，理由不相上下的情况下发生的，原告说被告偷原告的东西，而被告说原告诬告，双方都互不相让于是便以同等的条件，都以自己或家人的生命对天赌（骂）咒。原告先烧香、烧纸、拜天地，说对方偷盗千真万确，请求天神严惩偷盗者，若是自己冤枉别人，也请求天神予以惩罚。最后，把手上燃烧着的一炷香浸入水中，表示谁若有罪，谁将如浸水之香一般死去。被告也以同样的举动表明一通。坚信自己清白无辜便说自己手脚不干净将受惩罚。这样一起偷盗纠纷就算了结。在经济上都没有对任何一方进行惩罚。发誓双方以至子孙后代断绝一切交往，互不接受对方的东西，谁不遵守谁就违背天理，将会受到天神的惩罚。

2. "动苟"即煮米判案

这种判案方式主要是有权有势的人家被盗，怀疑是邻居以至全寨所为，但又找不丝毫线索。为断定贼人是谁就采取煮米的方法断案。

煮米判案是每一个怀疑对象拿出相等的米，即一杯或一筒米用白布包着，然后用长绳系在米包上，另一端系在手上，选一德高望重的人当裁判，举行求天仪式说明案由，请求天神保佑善良，严惩贼人等之后，大家同时把米包丢进滚烫的火锅中，半小时左右，各人把米打开，谁包中的米没有煮熟，谁就是这一起偷盗案的贼人，如大家的米都煮熟了就断为冤案处罚原告。

3. "杀介"即砍鸡断案

砍鸡断案在神明裁判中占有较大的比例。盗窃案件中产生纠纷时，便用砍鸡的办法来判断是非。砍鸡断案是在原告和被告相对等的情况下进行的。原告说被告偷原告的东西，被告则说原告诬告，便发砍鸡来判断。具体做法是：原告与被告一起站在土坪上，裁判在土坪中打四个木桩，用两根藤分别系在木桩上，两根绳之间的距离是一公尺，称为中间地段，绳子以外称为是非区，中间地段正中挖一口小土坑，原告、被告面对面地站立在绳子的外边，土坑上面横着一根木棍，中人一手拿着一只开叫的公鸡，一手拿着刀走到土坑前，念念有词之后把鸡按在木棍上挥刀砍去，鸡头落进土坑里，未断气的鸡身胡蹦乱跳，最后以鸡断气的结果断案。跳出中间地段，在被告线以外断气的以偷盗论处；在原告线以外断气的以冤案论处；在中间地段断气的，以和解论处。

4. 捞油锅

侗语称之为"沦烫"，即捞烫之意。捞油锅，其实油锅里并不完全是油，而是在烫水里放入一定数量的油而得名的。

捞油锅的原因有两种：①被告在万般无奈之下，为了表明自己的清白无辜而单方捞油锅；②原告与被告势力相当，而原告的理由又占不了上风，反而被对方说他诬告。经中人调解不下，于是双方就一起捞油锅。

捞油锅是最复杂、最高的一种神明裁判，大体有以下程序。

第一，确定地点。村与村之间引起的纠纷，捞油锅的地点多在款场或在某一村的捞油锅坪；村内纠纷引起捞油锅，一般在本村的捞油锅坪或楼里或鼓楼坪进行。

第二，原告、被告必须在规定的时间内到达地点，双方都穿着象征清白的白衣、白裤，（被告单方捞，则由被告穿），双方都带一只为其卜吉凶的已经开叫的白公鸡。左手拿着三根芝草，象征着不怕艰难险阻。

第三，架锅起火，首先在平地上扎起三角架式的生树桩，然后架上一口大锅盛满水，放足油等，即菜油三斤、糯米三斤，柴火没有具体规定，以锅里的米煮成稀饭为限。

第四，对天发誓。中人先到锅前，叫原告和被告到锅边面对面站着接着烧纸点香、念念有词，其意是事情重大，案情复杂，世上的寨老和乡老都调解不下，交给天神明断，然把斧子或铜钱轻轻放入锅里，从滚的油锅里捞上斧子或铜钱来可算胜利的第一步，如果捞不上来则要当面认输受罚。

第五，验手。是捞油锅的最后一道决定性的程序，是判断是非的关键一步，捞油锅者从锅里取得斧头或铜钱，如一方手烫伤的便判断有罪。如果当时双方都没有烫伤便把手浸在凉水桶里，等燃完三柱香之后再验手，从手臂到手指接触烫水处没有起泡才算胜诉。

捞油锅是最残酷的一种神明判决，其主要特点如下。

一是大案要案。如偷牛、偷银等，且案件发生纠纷，经调查调解无效，致使矛盾发展到不可调和的程度。

　　二是规模大，阵营分明。纠纷发展到捞油锅的时候，不仅仅是原告与被告间的事，而且站在他们后面的还有家族、宗族，以至一个或几个村寨的民众。捞油锅这天还要举行隆重的祭萨仪式。双方都组织了一支声势浩大的队伍，以村寨为一方的要在萨面前饮团结茶，最后振臂高呼六声之后，由管萨者打着萨伞走在队伍前面，如出征一般。行到现场各占一方，阵营分明。

　　三是手段残酷，冒险大。虽然不是一锅油，但有一层油浮在上面，足以使人烫伤。捞油锅者不仅冒着被罚重金的可能，还冒着残废以至死亡的危险，有的走到滚烫的油锅前就认输，有的双方俱怕而和解。

　　四是要求严，罚款重。捞油锅是最严肃的一种神明裁判，也是一项过硬的功夫。三斤油、三斤松脂、三斤糯米，要过称，过斗量。从油锅捞得斧子或铜钱后要燃尽三柱香后才验手。

5. 抽签判案

　　这是靠近庙宇的村寨常用的一种新的神明判案方式。

　　抽签裁判，多用于盗窃纠纷案。就是说甲告乙偷甲的东西乙告甲诬告，经中人调解不下，双方到庙宇判断谁是谁非。中人先烧纸点香，向菩萨拜三拜，请求菩萨主持公道，给善良者好签。然后由原告先抽，被告后抽，上签对中下签，中签对中下签为赢方。如果双方抽的签一样；被视为平局，以和解处理。

第十五章　文娱活动中的道德教育

　　文娱活动主要指侗族民间开展的唱歌对歌、演唱戏剧、摆门子、讲故事、说唱故事等文化娱乐活动。侗族民间流传的民间歌谣、民间戏剧、民间传说故事等口传文化是侗族传统伦理思想的重要载体。事实表明每一首民歌、每一场戏第一个传说故事都隐含着一定的伦理思想和道德理念。因此，民间歌谣、民间戏剧、民间传说故事成为侗族民间巨大的、无所不包的伦理道德思想宝库，并为民间开展的伦理道德教育提供极其丰富的内容和宽泛的教材，而民间开展的唱歌对歌、演唱戏剧、说讲故事等文化娱乐活动就成为侗族民间对族人及社会成员进行综合性文理道德教育的大课堂。可以说，侗族民间的文化娱乐活动对族群及社会成员的伦理道德教育是全方位多角度多侧面的，教育内容涉及伦理道德的方方面面。

一、歌谣中的道德教育

　　侗族民间不仅演唱对族群及社会成员进行英勇顽强、勤劳勇敢、吃苦耐劳等道德品质和道德修养教育的古歌、劳动歌等民歌；也演唱倡导族群及社会成员追求恋爱自由婚姻自主的情歌、好事歌，还演唱劝导人们热心公益、诚实守信公平正义、和亲睦邻、尊老敬老、孝顺父母及教诫人们戒赌、限酒、远色、疏财、忍气等理道德品质和道德修养的劝世歌。侗族民间广为流传的《劝世歌》就对民间道德品质道德修养诸多方面的问题对人们进行劝诫。

劝世歌（侗族）
（嘎商娃）

静静听我唱首劝世歌，
你们爱听我就细细说。
天下事情千万样，

桩桩件件难数过。
先讲贫富不均等，
再唱人伦处事歌。
世间自古有贫富，
有的穿厚有穿薄。
富的财产如山酒肉吃不完，
穷的无田无地没有米下锅。
富的爱夸坟山好，
穷户常怨命苦多。
富莫狂来穷莫悲，
为人正派心宽阔。
莫走邪路行窃扒，
莫进赌场去赌博。
好赌的人不见富，
不走正道是非多。
只有劳动是本分，
自耕自食最安乐。
走路只能看见前面路，
世道变迁没有哪个看得着，
有时深潭变沙滩，
有时沙滩变成河。
狗无三代守门口，
羊无三代守荒坡。
为人心胸应坦荡，
该欢乐时就欢乐。
凡事都要会打算，
细水长流过生活。
穷能勤俭会变富，
富若奢侈也砸锅。
潭深三丈难见底，
树高三丈枝丫多。
为人需要守本分，
切忌嫖赌与偷摸。

别人园中花好莫要随便折,
别人田里鱼肥莫要乱去捉。
十次偷摸积来一次退,
被人抓住恐怕命难活。
为人应该心术正,
穷莫乱来富莫摸。
莫将别人田地占归己,
莫将别人财产归个人。
莫把自己的欢乐架在别人痛苦上,
莫为自己发财害旁人。
想害别人终害己,
天眼恢恢不容情。
卖禾卖米讲公道,
不要把两来当斤。
莫将小称当大称,
莫将一合当一升。
损德的人遭咒骂,
不是少子也绝孙。
千条江河相汇成大海,
千根树木相依成森林。
千只蜜蜂相聚酿成蜜,
千根纱线相绞搓成绳。
为人须要讲和气,
老的莫欺幼莫凌。
兄弟不和金变土,
全家和睦土变金。
全家和睦穷变富,
兄弟不和富变贫。
父母的话须要听,
兄弟姊妹要同心。
和睦家庭人称赞,
不和人家臭名声,
世间动物也是靠母生,

劝告人们莫忘本。
要讲孝道敬双亲,
天地虽大难比母恩大,
海洋虽深怎比父恩深?
父母养儿不容易,
九月怀胎才出生。
背的背来抱的抱,
父母衣服破成烂筋筋。
上坡得个山苞父母不舍吃,
下田一条泥鳅父母不独吞,
什么好吃都要留给崽,
好不容易崽才长成人。
长大成人须要讲孝顺,
切莫忘掉父母情。
小鸟尚小围着父母转,
翅膀长硬各飞腾。
有人小时很孝顺,
长大成人变了心。
讨了婆娘听信婆娘话,
父母恩情**抛**到脑后颈。
下田得鱼害怕父母见,
上山得果自己吞。
有酒有肉自己吃,
父母从不喊一声。
父母死活他不管,
这样的崽女还不比畜生。
父母在世不孝顺,
死后烧香也白焚。
这种败类不少见,
每每寨都有这样人。
今晚唱歌来奉劝,
希望转意又回心。
鸡蛋鸭蛋千万个,
蛋黄有正也有偏。

世间父母千千万，
少的愚笨多的贤。
有的父母不会当父母，
对待儿女有酸甜。
喜爱的儿女他（她）待如珍宝，
怨恶的儿女他她讨嫌。
做事光帮喜爱的儿女做，
怨恶的儿女他（她）不管。
带娃光帮女儿带，
男儿的娃崽她丢一边。
家庭里面分彼此，
这样的父母也得要改变。
今晚唱歌言粗鲁，
对的当酒错当烟。
唱完上段唱下段，
走了一程又一程。
刚才唱歌讲孝道，
如今再唱讲婚姻。
婚姻大事每人都难免，
务须慎重要认真。
处理得好才幸福，
处理不当害一生。
回顾古代人无数，
上吊跳河不知多少人。
只要互爱互敬成夫妇，
不管贫富只靠情义深。
莫嫌对方好与丑，
须知河里涨水船才升。
夏季鲜花满山上，
莫要选花错时辰。
三月四月你不讨，
等到冬天花凋零。
莫嫌别人生得丑，
莫嫌别人家境贫。

金鸡自有金鸟配，
癞蛤蟆怎把天鹅吞？
买面镜子照一照，
自己又是怎样人。
但见古人千千万，
后人应该铭记心，
选妻过分娶寡妇，
选夫过头打单身。
老虎和猪难共圈，
斑鸠和鹰难共林。
茶油和水难混在一起，
人不合心不得强联婚。
合心夫妻清场拌饭味也美，
逆意夫妻有酒有肉难得吞。
合心夫妻千言万语说不尽，
逆意夫妻心里有话懒吭声。
合心夫妻共六十年还嫌短，
逆意夫妻共度一天也难混。
恩爱夫妻不重颜色和家产，
全靠感情真不真。
感情真诚才是好夫妻，
感情虚假家产再厚也不成。
莫把屋梁做弯弓，
莫将茶油和水共一瓶。
奉劝父母莫逼嫁，
儿女不愿莫强行。
儿女的事须让他们自己定，
老人铺道莫挖坑。
唱一首歌有的对来有的错，
错的**抛**弃对的听。

（见《中国民间歌谣集成·从江卷》20～29页）

二、侗戏中的伦理道德教育

侗族民间流传着《梅良王》《凤姣李旦》《三郎五妹》《娘美》《莽隋榴美》《门龙》《补贯》《补桃乃桃》《元董金美》等数十个传统剧目。这些传统剧目题材来源各异，但内容大多是赞扬忠臣，反对贪婪；劝人行善，反对恶行；提倡婚姻自主，歌唱爱情专一；倡导孝顺父母、夫妻恩爱，反对忤逆不孝，鞭挞溺于酒色，等等，隐含着丰富的伦理道德思想，对人们有着重要的教育意义。

《莽隋榴美》是一出揭露封建迷信，颂扬勤劳善良的传统剧目。剧本描述了在榕江六百塘寨，有个美丽、勤劳、善良的侗族姑娘叫榴美，家中有寡母和两个游手好闲的哥哥。有个算命先生因调戏榴美，遭到榴美痛斥而怀恨在心，遂寻找机会向榴美的哥哥榴金和榴宜进谗言，说榴美命宫凶险，生克父母兄弟，若不早除，将家破人亡。愚蠢狠毒的榴金、榴宜竟将妹妹榴美骗到山上，将其推下悬崖，幸亏半崖有棵松树将其挂住，才没摔死。榴美挂在树上上不来也下不去，靠蜜蜂为她酿蜜充饥，岩鹰为她衔草御寒。直至一个月后，广西八标屯的莽隋放鹞捕鸟来到此地，将榴美救出，并一见钟情结为夫妇。两人勤俭持家，丰衣足食，生活得幸福美满。榴金、榴宜好吃懒做，荡尽家产，沦为乞丐，母亲也流落街头。后来，榴美将母亲接到家中奉养。榴金、榴宜闻妹妹未死，且家道殷实，竟厚颜登门求助。榴美见两兄弟赔罪称悔，也既往不咎，给以钱粮，打发他们回家开荒种地，重振家园。

该剧通过正反、善恶的对比，教育人们不要好逸恶劳，更不可伤天害理。为恶终会遭到报应，勤劳善良总会苦尽甘来。而对为恶者，也不完全摒弃，只要能改过自新，则回头是岸。体现了侗族人民善良、宽容的民族性格。该剧还揭露了封建迷信和愚昧落后的危害，对当时的社会来说，具有深远的道德教育意义和影响。

《补桃奶桃》是一出揭露赌博的危害的小戏。剧本描述了补桃沾染上赌博恶习，又常与寡妇奶兰鬼混。妻子奶桃百般劝说，补桃不但听不进去，反而以八字相冲为由，撵走奶桃，妄图达到与奶兰成婚的目的。补桃撵走奶桃以及奶桃、卑桃母女骨肉分离的惨景被奶兰看见了，她心想："他现在可以对奶桃这样，明天不是也可以对我这样。"于是奶兰毅然与补桃断绝了关系。从此，补桃破罐破摔，越陷越深，赌输了就卖田卖地卖房屋，最后把奶桃、卑桃的衣物都卖光后，沦为乞丐，沿村乞讨。奶桃回到娘家，开荒种地，自食其力。一天，又饥又饿的补桃拉着卑桃路过一间草棚前，见地里有好多大萝卜，他刚进去拔了一个，就被主人发现，主人走到跟前，竟是奶桃，补桃羞愧万分，无地自容。奶桃看在女儿的份上，又见补桃有悔意，夫妻重新和好，破镜重圆。

该剧通过补桃所走的曲折道路，揭露出补桃游手好闲、嫖赌成性的恶习和见异思迁、对爱情的不忠，告诉人们，这样只会落得倾家荡产、沦为乞丐的可耻下场；通过对奶桃的勤奋、自立的讴歌，教育人们要勤俭持家，远离赌博，做个堂堂正正的人。

《元董金美》则是一出反映爱情生活、教育人们不要贪恋色情，宣传婚姻道德的传统戏。说的是在三宝古州，有一户富裕人家，夫妻俩共生了八个孩子，只有一个男孩，取名叫元董，其父母视为掌上明珠，从小娇生惯养，百依百顺，使元董养成了游手好闲的恶习。成人后，他不按侗族古规娶姑妈的女儿做妻子，却看上了车寨的金美姑娘。于是两厢情愿，办了婚事。可是元董仍放荡不羁，白天家里有鱼又想肉，晚上又去和姑妈的女儿行歌坐夜。由于元董行为不轨，致使表妹受骗自杀身亡。表妹死后变成鬼魂来捉元董，因此他面黄肌瘦，终年病魔缠身。一年的五月初五，忽听门外有人喊叫"牛吃秧苗了！"元董听见喊声跑出门外，不料摔了一跤，口、鼻流血不止，原来这是表妹的鬼魂在喊他。从此元董卧床不起，不久死去。

这出戏的人物性格十分鲜明，通过对话将元董和金美的内心活动刻画得入木三分，非常感人，伦理道德教育效果非常明显。

三、传说故事中的道德教育

传说故事是指侗族民间广为流传的民间神话、传说故事、民间寓言一大类民间叙事性文学作品，它是侗族民间流传最广、数量最多、影响最大的口传文化品种，隐含着丰富的伦理道德思想。因此，侗族民间以宣传伦理道德为内容的摆门子、讲故事、唱故事、说唱故事文化娱乐活动成为侗族民间对族群及社会成员进行传统伦理道德教育的重要途径和常用手段。可以说，每讲一个民间故事或一则民间寓言都是对民间进行一次深刻的伦理道德教育，如《青蛙南海取稻种》神话叙述，侗族地区原来不种稻谷，后来从南海取来稻种，才引水开田。是谁取来的稻种呢？相传是燕子和青蛙不知从哪儿听来南海边有稻种的消息，都争着要去取稻。燕子自恃有飞高去远的本领，认为只有自己才能取来稻种，根本看不起青蛙。青蛙想，我有四条腿，不怕风雨，只要坚持，总能取到。他们结伴而行。前一、二天天气晴朗，燕子展翅高飞，远远超过青蛙。它不耐烦地对青蛙说明天你先走吧！让你先爬三个月，我再来赶你，免得老是等你，真烦人。第三天天下起大雨，燕子真的停下来睡大觉，心想：反正是我先到南海。青蛙却冒雨出发，真是：任凭风吹雨打，一心一意南海行。半路上他经过芋头地，计上心来，摘下一片芋叶放进河的水面上，然后自己跳到上面。芋叶冒着激流而去，一天一夜就漂到南海取到稻种。回来的路上，靠狗的帮助，将稻种泅渡过河；又靠蚂蝗的协助，将不慎掉进深渊中的稻种拿上来。等它回到一个月前和燕子分手的那个地方时，燕子还以为青蛙知难而退。当它看见青蛙取回来的稻种时，羞得满脸通红，内心不由得暗暗称赞。稻种经过一个月的雨淋，已经发芽了。燕子就衔着稻种，一刻不停地飞行，仅半天就回到了家乡。待青蛙跳回家时，田里的稻秧已一片绿油油。从此，侗乡的田坝中种满了水稻。这篇神话是经过后人润色成型的。拟人化的青蛙和燕子性格鲜明，具有较典型的道德教育意义。青蛙和燕子都一心一意为人类谋福利，但青蛙任劳任怨，善思善为，凭着智力和毅力，首先取到了稻种。燕子有才有艺，自信自矜，而正因为才高自矜，不相信别人，本来最有条件取得成功，却失之交臂。青蛙作为英雄的化身，当然是讴歌的对象。燕子虽然一度出错，但它知错能改，功绩是值得肯定的。从而教育人们要看到别人的长处，要谦虚，要知错就改；要原谅别人的过失，记住他人之恩德，忘掉他人之嫌隙，宽以待人。

又如《开甲》的故事叙述：有个财主对长工特别苛刻，知道的都怕去他家做活。可开甲却不怕。一天，财主找开甲去给他做一年的活路。开甲提出三个条件：第一件，退屁股走路我不干；第二件，四方帽子我不戴；第三件，三人同走我不走。财主想：哪有退屁股走路和戴四方帽子的？不三人同走也无关紧要，就满口答应了。转眼插秧季节到了，财主叫开甲去栽秧，开甲说："我讲过了，退屁股走路我不干！"财主哑口了。到了打谷子的时候，财主叫开甲扛打谷桶去打谷子。开甲说："不是说过吗？四方帽子我不戴。"财主又哑口了，只好改口说那么你去把谷子挑回来。开甲说："老板，你答应的条件又忘记啦？我说过三人同走我不走嘛！"财主说不过他，只好按协定办事。

这些故事诙谐机智，机智人物总是利用对方的贪婪和无知，抓住其弱点和本质特点，以其人之道还治其人之身，使对方哑口无言，自食其果。使人在开心酣畅的同时，更感受到智慧的光芒，颂扬了侗族人民勤劳、勇敢、机智、爱憎分明的道德品质。

《两兄弟》中叙述兄弟二人分家，大田好田给哥哥，小田坏田给弟弟。家中只有一头牛和一只狗，牛给哥哥，狗给弟弟。阳春三月，哥哥用牛耙田，弟弟拿狗耙田。有一位过路的货郎感到奇怪，和弟弟打赌如果你的狗真会耙田，我送一担货给你。弟弟往前丢一个糯米团，狗就往前跑几步，把一篓糯米饭丢光了，田也耙好了。结果得了一担杂货回家。哥哥见弟弟"发了横财"，第二天他也借狗去耙田，找人家打赌，但他不丢糯米饭，狗一步也不走，结果他输了一头牛……最后哥哥在"卖香屁"时被众人打了三百棍。这个故事宣扬善有善报，恶有恶报。其目的是教育青少年儿童要为人正直、忠厚老实，不可奸诈。

《猫为什么捉老鼠》说的是猫和老鼠原本是好朋友，同吃、同住、同生活。猫勤劳诚实，老鼠好吃懒做。有一天，猫和老鼠在树洞里找到许多蜂蜜，并搬回家。猫对老鼠说，留到冬天再食用，免得到时挨饿。老鼠虽然很想吃，但没有理由反对，只好表示同意。但到了晚上，老鼠用计骗过猫，偷偷上楼偷吃了一层蜂蜜。此后接连三晚，老鼠故伎重演，把蜂蜜全吃光了。冬天到了，下了一场大雪，猫和老鼠东寻西找，找不到食物，肚子饿得咕咕叫。猫说找不到食物了，吃蜂蜜吧，老鼠说好哇，并说早就想吃了。于是两个准备上楼，这时老鼠说肚子痛，让猫先上楼。猫上楼后发现蜂蜜被吃光了，伤心得一屁股坐在地板上。老鼠本来心中有数，一上楼就问蜂蜜哪去了，然后就怪是猫吃光了。于是两个就争吵起来。猫想，老鼠一向诡计多端，一定是它偷吃了还来个恶人先告状。于是猫想了个计策，叫老鼠一起去晒太阳，谁偷吃了蜂蜜，太阳一晒就会渗透出来。老鼠嘴硬屁股软地表示晒就晒。两个就到太阳下翻开肚皮晒。猫不做坏事，心安自然眠，晒一会儿就睡着了。老鼠做了亏心事，心烦意乱，晒着晒着，肚皮上就渗出了蜜。糟糕，要露马脚了。它坏主意又来了，趁猫熟睡，赶快把自己肚皮上的蜜往猫肚皮上搓抹，又去洗了个澡，回来晒太阳睡觉。猫睡醒后发现自己的肚皮上有蜂蜜，感到奇怪。老鼠听到猫在摸肚皮，就指着猫的肚皮说肯定是猫偷吃了蜂蜜。猫仔细观察老鼠后发现，老鼠身上发出水汽，脚趾和腋毛还是湿的，恍然大悟，戳穿了老鼠的诡计。老鼠恼羞成怒，竟反口咬猫。猫见老鼠蛮不讲理，就挥舞利爪把老鼠抓住，责问老鼠今后改不改过。老鼠口是心非答应猫，求猫放了它，猫张口放开。谁知老鼠又反过来咬猫，猫冷不防被抓了几道血痕，逼得它又挥爪把老鼠擒住，要它改过，然后又放开。如此反反复复，猫身上被老鼠抓出条条花纹。猫看到老鼠一次比一次更凶恶地咬它，毫无悔改之意,最后下决心一口把老鼠吃了。

从此以后,猫见了这些专做坏事,诬人害人,不肯悔改的老鼠,总是毫不留情地抓起来吃掉。

这则故事的道德寓意是,做人要诚实,不要贪婪,做错事,要敢于承认,勇于改过。否则,要滑头,施诡计,陷害别人,最终会害了自己。

第十六章　侗族传统社会特殊的道德教育
——道德惩戒

侗族是重视德治又重视法治，实行德法共治，德法并重的民族。为促进族群及社会成员优良道德品质和传统美德的养成和道德修养的提高，侗族民间除紧密传合各项道德实践，对族群及社会成员进行正面教育外，往往把社会成员中的违法违规者作为反面教材对族群及社会成员进行道德教育。这就是侗族传统社会根据民间的习惯法——款规款约，对社会成员进行的道德惩戒。这种惩戒大体包括以下两个方面。

一、对社会成员过失的责罚

侗族传统社会对社会成员过失的责罚包括喊寨、罚酒肉、罚款、送串肉、孤立等方式。

1. 喊寨

喊寨是侗族民间依照习惯法对社会成员进行的一种羞辱处罚，它是让违规者本人沿村走寨，边敲锣边呼喊检讨错误，表示悔过。这种处罚主要运用于小偷小摸而又表示真情悔过者，但也适用于其他违规行为。关于喊寨约法款《六面阳规》"六层六部"规定：

我讲到六层六部，男女老少要记住。讲到红薯地，讲到芋头山。菜园有主，豆角有秆。如果谁人的子孙，夜晚走路不点灯，白天进村不遵约。不怕雷公轰顶，不怕雷婆放火。地头偷红薯，地尾偷豆角；园内偷白菜，田中偷萝卜。抓不得要侦破，抓得到要处罚。肩上得担，背上得篓；筐里得青菜，篮里得豆角。瓜薯菜豆四两四，还要罚他喊寨敲锣。寨中要有人做主，船中要有人把舵。祖宗传下章法，我们后代依样来学。

《六面威规》"四层四部"规定：讲到谁人，狼手虎脚，猫眼狗肠。偷猪出栏，盗羊出圈；偷马过坳，盗牛下山。穿圆角，牵扁角。赶过龙岭，拖上虎坡。我沿蹄找印，沿窝找蛋。沿渠找水，沿河找滩。我丢了谷子找米糠，我丢了草鱼找鳞片。寻到你的村寨，觅到你的地盘。在寨边得牛角，在寨脚得马鞍。在楼底得羊毛，在梯底得猪肝。那我山藤缠树林，那我纱线绕竹竿。那你莫拿虎皮来遮，那你莫拿龙皮来盖。要你白石撬出土，要你荆棘挖出山。河里的龙子你莫护，朝中的王子你莫袒。拉他出门，拖进款坛。推上大庭广众，游过四村八寨。你扛黄旗走先，我扛红旗走后，让他父受重处，让他子受严惩。如果谁人的子孙，在树脚窝藏青蛙，在树尾窝藏松鼠，在深山窝藏老虎，在锈水窝藏大蟒。那我们大家就要采取行动。铜锣从外边敲进握棰敲头壳，握棰敲双脚；铜锣从里边敲出，握棰敲两腿，握棰敲两臂。

2. 罚酒肉

罚酒肉是一种限期让违反习惯法的人交出一定数量的酒肉，供全村人集体吃喝。大家一边吃喝，一边批判违法者罪行的一种处罚方式。

贵州榕江县的侗族，对不慎失火烧山、烧风水树、烧坟山、烧房屋的犯者，要杀一头牛、两头猪，用来祭祀神，祭毕，全寨人把肉吃光。有的侗族地区对此罚一头猪，分给本寨各家各户吃。

约法款"六面威规"五层五部规定：不论你的儿孙，不论我的儿孙，不能安仇在脚底，不能挟恨在肩窝，如果谁人胆敢抓苗人，赶瑶人，害杨家，害吴姓，那就要他上天三百丈高，抓得雷子；那就要他下水七百尺深，捕得龙孙。如果他抓不得雷子，如果他捕不到龙孙，那我们要罚他：草鱼三百斤，龙须三百根，米三百担，酒三百坛，银三百两。你能备齐这样多的物品？他能顶得这样重的处罚？那就拉人上坛，那就抓牛进款；他备不起这样多的物品，他顶不得这样重的处罚，那就抓人除性命，那就抓牛剥毛皮。今天破家产像捡螺蛳，今天抽银两像抽水帘。让他父难坐宅基，让他子难住村落。

老鹰来了同罚，乌鸦来了同惩。男若要换妻，女若要换郎，事发同处理，事起同考量。箭挂房屋，枪在禾廊。要他苦酒给喝，要他甜酒给尝。我们才开金口，我们才理银事。要他三十两开仓，要他五十两开屋。要他竹凳给睡，要他铁椅给坐。我们才拿甑来蒸，我们才量米来浸。要他青龙三百根须，要他红虎三百只牙。这是龙头事，这是虎头事。我们吃肉靠过年，我们罚钱依礼俗。肥的吃肥，瘦的吃瘦。财轻骨薄，罚他三十二，四十两；财重骨厚，罚他米三百筐，鱼三百条，酒三百坛，银三百两。三十斤麻穿鼠身，五十斤豆喂野鸡。他做雨帽自己戴，他做鸡笼自己钻。他把重担压上肩膀，他把骚臭放进鼻孔。钱去得厚，布用得宽。上不能怪天，下不能怪地。死不能怪父，苦不能怪母。老鹰除公，鹞鹰除母。让乡头知道条规，让乡尾知道章法。莫让山禽坏了侗家礼俗，莫让野兽坏了古时款约。上传到贵州，下传到广西。

3. 罚款

罚款是对违反习惯法的人责其交纳一定的钱财。罚款主要用于偷盗者，但也适用于其他违法行为。

关于罚款的规定，《贵州江县高增侗寨十二款约》规定：

一，偷鸡偷鸭、偷柴偷米；地头偷菜，园里偷梨。抓得住，拿得到，罚银四两四。

二，偷狗偷猪，偷砍树林；地里偷棉，田头偷谷。抓得住，拿得到，罚银五两二。

三，偷牛偷马，拱仓库，揭房瓦；塘头摸鱼，地里摘瓜。抓得住，拿得到，罚银八两八。

四，偷菜罪重，偷粮罪轻。抓住贼人罚十二，冤枉好人罚十。

《六洞款约》规定：

男女坐歌堂，口唱歌，手弹琴。若哪个动手动脚，罚银十四两。

第九条：哪个乱拉女人进刺蓬，罚银五十二两。

第十条：棉花种地头，禾谷种田里。若哪个脚弯手拐，罚银八两。

第十一条：哪个脚轻手快，开田钻塘，田中抓到田中打，塘中抓到塘中揍。并罚银十二两。

第十二条：哪个心弯手长，挖墙脚，砍杉木，偷牛盗鸟，罚银二十四两。

约法款"六面阳规"三层三部规定：如果谁人的子孙，鼓不听声，耳不听音。上山偷鸟套，下河盗钓钩；进村偷鸡，下溪偷鸭。偷瓜偷菜罚两一，偷鸡偷鸭罚三两，偷条烟杆罚两二，偷李偷梨受人批，偷鸟罚六钱，抓得蚂蚱赔油盐。青年煮茶偷韭菜，小孩煮茶偷南瓜。这是礼俗，不骂不罚。这事态小呀，这事体轻呀。事态小小没什么可吃，事体轻轻没什么可论。碗装白酒，盘装青菜。这种事呀，早起夜收。哪村崩田哪村砌，哪村跌牛那村理。他若做牛角撬下，他若做羊角撬上。瞪眼发怒，做白石拦路。那就推他上十三坪坛，拉他上十九款坪。罚他四两四，罚他二两二。

四层四部规定：讲到山上树林，讲到坡边竹林。白石为界，隔断山岭。一块石头不能超越，一团泥土不能吞侵。田有田埂，地有界石。是金树，是银树。你的归你用，我的归我管。若是有人居心不良，安肠不善，扛斧窜山，背刀穿岭。进山偷柴，进林偷笋。偷干柴，砍生树。偷直木，砍弯树。抓得木证，拿得柴捆。要他父赔工，要他母赔钱。跟随者罚银六钱，领头者罚银两二。

4. 送肉串

让犯者自己杀猪宰羊，然后将肉煮熟切成片片用竹片穿成肉串，亲自登门分发给全村各家各户，以表示向大家谢罪。这种处罚方式主要用于损害公众利益行为的人，如放火烧山、失火烧屋而又有悔过之意者。但也有用于惩罚其他违反习惯法的行为。

《从前我们起大款》款词：

第九条：每当三秋四季，禾黄稻熟，哪个讲不听，说不服，脚上山，手摸拿。抓着他的手，揪着他的髻，罚他八串八百。

第十条：偷禾找芒，偷鱼找鳞。哪个说不听，讲不服，到棉花地头，到禾苗地脚，只要口袋粘棉花，箅内粘禾芒，罚四串八百。

第十一条：高坡高岭茶山桐山，哪个眼贪心谋，脚拐手弯，偷茶盗桐，罚他三串三百。

第十二条：哪个讲不听，说不服，开田水，放塘水，偷草鱼，盗鲤鱼，捉得手，揪得髻，拿他游遍四村八寨，罚他十二串。

5. 孤立

孤立是侗族对违反习惯法的人由寨老召集本寨众人到鼓楼，宣布违者罪状，建议给他孤立处分，凡同意者喝一口鸡血酒，多数人喝酒就算通过。此后，全寨的人不与他来往，违反此决定的人，与被孤立的人同罪。违者认识错误，改过自新，赔偿损失，向全寨人赔礼道歉后，经全寨人同意，才取消处分。有的地方是用荆棘围住违法者的住屋，叫围棘隔离，不能与全寨的人来往。全房族或全寨人不与之来往，不许参加各种各样的社交活动。这种处罚方法主要用于偷窃和道德败坏的人。因为侗族人喜欢聚族而居，团寨而住，平时大家有来有往，有事大家互相帮助。有罪又不知悔改，人们就有意将他孤立起来，使之感到孤独，心理上备感压抑，从而痛改前非，以达到教育的目的。

6. 钉钉入柱

这是一种相当于驱逐除寨察看的处罚。侗族款组织主张把那些每每违反了乡规寨规，且累教不改，并有"改江换河，改龙换殿"，背叛倾向的人开除寨籍，并把八寸钉耙钉入公共用的卡房木柱，以示警告，并观察等待。若违规者能回心转意承认错误，并向众人赔礼道歉，也会取得众人的凉解，让违规者重新恢复寨籍。这时寨老就把钉入木柱的钉耙拔除，撤消了对违规者的处罚。侗族民间对钉钉入柱处罚规定："惹事生非，不听劝告，拒烧卡火，违反寨规。改江换河，改龙换殿；违反乡规，众人不许；开除出寨，六亲不认；红白喜事，互不相济；八寸钉耙，四棱四方，钉在卡房，三寸入柱，五寸外露，刻木为记，以此示众。回心转意，承认过错；杀猪宰羊，宴请三邻；赔礼道歉，众人原谅；乡邻同意，寨老拔钉；重归寨籍，六亲相认，始得交往，互相济助。立约定款，当众公布；立碑戒告，万古不移；人人遵守个个遵循。"

（参见《民间文学资料》第一集393～394页）

二、对社会成员犯罪现象的惩罚

1. 开除寨籍

开除寨籍，是责令犯者和犯者的父母、妻子、儿女以及其他有牵连关系密切的人，离开本乡本土，到外地去安家落户，并永远不返回的一种惩罚措施。

侗族习惯法规定，同一房族内同辈分的青年男女互为兄弟姐妹，他们之间严禁通婚，也不能"行歌坐夜"，若有违犯，轻者受到公众的谴责，重者则被开除族籍或驱赶出寨。对不安分守己，有"勾生吃熟"者，将受到款组织的严厉惩处，其父母、妻子、儿女也将受到开除寨籍的处罚。

款约《六面阴规》"二层二部"也对开除寨籍做了规定：如果谁人的子孙，胆像葫芦瓜，声音像雷鸣。恶如虎，凶如龙。在楼上拱禾仓，在楼下撬金银。拱田埂挖鱼窝，挖深墙拱厚壁。我们寻蚂蚁足迹，我们找野猪脚印。沿蹄寻得路走，沿翅觅得路飞。拿得上手，挑得上担。得真不得假，得实不得虚。用棕索勒颈，用草绳绑臂。拿进十三坪坛，推上十九款坪。翻屋倒仓，拆屋倒梁，打他屋板破碎，门坎断节。家财捡尽，金银捡完。楼上打他稀烂，楼下打他破碎。打他凸进凹出，压他碎得如丝。攥他父亲去三天路远，赶他儿子去四天路长。父不让返家，子不让归村。

五层五部，如果谁人的子孙，安心不良，安肠不善。吃上塘，拱下塘；塘里偷鱼，田里偷谷。那我们就来失谷找糠，失鱼寻鳞。寻蚂蚁足迹，沿野猪脚印；沿蹄寻得路过，沿翅觅得路飞。要得上手，装得上担。抓上十三坪坛，推上十九款坪。拣钱财像拣螺蛳，晃家产像晃鱼帘。让他父没有宅基来坐，让他子没有村庄来住，攥他父去三天地远，赶他子去四天路长。少不给归家，老不给还乡。

2. 进驻吃喝

进驻吃喝是全寨或整个宗族的男女老少一齐涌入罪犯家里，强行进驻，并见猪杀猪，见鸡杀鸡，淘米做饭，强行吃喝，直至将罪犯家的财产吃光。谁要是不去，即被认为是与罪犯站在一边，也要遭同样的掳掠。

《六面阴规》"四层四部"中明确规定："如若哪家孩子，头上不长耳朵，眼睛不长珠子。嘴上没有兄弟，心中没有亲戚。他当公公却贪恋儿媳，他当兄弟却贪恋姐妹。他把母亲喊成姑妈，他把姑妈喊成母亲。他把斧子叫作锄头，他把鼎罐称作铁锅。他要树木变成竹子，他要萝卜变成菠菜。他搞乱了村规，他破坏了寨理。今天全村依村规来吃他，今天全寨依寨理来喝他。吃他到底，喝他到根，吃得他家田地不许剩一块，喝得他家鱼塘不许剩一眼。牵他到村头旋水塘，赶他到寨脚绿水潭。叫他跟乌龟共村，叫他同团鱼共寨。谁要是不去，即被视为与罪犯站在一边，也要遭到同样的掳掠。"此种刑罚，主要用于对付那些态度不好的罪犯，如对检举揭发人打击报复，不按时交纳罚金罚物等罪犯。

从以上规定可看出，侗族习惯法对乱伦的行为是要用"进驻吃喝"来惩罚的。

（这里引用的《六面阴规》"四层四部运用的是吴浩主编的《侗族款词》文本"）

3. 抄家

抄家，根据侗族习惯法的规定是全寨男女老少一齐出动，将罪犯及其近亲属的家产全部抄光，严重者还将房屋全部捣毁，使其全家无安身之处。

侗族习惯法《六面阴规》中规定，对偷粮、偷钱、偷鱼的惯窃犯，可抄家抄仓，翻屋倒晾，让他家门板破，天上不留片瓦，地上不留块板，楼上让它破烂，楼下让它破碎。把他屋基捣成坑，把他家房子砸粉碎。对无故行凶殴打他人的，也可像捡田螺一样查抄他的家产，像抽鱼帘一样捡走他的家财。

1927年伍苗宗族的吴银探因好赌，赌输后，便去贵州抢此事被款首发觉，决定抄其家产。

4. 活埋

活埋是由本房族人，如同胞兄弟或叔伯兄弟等，将罪犯带到山上挖坑活埋，并在死者坑上钉八木桩，使其来世不能再为非作歹。《约法款·六面阴规》里规定："如果谁人的子孙，虎胆雷声，狗肚狼肠，拦路抢劫，夺取金银。深山抓人，路上杀人，抓人不识面，杀人不知名。放火烧屋，放火毁林。谋财害命，天地不平。这事态大呀，这事体重呀。大得登十，重得登百。拿进十三坪坛，推上十九款坪。有财财去当，无财命去偿。有财财去顶，无财莫想生。打桩平地，事惊天庭。四千家聚起，八方村邀齐。让他成一堆木，让他成一堆石。要他命归阴曹，要他身归地府。牛尾两边刷，马尾两边扫。你村这样办，我村依样行。款约这样做，人人得太平。"

关于这一惩罚，在贵州、湖南、广西交界处有一个真实的故事：

在贵州、湖南、广西三省交界处有一座山，叫三省坡。在三省坡的南麓，有一个古老的侗族村寨，这个村寨的名字叫高定寨。离高定寨不远的一个山坡上有一座孤坟，坟上长满荆棘和杂草。在这座孤坟里边，埋着一位年轻的侗族歌手，他的名字叫吴宏庙。1933年的一天，吴宏庙因一时糊涂，偷了一个本寨人的东西，被送进鼓楼里去进行公开处理。寨老和乡亲们经过讨论一致认为：吴宏庙知歌达理，一时糊涂偷了东西，又属初犯，应当从宽处理。最后大家决定罚他40两银子，并有人愿意帮他出银赎罪。但是吴宏庙却并不满足于这种处罚，他说："我偷了乡亲们的东西，我犯了祖宗的规约，我愿用死来赎回我的罪过。"他接着说，"大家都知道我爱唱歌，我只有一个要求，那就是在我死去之前，能为大家再唱一首告别歌。"寨老和乡亲们

见吴宏庙态度坚决,再三劝告也无济于事,最后只好满足他的要求,人们含着眼泪在鼓楼里聆听这位年轻歌手的最后歌唱:

最后一晚与大家聚会,
请听我唱告别歌。
我是老鹰,
如今被棕索套住难解脱。
好心的朋友劝我改恶从善另做人,
他们凑足四十两白银为我把罪来洗刷。
好心的朋友越劝我就越难受呀,
我的心好像那蓝靛桶越冲泡越多。
因为我的过错把父母爹娘也连累了,
有如一只粪蛆使一口井的泉水不能喝。
树根断了树木再也难生长,
别了,爹娘兄弟。
此生我造下的罪孽太多,
下世变牛变马我再来为大家干活。

唱完《告别歌》,根据侗族款的规约,即由吴宏庙的血缘亲属(叔伯兄弟)将其带到山上执行活埋的处治。吴宏庙虽然死了,但埋葬他的那座坟墓和他临死前所唱的那首《告别歌》却留了下来。

5. 水淹

水淹是由全寨本房族人将罪犯带到河边,将其手脚捆牢并绑上大石头,然后推入深水潭里活活淹死。《约法款·六面阴规》中说:"如果谁人的子孙,头不识耳,眼不识珠,嘴巴不认兄弟,肠肚不认亲戚。他做公公的去连媳妇,他做兄弟的去连姐妹。依三条规叫姑姑,依九条规叫亲娘;把斧头称锄头,把鼎罐称锅头;要木当竹,要泥当石。扰乱了条规,毁坏了礼俗。今天村人依规来罚,今天寨人依礼来惩。罚他登底,罚他登根。罚他稻田无一垄,罚他鱼塘无一口。牵他进潭尾旋水塘,推他进潭头绿水塘,要他跟乌龟共村,要他跟鳖鱼同寨。"

关于水淹的惩罚,历史上多有具体事例。

6. 吞食乱棍

吞食乱棍，是将犯者捆绑起来并推倒在地，然后让众人用乱棍击之，常有将犯者打死的情况。这种处罚方式，主要用于罪恶严重，民愤极大，态度极差而且其血缘亲属又不愿意自己处置的罪犯。

20世纪40年代，广西三江高定村曾发生这样两个吞食乱棍之事例。一个是吴安钱，惯偷，被处以吞食乱棍之刑，即用乱棍打死。一个是吴钱约，他是款首吴成约的堂兄弟，其兄死后，因偷爱其嫂但又不愿娶之为妻，被处以吞食乱棍之刑。

7. 点艾与火烤

点艾是将罪犯捆绑在木栓上，然后由受害者及其亲族用点燃的艾草塞进罪犯的鼻、耳、眼、嘴里，慢慢将其折磨而死。

另外，还有火烤的惩罚，一般是对那些侵害群众利益、罪恶深重，民愤极大的犯罪的惩罚。实施这种惩罚时，将罪犯绑在木桩上，然后在其身旁燃起大火，慢慢将其烤死。行刑时，一般每家每户都要带上一块木材参与，并向火堂添材。

附　录

五溪林俗写真

龙燕怡　龙民怡

当你在北京故宫游览，赞叹那金碧辉煌、气势恢宏、世界上最大最完整的古代宫殿建筑群时，可曾想到这数人合抱、硕大无朋的楠木或杉木梁柱，有的就来自我们五溪林区？

空口无凭，有史为据——《怀化地区林业志》就这样记载着："永乐四年（公元1406年），成祖缮治北京宫殿，在川赣湘鄂征'皇木'，沅陵主征楠木，靖州征杉木。"

六百年前，这些楠木和杉木曾高耸云岫，给这里的山民以福荫，今天，它们仍以挺拔伟岸的身姿向世人展示其亮丽的风采。朋友，当你双手抚摸这擎天木柱发出啧啧称赞时，是否想到在它们身上浸透了林区人几多情爱、几多汗水、几多艰辛与欢乐啊？

五溪一带是我国南方重点林区之一，这里属中亚热带季风湿润气候，适宜多种植物生长，自古以来便是莽莽林海。

伟大诗人屈原两千多年前曾溯沅水而上，经沅陵、辰溪抵达溆浦。他在《涉江》一诗中做出生动的描绘："深林杳以冥冥兮，乃猿狖之所居。山峻高以蔽日兮，下幽晦以多雨……"好一个高山耸翠、林茂泉清的处所！好一片保存完好的原始森林！

由于自然环境得天独厚，这里的树种资料也特别丰富。有干形通直、气味芳香、经水不朽的楠木；有材质坚硬、纹理美观的檀木；有被誉为古代活化石的红豆杉、银杏和香果树，以及列为国家一级保护树种的桫椤、伯乐树等。近两千种！

这里的人们对树木格外钟情，很早就开始植树了。战国时期，楚地最初建起橘柚之园，屈原曾作《橘颂》名篇，对其备加赞美。据马百非著《秦集史》载，在秦朝时，驿道两旁也植了树："自桂北至全湘七百里，皆长松夹道，秦人置郡县所植，少有摧毁，历代必益补之。"到汉唐，则多植经济林。唐朝"诗家夫子"王昌龄贬龙标时有《送魏二》云：

　　醉别江楼橘柚香，江风引雨入船凉。
　　忆君遥在潇湘月，愁听清猿梦里长。

周围到处都是橘柚飘香，沙洲嘉树一望无涯。到明清时期，除广植经济林外，还大栽以杉木为主的用材林，使此地逐渐成为我国杉木林中心产区之一。

因为这里的人世代和树木相依为命，与它结下了不解之缘，故从植树育林到伐木出山，形成了一系列饶有特色的习俗，极富情趣。读者诸君若有雅兴，不防随我们作一次神游，感受一番林区人的勤劳、勇敢，并领略一下深山林海的美俗醇风——

爱树·育林

　　山行饶逸兴，飒飒起秋风。
　　马足桐荫里，人家翠竹中。
　　闲云浓复淡，野卉绿兼红。
　　探胜无须远，端知楚塞雄。

这是清人秦百里写的《晃州道中》一诗。好一幅山村美景图！怪不得诗人激动不已，发出"端知楚塞雄"的浩叹了。确实，对美好环境的追求和向往，乃是人之天性。试想：如果没有"桐荫""翠竹""野卉"等等，只是光秃秃的山，一片不毛之地，又哪来的"逸兴"呢？而这些浓荫如盖的油桐树，修长茂密的翠竹林，都是山民们辛勤种植的呀！他们栽树不只美化环境，并且惠及子孙，造福千秋。我们从许多脍炙人口的林谚里，不难看出山里人爱树的深情："寨中多栽树，景好人长寿。"当你在弯弯的山道上行走，远远地看见一片茂密的树林，那里肯定有几户人家。俗话说得好："明风水，暗屋场。"山里人的房舍都掩映在绿树丛中，环境幽雅，空气清新。正如古诗所描述的那样：

　　夹岸人家烟树里，辋川图画个中题。

"家有千杉万松，代代不得受穷。"在那高坡高岭上，郁郁葱葱的松树林和杉树林，像是一片绿色的海洋，可爱极了。山里人尤其喜欢栽杉树，它不仅是竖屋造船、架桥做家具的主要用材，还远销武汉、南京等地。无怪林谚说："要想发，多栽杉。"那享有"广木之乡"美誉的会同广坪，至今还保存着一大片人造杉木古树群，足有三百年的历史，令人羡煞！

"家有千蔸棕日子过得宽松松。"于是，在田坎边、路埂上，随处可见一排排长势喜人的棕树伸长着阔叶向人们频频招手。

"桃三李四杏五年，枣子当年就还钱。"屋前屋后，田边地头，都栽起各种果树，每当花开时节，如霞似锦，芳香扑鼻；一到收获季节，真的是"鸟衔枣实园林熟，峰采桧花村落香。"

在靖州，人们还爱栽一种"油核桃"树，不但果实味道甘美、营养丰富，而且可以提炼高级食用油。盈寨有一株两百多岁的油核桃树，高20余米，大三围，一季可榨80多斤油，经济效益多么可观！

此外，人们还总结出不少植树育林的经验，如"栽竹不栽鞭，哪怕栽十年。"栽竹时一定要挖一截竹鞭来栽，才能成活。

"栽棕不垫瓦，一世不得剐。"栽棕树就得在底下垫一片瓦，好让棕树发更多的根须。

"油茶不要肥，一年松一回。"油茶林如不及时垦覆，不但结籽少，而且出油率低。因此，在农历六七月间就得进行垦覆，除掉杂草，保持土地湿润，使茶果得到充分的养料和水分。而这时田中的稻谷已开始泛黄，山上的杂粮也快要成熟，双抢迫在眉睫，但油茶林的垦覆又不能拖延。为了提高工效，抢在秋收之前垦覆完，便形成了"挖茶山"的习俗。

挖茶山时，首先集中二三十个年轻力壮的汉子组成挖山队，由鼓师带领进入茶山。随后，鼓师在一棵大茶树下焚香烧纸起煞安神，把邪魔封在洞里，并祈求神灵保佑"柴刀砍刺不砍手，锄头挖草不挖人"。这时人们早已脱掉上衣打起赤膊，腰系汗巾，手握锄头，在坡脚摆成一字长蛇阵。只听得三退鼓罢，锣声响处，顿时银锄飞舞，大家着力垦覆。鼓师一边敲鼓，一边伴着鼓点唱起了《挖茶山歌》：

哎嗨——
鼓棒一敲亮嗓音，鼓声一响来了神，
锄间舞得山摇晃。土块像翻筋斗云……

大家一边听鼓师击鼓唱歌，一边奋力挖地。盛夏骄阳似火，人们挥汗如雨。鼓师看到这情景，又唱起了《四季行》：

鼓声一响来了神，鼓起阵阵过坳风。
大家边挖边细听，听我唱个《四季行》：
春季里来荡春风，李花白来桃花红；
三月栽树天气好，栽一根来活一根。

夏季里来吹凉风，山上杨梅颗颗红；
要想日子过得好，多栽树木得遮荫。
秋季里来起秋风，天高气爽摘茶桐；
摘了一担又一担，笑在眉头喜在心。
冬季里来北风寒，农闲正好开荒山；
挖好土来整好穴，明年穿上绿衣衫。

有时为了激起大家的热情，就唱起《夸赞歌》：
今天挖山不一般，个个汗水不得干。
××挖土最卖力，好此猛虎下了山。
××落后不服劲，臂膀舞得车轮转。
一心只往前面赶，锄头挖得地皮颤。

受到鼓师的激励，大家精神陡涨、情绪倍增，谁也不甘落后，大声吆喝着你追我赶。这时鼓师一边打着"哦吙"加油，一边使劲擂鼓，只听见锣鼓声、吆喝声、挖土声响成一片，整座油茶林都沸腾了！当然，鼓师深谙"文武之道，一张一弛"的道理，经过一番紧张激烈的竞赛后，又敲起慢板，唱起了轻松活泼的《八仙歌》（略）。这便是《沅州府志》中所记载的"鼓声一起，群歌竞作"之"茶山鼓"。"茶山鼓"大大地提高了工效，经过垦覆的油茶林，更加蓬蓬勃勃。

虽然人们爱树爱得痴迷，但有某些禁忌。如："门前不栽桑，屋后不栽柳。"因"桑"与"丧"谐音，"柳"与"留"音近，柳枝又常用来做挽杖，不吉利。人们爱在院子里栽金桂、银桂、香樟、翠竹、柚子、桃、李、杏等，以示家兴业旺。

棕树、樟树、油桐树和杨梅树，都不许当柴烧。尤其是棕兜，更加忌讳，据说烧了之后，婴儿就不长头发。棕树干直修长，质地坚硬，人们多用来架在水沟上供人行走，叫作"千度桥"，意思是架一座当一千座，等于做了一千件好事。

位于渠水和清水江交汇处的托口镇，是著名的木材集散地，江南上排筏如云，两岸栽有许多柳树用来系木排，称作"桩柳"，人们视之为神树，不许砍伐，即使在旁边小便也认为是一种亵渎行为，会受到斥责。

有的村寨，小孩出生后，不管是男是女，家里的人都要到山上栽十多蔸杉树，名叫"十八杉"。18年后孩子长大，杉木也已成材，结婚时正好用来打造家具。

有些妇女死了丈夫，也要栽杉树，称为"寡妇杉"。杉树则成了她们的寄托与希望。

山里人爱树情真意切，连过年吃"年更饭"也要与果树共享。端午节这天，家家包粽粑，总要先用粽叶包地灰做成一个个粽粑挂在门前果树的枝桠上，并燃香烧纸，还奠些雄黄酒在树脚，祈望果树不生虫，结的果子多又大。

人对树有情，树对人也有义。据说，栽树的人若辞世，院子里的树也会感到哀伤，慢慢地枝枯叶败。因此，在主人去世时，孝家要给院子里的树木和竹子挂上白纸条，谓之"挂孝"。挂了孝，它就不会枯萎了。

封山育林，是保护树木的最好办法。先要敲锣鸣告，叫作"敲封山锣"。封山时，主人先在入山路口最显眼的树枝上扎一些稻草做"封山标"，然后手提铜锣在村子里一路敲一路喊："锣敲三响，大家听着！马颈山坳，已栽杉苗。严禁放牧牛羊，不许砍柴割草。要是撞见，罚钱三吊！""哐、哐"的锣声和喊声，几里外都能听到。因为预先敲了封山锣，发出了警告，谁违犯了，当然就要挨罚。尽管敲封山锣只是个人行为，既没有法律明文规定，也没有通过集体研究，但只要敲了封山锣，大家就能自觉遵守，因为人人都爱树，谁要是破坏山林，便会激起公愤。封山之前，有的人还要办一餐饭，请寨上的人来吃，叫作"吃封山饭"。

除了这种个人行为，还有一些沿袭下来的老规矩。如在靖州平察一带，谁要破坏树木，就责令他家杀一头猪，请全村的人来吃。并当众认错，还要补栽若干树苗。

有的地方，则集体制定乡规民约，将它刻在石碑上来警示。新晃的步头降乡退溪村方田组，至今仍保存着一块完整的封山育林禁碑，碑文这样写道："嗣后须知：树木十年，滋生不易。如有任意砍伐桐茶树一株者，准被砍之家投鸣牌保，罚令栽培50株。若无知妇孩及牛羊践踏者，每折一株亦着罚赔20株，均以栽植成活为算。倘敢不遵，即行扭禀赴县，以凭严究。如该保等隐徇不禀，被人告官，一律议罚勿违。特示。在仰知悉。道光24年冬月合牌遵。

靖州的三锹、麻阳的新营、沅陵的张家滩等地，也都保留着这样的"蓄禁山林碑"。

有些侗族聚居区，则集体制定款约。有一首款词是这样写的：
　　　　向来山林禁山，各有各的，山冲大梁为界。
　　　　瓜茄小菜，也有下种之人。
　　　　莫贪心不足，过界砍树，顺手牵羊，乱拿东西。
　　　　哪个不听，当众捉到，铜锣传村，听众人发落！

山民们最关爱的树，首推"风水树"，真是呵护备至。"风水"是堪舆学的俗称，又名"相地术"。如果剔除其迷信成分，还是有可取之处的。风水先生认为：山脉的走向、水流的去势（地理环境的好坏，也就是风水的好坏），决定当地人的祸福。他们认为地理环境以得水为佳，藏风为美。然而山川形势是固定不变的，总会有缺陷，怎么办呢？例如：黔城是个古老而美丽的小城，群山环卫，碧水长流，像一张网晾在沅江岸边。这原本不错，可是缺少了纲。"纲不举，目不张"，黔城怎能繁荣？于是想了个办法：在对岸的山坡上修了一座宝塔，当作网的纲。这样，黔城就可以飞跃了！而且这座宝塔还为黔城增添了一道壮观的风景。镇上被誉为"楚南第一胜迹"的芙蓉楼中有一副对联写得精彩：

　　　　　　风送铃声穿户至；月移塔影过江来。

　　多么富有诗意呀！

　　云蒸霞蔚的青山环抱着一个生机勃勃的村寨，一条活泼的小溪喧闹着从寨子中穿过，径直流向远方。风水先生顿然跌足道："可惜啊！这流水把这好的风水都带走了。"于是便建议在溪上修一座漂亮的风水桥（即"风雨桥"）把风水关住。风水桥不只把寨子妆扮得更美，还给人们提供了休息游玩的场所，更沟通了两岸的来往。

　　人们除了靠修桥、建塔、造鼓楼、竖凉亭等来弥补生活环境（风水）的缺陷外，最主要的手段是栽风水树，种风水林，因为这毕竟要简便得多。

　　若有一条溪水笔直地对着寨子冲过来，会给人一种心理上的威压，风水先生谓之"进朝水"，凶水也。于是人们就在寨前的河岸上栽一片风水林将它挡住，便可逢凶化吉。

　　山里人大都结寨而居，左进右出。左边的山脉叫青龙，右边的山脉叫白虎。按照堪舆学的说法，青龙必须高过白虎。要是高不过怎么办？那就在青龙脊上栽一片"风水林"，问题就解决了。另外，还要在屋前栽"垫脚林"；在屋后植"龙座林"，在两山的豁口处栽挡风林，以免好风水被吹散；并在水井边、风雨桥头以及坟墓、土地庙、庵堂、寺院、道观等处遍栽常绿乔木，统统谓之风水树。这些高大翁郁的风水树组成一道道自然风景线，把村寨打扮得更加美丽，将寺庙烘托得越发庄严。

　　寨子附近的风水树多为枫树。因为枫树生长快，树干高大而坚韧，一到秋天便枫叶如丹，真的是"停车坐爱枫林晚，霜叶红于二月花"，特别逗人喜爱。《云笈七签》中记载："（黄帝）杀蚩尤于黎山之丘，掷械于大荒之中、宋山之上。其械后化为枫木之林。"山里人大多为九黎之后裔，故植枫树来敬奉。而寺庙等处则多栽柏树，因柏树四季长青，如锥似笔，给人以肃穆之感。古乐府中，就有《青青陵上柏》的名篇。

当然，村寨周围也栽其他树木，但都是高大的乔木。如怀化市中方县的荆坪村口，就保留了七株上千年的古重阳木，其中有两株一公一母的"夫妻树"，繁枝交错，格外挺拔，主干上还长着观音、金蜡、苦楝、刺桐等不同的子树，蔚成奇观。

山民们爱风水树可算是爱得入神了：枯枝不许别，败叶不许捡，只能让它腐烂成为自身的养料。要是谁砍伐了风水树，便会受到严厉的惩罚。如果风水树枯死了，还要请道士来做法事，俗称"打斋"。打斋时，先将树上的枯枝剔除，而后在树下焚香烧纸，坛上摆一碗清水，师公手执法刀，口中念念有词：

> 此水不是凡间水，九龙坛前好法水。
> 日流万国九洲，夜流五湖四海。
> 今日流到弟子碗中，乃是避邪之神水。
> 神水一洒天地开，神水二洒驱妖祟。
> 神水三洒长新根，神水四洒枝叶翠。
> ……

据说经过打斋，枯树就会获得新生。打斋完毕，人们还要在枯树旁边栽树，栽树时要插一块牌子，告诉大家这是风水树。有的还在旁边架三块大岩板竖一个TT形的土地屋，谁要是破坏树木就会因冲撞土地菩萨而遭受灾难。在插牌时，还要进行一番诅咒：

> 我今来此方，借地栽心香。
> 哪个要把心香砍，男当流氓女为娼！

从咒语中，不难看出人们对破坏者的痛恨。而把风水树比作心香，则更加可见纯朴的山民对树木是何等的一往情深！

由于千百年来人们对风水树爱护备至，那一片片参天大树把他们的生活环境装点得分外妖娆。尤其是那些名山古刹的千年老树，常引得文人墨客诗兴勃发，留下了不少佳作。如清朝诗人张日仑有一首写舟行辰溪的《过丹山寺》云：

> 百尺峰腰锁寺门，傍江云树日黄昏。
> 瀑翻绝壁披长练，松倒悬崖露古根。
> 怪石欲飞山作石，快船初过水留痕。
> 茫茫路转钟声远，犬吠鸡鸣又一村。

其中就有两处描绘了古树之美。还有清人吴政乾写晃县的《龙兴庵古树》，更加细致传神：

半里村前署上方，周围老树色苍苍。
岁寒饱历风霜久，古寺重生琥怕光。
望去林梢烟缥渺，人来禅室意清凉。
欲询年代知谁纪，百尺龙门共比芳。

靖州人把千年枞树万年杉叫作"格木"。家中若有一块格木，便视之为宝物，认为可以避邪；放在床上则蚊虫不敢拢身；搁进碗柜饭菜不馊；用来做棺材尸体不腐。要是松杉埋在土中年深日久，挖出来的就叫"阴沉木"。清代文学家袁枚在《新齐谐·盘古以前天》一文中曾这样记叙："相传阴沉木为开辟以前之树，沉河浪中……其色深绿，纹如织锦，置一片于地，百步以外蝇蚋不飞。"简直神奇得很！一百多年前，在晃县舞水河的象鼻子塘就发现了一根大阴沉木，张日侖还为此写下《阴沉木》一诗以记其事：

八月江边山倒圯，象鼻塘中清见底。
中有大木绿阴森，是楠是梓安可拟。
未知生长几千年，沉没泥沙不能起。
爰驱工匠水中泅，绳牵索系劳无比。
勇往从事百余人，出没波中颇有沘。
费尽平生无限力，千回百转方出水。
大可十围长百尺，拖至江干来净洗。
以手掐之坚如铁，以刀削之色尽紫。
识者知为阴沉杉，数千年后乃如此。
此物当为灵秀钟，地不爱宝神所使。
世间大材岂易得？一旦得之良足喜。
……

俗话说："千年古树不乱倒，万年岩坎不乱崩。"要是神树突然枯死或被狂风吹倒，也要请师公打斋，"安地脉龙神"，以保一方平安。

从前，山民们奉千年古树为神明。要是哪家小孩多灾多病不易抚养，则认为是命里犯了关煞，就去拜寄神树，在树前焚香烧纸进行祷告："千年古树大王，信士跪前祈祷：因小儿××命犯关煞，无方保障，是以诚心拜寄尊神位前，祈保长命富贵，易养成人！"有的还用红布或红纸写下这些话贴到树干上，认为把小孩子交给树神寄养了，凶神恶煞就不敢来侵犯。此外，还有求嗣的以及求保平安的，等等。总之，他们把千年古树当作能够救苦救难的神灵，这是自古相传的陋习。唐朝诗人王建有一首《神树词》就这样写道：

> 我家家西老棠树，须晴即晴雨即雨。
> 四时八节上杯盘，愿神莫离神处所。
> 男不着丁女在舍，官事上下无言语。
> 老身常健树婆婆，万岁千年作神主。

数千年来，山里人用深挚的爱浇灌出许多千年古树，有的至今仍然生机勃勃，雄风依旧。如芷江岩桥乡小河口树那一株两千年的古重阳木，树高16米，围大11米多，树冠面积206平方米，虽树干已空，却枝繁叶茂，浓荫覆地，气势参天，"苍苍古树烟笼密，霭霭祥云翠盖低"，故成为"杨溪云树"的胜景，令人啧啧称羡，并招引游客进入树洞玩耍，或在其内饮酒放歌。芷江新店坪镇的海水岸边，还有一株高大的古树，每当洪水到来之前，树上就红光闪烁，当地人深感怪异，视为"神树"，四时祭拜。后经科学家考察，原来是栖息在河边草丛中的一种通体红色的小虫，非常敏感，获知洪水将临，就都飞到这棵大树上去避难，故而形成了这道异景奇观。新晃侗族自治县新寨乡坝坪哨村，有一棵千年红豆杉，每当盛夏，树冠上骄阳似火，枝叶下则细雨霏霏。与新晃紧邻的贵州万山特区黄道侗族乡蚂蟥村溪边，长有20多株不甚高大的奇树，因一开花就必下雪，故山民以"雪花树"名之。诸如此类，不胜枚举。

伐木·拉厢

怀化的木材外销，在元代就有了记载：天历元年（公元1328年），常德府同知领价款来会同选购杉木，作额办解京的桅木，此后，明成祖营建北京宫殿，遣尚书侍郎师逵到辰州来征楠木；嘉靖三十七年（公元1558年），湖北分守道（治沅陵）游震得绘《采木山险图》上书朝廷，陈述采木之难，朝廷不理，继续征楠木（沅陵的楠木，始建于唐贞观年间，至今仍耸立在沅水之滨虎溪山麓的著名古刹龙兴讲寺，风采依旧，殿中12根楠木大柱尚完好无损，已成珍贵文物）。至清代时，沅水两岸的大楠木已被砍伐殆尽，以采杉木为主，其次是松树。因为"杉木之利，不烦自种，每砍伐后，根之周围萌蘖丛生，不数年间，青莎弥望，松则飞籽成林"（《沅陵县志》）故杉木与松树资源丰富，绵延不绝。杉木树干通直，材质优良，下水不沉。过去交通不便，多靠水运。这里曾一度成为全国杉木林中心产区。

杉木分油杉、芒杉两种。油杉质量更佳，气味醇香，耐腐不裂。会同的杉木因盛产于广坪，故号称"广木"。1958年，林业部把广木样品作为"国木"赠送给苏联、印度、越南、南斯拉夫、捷克斯洛伐克等国。油杉在沅陵则叫"辰杉",在汉口木材市场上被誉为"南方木材之冠"。因其经久耐腐,历代王公贵族常用来制作棺木。据《湖南工业概况及展望》一书载:原省人民政府主席程潜弥留之际,要求批四个立方的辰杉做棺木,可见辰杉之名贵。

杉木经沅水运入西洞庭湖,外地人称为"西湖木",质量上乘,极为抢手。大批木商纷至沓来,有的在沿河城镇坐点收购,称为"水客";有的直接进山向山主购买,叫作"山客"。

山客向山主圈购木材,谓"买青山"。买青山时,山主先带山客上山看树讲山价,俗称"踩山"。山客都是经验丰富的"里手",先从山脚往上看,看树蔸的大小与密集程度;然后到山顶察看山脉的走向与面积,就能大致估算出树木的数量以及质量的好坏。再看看山势和路程远近,综合采伐与运输的成本,便可得出大体的山价。山主对自己的山林当然了如指掌,通过一番讨价还价,最后达成共识,就签订了买卖青山的契约,山客便可以请人来采伐了。

伐木多在夏季进行,但有的地方也在秋末冬初采伐,这时杉皮收浆、木质紧密,既不易开裂,又不会生虫,人称"桂花木"。不过杉皮很难剥落,要用刀刮削,费时费力。而夏天采伐就不同了,林谚云:"四月日头晒熙熙,杉木流油要脱衣。"这时杉皮易剥,表面光洁,叫作"禾杆白木"。虽材质不如桂花木,却省工省时。杉木皮又是山里人盖屋的好材料,不只用来当瓦遮雨,还可夹壁挡风。

从采伐到运输,整个的作业流程是:夏剥、秋砍、冬盘山、春夏流送。

山客雇请的采伐工都是当地山民,称为"木佚子"。他们农忙务农,农闲务林。

进山前,山客要办一桌丰盛的筵席款待木佚子,名叫"开山酒"。吃了开山酒,就由领头师傅带领着,挎柴刀、提青山斧、挽棕绳进山。进山后,便在一棵最大的树底下敬山神,由领头师傅主祭:在树下用石头架一个祭坛,燃香烧纸,口中念念有词,意思是祈请神灵保佑,不出工伤事故。接着杀雄鸡一只,将鸡血涂在树干上,并贴几片鸡毛,就算祭祀完毕。这棵历代保存下来的大树,要永远保留下去,不许损毁。如果采伐量大,又是在距离村寨较远的大山深处,就得"坐山采伐"——在山上搭棚子,吃住都在工棚里。棚子一般选择在地势较平坦、附近有泉水的向阳避风处。工棚搭好后,领头师傅要杀雄鸡"起水安煞",其意是不许毒蛇、猛兽来捣乱。当天"吃进棚酒"时，雄鸡就成了木伕子们的美食。

过去采伐一般采用"择伐"，只选大的砍，把小树留下，以保青山常在，叫作"抽壮丁"。在搭棚这天，领头师傅先去山抽壮丁，将需要砍伐的树木用几根稻草捆在树干上做个记号。山里人很珍爱杉木，称它为"金条"，故也叫"捆金条"。需砍多少，就捆多少金条。

第二天早饭后，就由领头师傅带队前去采伐。因为砍树很危险，常出现伤人事故，所以领头师傅清早一起来便在棚门口插三炷香敬神，口里念道："山神保佑，百做百顺！"另外还有一些禁忌：要是早饭煮成了夹生饭，这一天就不能进山；不能讲不吉利的话；更不许吵架。否则，这一天也不能出工，违犯者要罚一天的工钱。进山之后，还不许吹口哨，不许烧山火，不许打"哦吹"，认为这样会招风惹祸。若老鸹或者鸟雀、毒蛇迎面而来，更是凶兆，砍树要特别小心。

砍第一棵树时，领头师傅先要在树下安山神山地，念道："一请宗师，二请祖师，三请三元六度师。化吾身为白鹤仙人身、鲁班仙人身。南风起来北方退，东风过来退西方，无风无影，百做百顺！"念完之后，就由领头师傅把这棵树砍倒。杉木放倒时，领头的要大喊一声："金条落地，万事顺遂！"接着，大家便分头找到捆金条的杉树，先从腰后的刀挎里取出柴刀，把周围两三尺内的杂草修干净，叫作"清堂子"。又用柴刀在一人多高处将树皮砍一圈，把树脚也砍一圈，再用刀尖对直将杉皮划一道口子，剥下整块杉木皮，名曰"脱裤"。然后把四五尺宽的整块杉皮放在地上，用石头压平，就成了"杉皮瓦"。

砍树前，先要确定树的倒向。如果是"放洪"撬送，则让树尖朝山上倒，谓之"顺山倒"；要是"拉厢"运送，就使树尖横着倒下，树蔸朝厢道方向，叫作"横山倒"。要观察好树枝的密度以及旁边小树的分布情况，还要弄清风向与风力大小，做出正确判断之后，才决定在树干的什么地方开斧口，什么地方放"倒山斧"。若是判断失误，树木不按指定的位置倒下来而搁在一株小树上，称为"倚门望"，这就非常危险了。俗话说："大木怕小撑，富人怕光棍。"那根大杉木上不着天，下不挨地，摇摇欲坠，谁也不敢拢边。要把这根大树放倒，唯一的办法只有砍倒那根小撑木，这可是"虎口拔牙"呀！不过木伕子中总有那些吃了豹子胆的勇敢后生，他们就敢于"放撑"。你看他不慌不忙，先砍开一条安全退路，而后手执开山斧走近小树，确定斧口位置后，一边抡斧砍树，一边观察头顶上树身的动静。旁边的人全屏声静气，心都提到嗓子尖上了！只听得"笃、笃"的砍树声连续不断，四周显得格外寂静。那大树身子像一根丝线吊在头顶，随时都有可能砸下来。说时迟那时快，忽听得"嘎"的一声脆响，小树被砍断了，紧接着，"哗啦啦似大厦倾"，那根大杉树也裹挟着一般狂风猛扑下来。这时，年轻能干的木佚子早已纵身一跃，躲过盖顶而来的大树，跳到了安全地带，化险为夷，胜利完成了任务。

如果大树砍断了却倒不下来，俗称"树王坐殿"，就更加危险；要是大树的身子打着旋往下倒，则叫"鬼扯脚"，那才吓人呢！因此，砍树时常有工伤事故发生。为了安全起见，人们多用"懒上树"的办法来对付：在棕绳的一头系一个铁制飞爪，木佚子站在倒树的方向，把飞爪用力甩向树梢，将枝干钩住，倒山时一人拉棕绳、一人放倒山斧，这样就能使大树避开小木的阻挡而倒在指定位置。当然，使用"懒上树"要有高超的技巧和过人的臂力，否则就懒不得，只有忍着那杉木刺饬手饬脚的疼痛，爬上树去系棕绳了。

砍树一般是从山顶往山脚砍。只听得"笃、笃"的伐木声，哗哗的倒树声，原本寂静的山林顿时变得热闹起来。一天一人要砍三四根树，约一个"两码"。这一片山的树砍完后，山客要办"散棚酒"酬谢木佚子，并结算工钱。杉树砍倒脱衣后，任其在山上晾干，也不必派人看守，按照以前的规矩，谁也不会来偷盗，行话称为"万两黄金夜不收"。放到冬天，再找人来"盘山"搬运出山就行了。

盘山异常辛苦。虽然杉木在山中躺了几个月已经干透，但那些大木仍重约千斤，又有四五丈长，加之山陡路险，要盘出来确非易事。山里人砍树来竖屋、架桥做家具等，称为"用木"。用木数量不多，山里人又有"讨活路"（请人帮忙）的习惯，多找些人抬出山来就是。而山客来买"客木"，动辄上百个两码，跨沟过涧、路途遥远，如果采用这种蚂蚁搬家的方式，只靠肩膀去抬，费工又耗时，待木头运出山来，已是"豆腐盘成肉价钱"了！于是，聪明的木佚子们便想出了"拉厢"的好办法。

拉厢先要扎厢道（悬空运木的栈道）。扎厢道的工程比较大，需根据山势与地形先用木料搭"马脚"（即支撑木），再在两个马脚丫上扎横筒木，并在横筒木的两端一边绑一根厢道木，然后在厢道木上捆上杂木做的横担木就成了。每个接头处用山藤或竹蔑结实捆绑，并钉入木楔使之牢固。厢道宽四尺左右，马脚低于两丈的叫低厢，高于两丈的叫高厢。厢道顺着山势跨坎越沟、环山绕寨逶迤而下，有的长达十多里。当厢道从农田经过时，只要铺两根厢道木便可直接运行。谚语云："开田树让土，拖木田让路。"架厢难免损坏庄稼和田埂，按规矩给田主补偿些费用就行了，绝不会引起麻烦。

　　拉厢仍然请当地的木伕子。他们在领头师傅的带领下，肩着扒杠、背着钉牛进山。扒杠长五尺，有手臂粗细，由坚韧的山茶木或檀木做成，两头上有铁箍，被汗水浸渍得红彤彤的，油光闪亮。钉牛则是在一颗大铁钉上套一个小铁圈，再把一根粗大的棕索从中间穿过去。

　　如果坡太陡，厢道就只架到坡脚。这时须派人上山，把树木梭下坡来，叫作"放洪"（也有的地方忌讳"洪"字，因与"红"同音，有出血之嫌，改称"放溶"）。放洪时，先要从坡顶往坡脚挖一条笔直的洪道，然后把杉树尾巴砍掉，再把杉木移到洪道边，各自用撑棍撬拨，俗话说得好："四两拨千斤"，不费多大的劲，那根杉木便慢慢地向下滑动。当杉木一进入洪道，就越滑越快，只见沙石飞溅，杂草急伏，杉木发出隆隆的吼声，似一条飞舞的金龙向坡下冲去，气势磅礴，好不壮观！

　　杉木放到坡脚之后，要一根一根地抬到厢道边"归堆"。在没有陡坡不能放洪的地方，也要一一剁掉树的尾巴，将它抬到厢道边归堆。等所有的杉木都归了堆，就开始拉厢。

　　拉厢之前，领头师傅要给大家分配好拉厢位置。一把钉牛两个人，如果有20把钉牛，则需40个人参加拉厢。若从山上到目的地有100根厢道木（称为"一百板"），就将这20把钉牛分成20个地段，叫作20拨。从归堆上把木头抬上厢道，名曰"起拨"。起拨的劳动强度大，得配两把钉牛。到达目的地后，说把木头从厢上抬下来码在沙滩上，谓之"堆码"，也要配两把钉牛。有的地方须拉上坡，叫作"扯上"，要花大力气，这一拨也非用两把钉牛不可。还有的地方要转大弯，称作"磨盘"，危险性大，也得配两把钉牛。剩下的则按难易来划分段落，哪一拨从什么地方起，拉到什么地方止，都固定好，称为第几拨。

　　因为拉厢有难有易，到底谁该拉哪一拨呢？别无他法，只好沿袭老规矩：拈阄。领头师傅先取下头帕扯开拉直，又解下肩上的巴肩放在地上，从树上摘下20片树叶，再将每片树叶掐作两截，一截放进覆着的巴肩下，另一截入在头帕上卷起来，放一截卷一截。卷好后，一把钉牛来一个人，伸手在巴肩下取一截树叶，领头师傅最后拿，然后当众把头帕翻开。当翻开第一截叶片时，大家就拿出手中那半截叶片来对，对上了就是第一拨；再继续翻头帕，出现第二截树叶时，大家又来对，对上了是第二拨。像这样一直翻下去，俗称"翻螃蟹"。这是最公平的分配方式，即使分到最艰难的拨数，大家也心甘情愿，正是："螃蟹两只鳌，捉到无法逃；螃蟹八只脚，碰到不得脱。"谁要你手气不好？"好汉阄下死"嘛！分拨后，大家就到指定的地点去等候。

第一、二拨首先到归堆地地方用扒杠的一头将钉牛筑进杉木里，喊一声号子："齐着力哟——""嗨左"将那数百斤重的杉木抬起来，再合着"哟嗬——""嗨左"的拉山号子，步伐一致地把杉木抬上厢，然后再取下钉牛。这时第三拨就赶紧上来，把钉牛筑进杉木头，两人一手抓紧棕索，一手攀着机杠，把杉木的一头抬离厢道一尺多高，身子向前倾，用力拖着杉木在厢道上赤脚行走。厢道木一边只用一根杉木铺设，只有高厢为了安全才铺设两根。他们是在一根独木上行走，每一步都得小心翼翼。两个人要互相照顾，用力均匀，弄不好就会被扒杠推下厢去，跌下几丈深的沟坎，"不死也要脱层皮！"所以得格外小心，千万别踩滑脚或踏虚步。尤其是拉高厢，下面是幽幽深壑，荆棘剑立，乱石嶙峋，实在令人担忧。但木佚子们都是拉厢的好手，在独木上走惯了的，他们神色自若，如履平地，高兴时还唱起《拉山歌》：

　　太阳出来暖洋洋哎——海左！
　　拉厢汉子走忙忙啰——海左！
　　金条卖到汉口去呃——海左！
　　给妹买套花衣裳哦——海左！

要是遇上大木头，则要增加两三把钉牛，大家一起唱拉山歌，那才热闹哩！

拉厢最累的要数"扯山"。有的地方为了缩短路程，厢道不得不往坡上走。往坡上拉木特别费劲，木佚子得俯下身子、双脚蹬着横担木猛力向前拉，尽管北风呼啸，仍然拉得大汗淋漓。当然，拉下坡也并不轻松，要是坡度太陡，身子还得向后仰，两只脚使劲抵住横担木，一步一步往前移。如果脚步不稳，或者前脚没有顶在横担木上，后脚就支撑不住，会顺势坐了下去。这时杉木失掉了控制力，就会轰隆隆地冲下来，把人扫下厢道去，极为惊险。

"拉磨盘"比这还要厉害。厢道急拐弯处叫作"磨盘"。为了减少危险，这里的厢道扎得宽些，相当于别处两个那么宽。杉木在转弯时由于树身太长，大部分悬空，重心后移，弄不好就往下掉，会把人弹下去。因此，过磨盘时一般要用两把钉牛，一前一后。抬后面那把钉牛的人得密切注视前面，好掌握转变速度的快慢，或停或走，随时得向前面的人发出指令，行话叫"催牛"。如果判断不准，就会把前面的推下厢去。所以，转磨盘时千万不能粗心大意，要特别小心。若是拉大木料，则需增加到三四把钉牛，因之在转磨盘时就有一把钉牛悬空。于是这两个人便迅速坐到悬空的木头上去，一手抓紧"牛绳"，一手攀牢扒杠，两只脚吊在空中，晃晃荡荡地从高崖深壑一掠而过，人们称之为"坐盘"，又叫"骑龙"。如果没有熟练的技术、非凡的胆量，谁敢冒这种险？有一首《拉山号子》这样唱道：

磨道弯弯转得急，劝郎千万要留意。
胆大骑龙又骑虎，胆小只骑抱母鸡。

艰苦的环境磨炼了山里人，即使是那些如花似玉的姑娘，也有着超人的胆量。在劳力缺乏的情况下，她们也会毅然挑起木伕子的重任。当她们拉着长长的杉木在五六丈高的厢道上行走时，远远望去，就好像是玩杂技的女演员在走钢丝。当你听到那清亮优美的号子声悠悠传来，举头凝望，会备感新奇，不禁瞠目结舌，深为叹服！

赶羊·放排

当杉木运抵溪边的沙滩上"堆码"后，山客要通过"转码"来计数。即用一根三尺长的篾尺在木头的五尺处围量，三尺为一个"两码"，将近一个立方，叫作"龙泉码"。接着用墨作"号记"，然后用一把特制的斧头"打斧记"。斧头上錾有山客的姓氏和地址。斧记有的呈三角形，有的呈长方形或椭圆形。只要举起斧头在杉木的头部与腰部各敲两三下，就清晰地显现出来了。打了斧记，流失后便于寻找，即使同其他山客的木料混杂在一起，也能辨别。

等到春天桃李花开的时候，春雨绵绵，溪河涨水了，叫作"发桃花汛"。俗话说："易涨易退山溪水"，溪里的水涨得快退得也快，这时得抓紧时间把木料放进溪水里流送出去，叫作"赶羊"，也有称作"洗溪""洗木"或"金龙戏水"的。刚开始发大水时不能赶，水势太猛，溪水又退得快，木料容易搁岸，要待水势稍缓才行。赶羊时，先要派人到下游小溪出口的迴水湾里去"打拦河"，也就是用竹缆将几根杉木连起来把溪拦断，再将竹缆系在岸边的树上，目的是把赶下来的"羊"拦住，不让它跑进小河里冲走。打好拦河，就可以赶羊了。

赶羊时，先把木头一根接一根地顺流放进水里，叫作"放羊"。其他的人，每人拿一根五尺多长的扎篙，各负责一段水路，让木头在这一段水路上顺畅流行，叫作"赶羊"。杉木虽然下水不沉，但由于材身太长，有时要打横，有时要冲上浅滩，有时还会跑到迴水湾里去。这就忙坏了赶羊的，手持扎篙跑上跑下，时而冲进溪水里，抽出腰背后的柴刀，用刀尖扎进杉木头，将打横的杉木拉直推进洪道中；时而又跑上岩坎，挥起扎篙把搁浅在岸边的杉木抓住拖进洪道里。为了防止杉木跑进迴水湾里出不来，还要放几根杉木去挡住，让它进入水流湍急的溶口，叫作"拦溶"。

赶羊十分辛苦，一点也松懈不得。只要稍微停顿一下，上面那断流下来的木头就会突然间被一根打横的杉木挡住，挤挤挨挨地越聚越多，想理顺要花很大的力气。于是只好提着扎篙在沙滩上来回奔跑，连气都不敢喘一口。怪不得俗话说看牛得坐，看马得骑，看羊跑脱脚板皮。流送杉木又何尝不是如此？"赶羊"，这叫法多么贴切啊！

木材集中到了溪口，就要扎排流送。因为小河水面宽、河水深，如果"羊群"乱跑，便无法收拾。

由于人们爱树爱得深，将它称之为"宝"，所以扎排也叫"扎宝"。扎宝前，先要打水眼，也就是在每根杉木头上约六寸处用尖嘴斧挖一个方窟窿，然后用一根坚韧的杂木棒穿进窟窿里，一般是连穿五根杉木，再用木楔扎紧，连成一个整体，这就成了排头。排头要上扬，以免撞击河底的岩石，故这根杂木棒称为"翘木"，或者叫"撬木"。

撬好排头后，在排中两侧的杉木上，一边要安一个木桩，然后用坚韧的倒钩藤或竹缆将两根桩子缠连起来，横在排上的藤叫苋藤，这就是"底排"。再把树尾朝前，在底排上放九根杉木压在苋藤上，并用倒钩藤捆好，这就叫"一挂排"。因为底排上又压着一层木料，像披着蓑衣，故称"蓑衣排"。这挂排前窄后宽。前头窄，便于抢溶口；后面宽，能使排平衡行进。在小河里，蓑衣排可以像箭一样飞驶。

小河放排，一般只用一根一丈二尺长的排篙。有的为了更好地驾驭，还在排间安一把棹。棹是用杉木树尾削成的。形似大刀，排工们称它为关公的青龙偃月刀。

莫看小河小，它的脾气却比大河更暴躁。滩陡、弯急、溶窄、水猛，乱石如林，危机四伏。清代文学家赵翼有一首《舟发舞阳》诗，生动地描写了舞水河的险况：

溪河本非河，其始盖山麓。
为水所冲荡，泥去石骨竖。
石多遂成滩，节节骇机伏。
急流方奔腾，一束起怒瀑。

> 狭或尺二三，高或丈五六。
> 可怜上滩者，力尽一篙竹。
> ……

在小河放排，因排体庞大，比行船更难，故多请沿河一带的老排工来放，一个人放一挂。据说排工奉八仙之一的张果老为祖师，人们呼之为"排果老"，或称"排古佬"，后者更常用。

"近水知鱼性，近山识鸟音。"他们生长在河边，深谙水性，又熟悉河道，什么地方有"喊天岩"（水下突兀的石头），什么地方有"打油岩"（水面及岸边的巨石），均了如指掌；该怎么避岩，怎样抢溶，如何飙洞，心里都有数。

开始涨大水时（俗称"发头水"）不能放排，因为水势太猛难以驾驭；水太小也不行，容易搁浅。要等大水退后几天，水呈绿豆色勾最佳水位。

放排的头一天，山客要宴请排古佬，叫作"打开江牙祭"，并祭祀祖师张果老，还有河神杨公老爷。关于杨公，《靖州直隶州志》载："公黔阳托口人，兄弟三人平苗有功，殁后勒封为神，辰、沅、靖皆立祠祀之，又封镇江王，不知所据。靖祀庙凡有二：一在土桥，一在江东浮桥头，系雍正间新建，金碧巍峨，乃渠江胜观。"而民间传说的杨公却是箭射皇帝的造反英雄，后被官军杀害，成为水神。傩戏《降杨公》里唱道：

> 下水船只叫动我，顺风相送过洞庭；
> 上水船只叫动我，缆索坚牢滩上行。

他是排工们的护卫神，因此沅水上游一带都建有杨公庙。

山客在酒宴上殷勤敬酒，并将工资一次付清，另付"路途费"（沿途的食宿费）。排工安排好家里的生活后，第二天一早就启程。先在河滩上烧点纸敬祭杨公老爷，祈求行排顺畅、无凶无险。祭毕，就手持排篙、肩背褡裢（里面装有粮食和衣物）、腰挎柴刀，身上只穿条短裤，猛地一跃便上了木排，随即用篙子往岸上一点，那排头就缓缓地离了岸，从此踏上了与险滩恶浪顽强博斗的风雨征程。正如一首《放排歌》所唱的那样：

> 太阳出来一点红，罗成打马过江东；
> 手提一杆点钢抢，五湖四海逞英雄。

另一道《排工谣》则将排工们刻划得更加形象：

> 头戴金盔闪闪亮，身穿铠甲赛秋霜；
> 跨下一匹黄骠马，破阵金枪手中扬。

排古佬驾着这一匹无缰的烈马，双手挥篙，一下刺入水中，一下点向悬崖，忽左忽右、东打西藏地往前冲杀。那凶恶的水浪被激怒了，一下子把木排拽入水中，一下子又把木排抛出水面，忽而水浪又立将起来砸向排古佬。然而排古佬却毫无惧色，摇头甩掉脸上的水珠，脚站陡脚木，用马步站立排头，奋勇挥篙杀向前去。由于木排又重又长，转动不灵，加之小河滩浅溶窄，因此排古佬不但要有过人的臂力，一篙点去便使排头移到预定位置，并且出手要猛收篙要快，有时要连点数篙才能使排头进入洪道。排古佬非得眼明手快、技术娴熟。这一篙该点在前方什么位置，点在哪一块石头上，都要预先看好，出篙才能稳、准、狠。要是篙子没有点在岩石上，让铁篙嘴戳进泥沙里，不能随即扯出来，那就麻烦了！因此，只要一篙失误，排头就会冲出洪道而搁在浅滩上。排古佬只有气得一边骂娘、一边跳下水去拼命掀排头了。

排古佬还必须熟悉水中的岩石情况。要是不小心，一块尖尖的喊天岩戳进底排缝里，就被"挂岩"了。这时木排好像钉了钉子，一点也动弹不得，那就越发麻烦。如果岩头戳得不深，还可以用"放仗"的办法来解救：从蔸藤上取下三根木头绑在底排一侧，把它横放在洪道里，让河水猛烈冲击这三根木头，或可将底排拖出喊天岩。倘若这个办法行不通，则另用称秤的办法：摆一根木头在水中作支点，再插一根木到底排下往上撬，利用杠杆原理把底排抬离喊天岩。假如这样还不行，那就只有无可奈何地把底排的翘木取出来，拆散后重新编扎了！

排古佬每天在无遮无盖的河道上奔忙，顶烈日冒风雨，一下子跳进水里掀排，一下子爬到排上撑篙，身上没有一根干纱，难怪他们要赤身露体，个个身上都晒成了古铜色，闪着油光，连河水和雨水洒在身上都会自动滚落下来哩！有一首放排歌这样唱道：

　　脚踩木头手拿篙，朝日扒排水上熬；
　　一阵太阳一阵雨，淋得脑壳臭尿骚。

从这首歌瑶里，不难看出排古佬生活的艰辛！饿了，便坐在岸边的岩石上，从搭裢中取出酸菜饭团，就着泉水狼吞虎咽；天黑了，则将木排系在岩边的树下，穿上衣裤，扛着排篙，到附近人家去借宿。排谚云："千两黄金，路途过夜。"要是不小心打烂了排，即使是摸黑，也要在河湾里把排扎好才能上岸。

排古佬的生活岂止艰苦？还险象环生、屡遭危难哩！有的村寨为了过河方便，常在浅滩上架起简易桥：在河中的洪道上做两个低矮的木架，两头各放三根杉木，在露出水面的石头上连接起来，人在上面行走时杉木便拍打着水面，发出啪啪的声响，称为"踏水桥"。当木排经过踏水桥时，因桥面太矮，人难以钻过去。等木排刚一接近，排古佬就手握排篙后退几步，纵身跳上桥面，待排头从桥下穿过去后，才再一次跨到排上去。飙踏水桥不但要有很好的弹跳力，一下就跃上桥去，而且落下来后还要稳住身子。如果用力太猛，身子一朝前扑，就会滚下桥去。而这时排头尚未穿过桥来，当你挣扎着从水里爬起，那排头正好冲过桥迎面扑来，犹如泰山压顶，如何抵挡得了？

"抢溶口"更是怵目惊心！溶口多为河中或岸边的巨石阻挡水流、经过千百年冲击而形成的狭窄湍急的洪道。俗话说："船飙一丈，排飙一望。"老远一看见溶口，就要趁早把排头调正，沿着上洪（洪道外侧）走。一接近溶口，则须奋力撑篙，让排头避开巨石。当排头抢入溶口时，就要使劲挥篙点向巨石。只听得"吱"的一声脆响，那排头擦过巨石很快进入洪道，河水也跟着发出阵阵咆哮，浪花四溅。排身挤进溶口后与岩石碰撞，发出巨响，并剧烈摇晃，在急浪中时隐时现，多么惊心动魄！要是抢溶用力不够，或点篙失误，有一两根排头木闪避不及，就会"轰"的一声撞在巨石上，翘木马上碰断，苋藤立刻蹦脱，整座排便全部散架，登时被冲得七零八落，人也跌入水中。那些杉木横冲直撞地漂过来，常会引起伤亡事故。不过那些技术高超、勇敢机智的排古佬是胸有成竹、无所畏惧的。当木排一冲向溶口，如果无法扳正排头避开巨石，就干脆让整个排头对准巨石撞击，叫作"打油"。此时排行似箭，冲力无穷，只听得"呼"的一声响，那排头正好撞在巨石上。尽管冲击力很大，但因受力均匀，坚韧的翘木不会碰断。排古佬在排刚停住的一刹那，便挥篙点向巨石，把排头撑开。木排经过撞击后减速，就缓缓进入洪道，终于化险为夷！

"打油"是非常危险的，万不得已才斗胆为之。木排撞向岩石的瞬间有着千钧之力，反弹力也极大，假如没有过硬的本领，就会被弹向空中甩进洪道，或因为惯性使身子向前倾而一头撞在岩石上，那就惨了！而且只要稍一失误，便会打烂排。

打烂排行话叫"打滩"，既惊险又辛苦。打散了的木头东一根西一根地顺水漂流，一个人跑上跑下，像赶羊一样。赶到下面的静水潭中后，还要一一拖到岸边重新安翘木捆苋藤撬排。好在岸边坡上有的是杂木和倒钩藤，上去砍就是。也有预先就准备好了放在排上的。排古佬手拿柴刀叮叮哐哐，要大半天才能弄好。

还有最危险的，那就是"飙峒"。小河不只滩陡溶窄，有的地方落差也很大，河水从几丈高的岩滩上直泻而下，像一道大飞瀑震耳欲聋。下面是碧绿的深潭，排古佬称之为"峒"。而驾着木排从岩滩上俯冲下深潭，就叫作"飙峒"。飙峒前，排古佬要把木排调整好，挂好棹。当排头接近陡滩时，迅速退后两步，双手举起排篙，猛力将铁篙嘴扎进底排正中那根大杉木上，让排篙钉稳，然后双手抓住排篙，身子略蹲并前倾，站稳骑马桩。这时那湍急的河水疯狂地吼叫着把木排举了起来，朝数丈深的潭中掷去，只听得"轰"的一声巨响，立刻激起一条白色水柱，倏忽之间，那木排早已飞身而下，连同排古佬跌进了深潭。俄而，便见排古佬驾着木排好似金龙戏水般从水中冒出来向前冲去。谁知前面不是洪道而是岩坎，这时抽篙已来不及了。排古佬虽经这蒙头一击，但临危不惧，仍然镇定地伸手抹一把脸上的水珠，急速跨前两步，扬起那把"青龙偃月刀"奋力击水扳棹，让排头避开岩坎而进入洪道。谢天谢地，飙峒又成功了！

经过几番历险拼搏，排古佬终于突出重围，驾着木排驶进了大河。望着这宽宽的河道、缓缓的流水，顿觉轻松了许多，不禁长长地吁了一口气。一见到河岸边那些穿红着绿、洗衣淘米的娘女们，更觉得激情陡涨、喉咙发痒，便迎着河风唱起了《挑逗歌》：

排古佬的本事高，骑起金龙水上漂；
金条卖到汉口去，买回花布送给我的姣。

歌声刚落，便招来一阵笑骂，排古佬好不高兴哟！

当木排从小河里放出来后，就把它集中到沿河的县城或者大集镇，叫作"投行"，也就是交付木行，以后再售给汉口、江浙一带的水客。

康熙38年（1039年），辰州知府在沅陵城郊验匠湾设木关征收木税。据《乾隆靖州志》载："在乾隆11年（1746年），靖州就有两家商号请领牙牒开设木行，"牙行税共二帖，纳税银一两九钱。"木行要经省里颁发牙牒执照才允许开办，所以人称"官牙行"。

木行是承办水客购买木材的处所，它的业务是介绍卖主、评定等级和围尺记码，成交后再开县通行证。木行为了防止木材流失，便设置"机头排"防洪保安。机头排用大而长的杉木首尾相对编扎而成，每一厢叠三四层，长一丈多。数厢机头排串联起来，横亘在河面上（一般是水平如镜的河湾），颇为壮观。机头排用大缆捆系，绑吊在岸边的"青桩"上。青桩是用十多根木料捆扎起来，埋进土里一丈多深，露出地面五尺许，稳稳当当。河中间留一个"空口"，让木排从空口通过。要是涨水，山客就负责给木排加缆。如果遇上特大洪水，机头排无法抵挡，就只好退回岸边，俗称"炸宝"。那些零散的木头会被大水冲走，木行的人尽力去抢救，并派人到下游各处按印记向当地人赎取，叫作"清河"。因此，涨大水时，沿河的后生们都手持一根扎篙，站在洪波涌起的岸边拼力抢救杉木。那些水性蛮好而又胆大包天的人竟一下射入滚滚洪流中，抱住大木头向岸边游，只要拖上岸就可得到一笔丰厚的赎金，人们管它叫"发大水财"。

五溪林区的木材市场非常繁荣。据靖州老排工回忆：每到夏木材交易的旺季，从桐油岭至泡里20多里的水面上，排筏如云，连船只都很难通过。在盐店码头一带，行人不必坐渡船就可以直接从木排上走到对岸。又据《靖州·乡土志》记载，在光绪年间："杉木，每岁由本境销出之数，约值银五万两，其中由贵州、广西及通道运过本境之木，约值银十余万两；松板，每岁本境销出之数，约值银三千两，其由通道运过本境之木，约值银二千两。"一个小小县城的贮木场，就有这么大的销量，实在是不简单！

山客与水客在木行成交后，还要加打"水客商号斧记"，并将单挂子小排拆散重新编成中型木排，称为"州排"。州排宽七八尺，长五六丈，也分层堆入。呈梯形的名叫"蓑衣脑排"，一个排运载十多个两码。七个排为一组，每组有一个排扎得有棚子，叫作"棚排"。七个排上的人吃住都在这个棚子里，大家一起出发，一起食宿。要是有排"打滩"，大家就一齐帮忙编扎，称为"打会"。每个排上有一个头工、一个梢公，前后各一把棹。排两边有两把桡，供静水中使用。行驶中头工负责掌握方向，指挥梢工行动。因河滩水声太响，头工常靠甩手指挥。甩左手，梢工向左扳棹；甩右手，就向右扳棹，配合得非常默契。

大河里放排，也不见得很轻松。因为排头加宽、排身加长、体积加大了，转动越发不灵。加之水深又不好使用排篙，如遇急滩险弯就更难对付，真的是"处处凶，步步险"。例如从靖州放排到洪江，全长四百多里，就有"九峒、十八角、四十八滩"之说。《靖州直隶州志》对此作了一番精彩的描述："自州城二十里以下，历会同二百余里，皆崇山壁立。渠江一线，委行如蛇，岩石横亘，混相吞吐。曰马鞍峒、曰高涌峒、曰三门、曰犁撒、曰滑板、曰三烧（言舟子三桡鼓跃而过，否则覆也）、曰大顶、曰小顶、曰鸡山、曰羊壮、曰牛步、曰乱石、曰大板、曰小板。怒涛如雷，飞沫成雨……"就说马鞍峒吧，两边高岩耸立，中间溶口狭窄，形似马鞍，水势汹涌，吼声如雷。木排抢入溶口后疾驰如飞，这木头碰擦得岩石"嘎嘎"作响，木排剧烈晃动。只听"呼"的一声巨响过后，那木排便从马鞍上俯冲下七八尺高的深潭，人与排都淹没在惊涛骇浪之中了！当排头刚冒出水面，头工就猛力扳棹，巧妙地避开耸立在洪道中心的一块五尺多宽的岩石，向前疾飞而去。还有仙下峒滩，河中有一块巨石形似羊脑壳，当急流向羊脑壳被阻时，便倒退回来形成一个漩涡。当木排一冲到这里，漩涡就把排头往回拽，并朝羊脑壳撞去，凶险至极！有一首《排工谣》精炼地概括了每个险滩的状况，为他们敲响警钟：

    托口进江大板滩，鸡笼阳雀过关难。
    牛步乱石三个浪，沙堆门前剪刀滩。
    剪刀铜钱穿线眼，爬不熟的上梁滩。
    ……

你看：鸡笼滩与阳雀滩多么凶恶，就像雄关险隘那样难以越过；牛步滩和乱石滩又掀起如三个屋大的巨浪，很是吓人；而驾排穿越剪刀滩和铜钱滩，则好比从针眼里穿过去一样……

千百年来，不知有多少排工葬身水底，失去宝贵的生命。正如排谚所云："吃的是死人饭，睡的是棺材木。"其勇敢形象，其奉献精神，真可谓动天地而泣鬼神！

从靖州到洪江，平时要走半个多月才能到，每天只行十多里。要是涨大水，一天则可走五六十里，八天便可抵洪江。

洪江素有"木材仓库"之称，通道、靖州、会同等地的木材沿渠水而来；城步、绥宁一带的木材顺巫水而至；镇远、玉屏、新晃、芷江、怀化等地的木材淌㵲水抵达；天柱、锦屏、黔南各地的木材随清水江奔流至此。各地水客与商贩接踵而来，络绎不绝，把一座洪江城变成了繁华闹市，被誉为"小南京"。当地的民谣说："洪江有个犁头嘴，日耗千猪百羊万斗米。"可见客商之盛、排运之兴。据说常驻洪江的排工就有数千之众。民国初年，这里年输出木材达40万两码，真洋洋可观。

小木排到达洪江后，又要重新编扎成大型木排，叫作"垛子排"（亦称"洪排"）。即将三丈和三丈二尺宽的两节齐头排一层层用竹缆编扎牢实，排头与排尾各安四把棹，两侧再置四把桡片。每联排要十个人放，有一百多个两码的木材。

为了编扎好这一庞然大物，编扎工整天泡在水里，头顶炎炎烈日，在水中拖拉木头，在排上编扎倒簧，非常辛苦。为了齐心协力拉木编排，他们唱起了说古道今的《编排号子》：

    太阳出来一点红，照得乾坤分外明。
    三岁孩童千两价，保主跨海去征东。

手拿鄉头把簧倒，展劲敲来展劲摇。
　　篾缆箍得梆梆紧，浪冲岩击也经牢。
　　只听得号子阵阵，桠声咚咚，到处是一片繁忙景象。
　　辰水、酉水及激水流域的木材，则在沅陵集中，再重新编扎成大型木排，名曰"辰排"。新中国成立前的《中国实业志》曾有记载：辰排年输出量为10万两码。
　　"洪排"与"辰排"，伴着雄壮的排工号子，逐着汹涌的波涛，挟着山里人的深情，直下常德、汉口，径奔镇江、南京……这些干直围大的优质杉木，终于历尽艰险、踏平坎坷，投身到祖国各地去装点江山、美化生活。它们有的置身于长河大江之上，使得天堑变通途；有的撑起高楼广厦，"大庇天下寒士俱欢颜"，真是各得其所，使人欣慰之至。
　　朋友，当你在煌煌殿堂徜徉，在巍巍大桥上凭栏时，耳畔可曾隐约响起来木伕子那浴汗拉山的号子声？眼前可曾依稀飘过排古佬挥篙点石的身影？——多么可爱的山里人哟！
　　遗憾的是，林区人民那一份深沉的爱和无私的奉献，却不是我这支笨拙的笔所能详尽描写出来的。在此，只不过挂一漏万，撷取这吉光片羽，聊表寸心而已！

参考文献

[1] 陈颖. 双凤斗龙. 贵阳：贵州人民出版社，1984.
[2] 从江县民间文学三套集成编委会. 中国民间故事集成·从江县卷. 1987.
[3] 从江县民间文学集成编委会. 中国民间歌谣集成·从江县卷. 1987.
[4] 邓敏文，吴浩. 没有国王的王国. 北京：民族出版社，2010.
[5] 《侗族百年实录》编委会. 侗族百年实录. 北京：中国文史出版社，2000.
[6] 《侗族简史》编写组. 侗族简史. 贵阳：贵州民族出版社，1985.
[7] 《侗族文学史》编写组. 侗族文学史. 贵阳：贵州民族出版社，1988.
[8] 2012中国·榕江萨玛节棄萨文化研讨会论文集. 2012.
[9] 傅安辉. 侗族口传经典. 北京：民族出版社，2012.
[10] 傅安辉，余达忠. 九寨民俗. 贵阳：贵州人民出版社，1997.
[11] 贵州民间文学工作组. 民间文学资料集30集. 1986.
[12] 贵州省侗学研究会. 侗学研究.
[13] 贵州省民族宗教事务委员会，贵州民族研究所. 贵州"六山六水"民族调查资料选编·侗族卷. 贵阳：贵州民族出版社，2008.
[14] 贵州省少数民族传统伦理道德研究. 贵阳：贵州教育出版社，1991.
[15] 贵州省志民族编委. 民族专资料汇篇第三集（侗族）. 1987.
[16] 黄才贵. 贵州民族文化研究. 贵阳：贵州人民出版社，2009.
[17] 剑河县民间文学三套集成办公室. 中国民间歌谣谚语集成·剑河县卷. 1989.
[18] 剑河县民间文学三套集成办公室. 中国民间故事集成·剑河县卷. 1989.
[19] 李瑞岐. 节日风情与传说. 贵阳：贵州人民出版社，1983.
[20] 李瑞岐. 贵州侗戏. 贵阳：贵州民族出版社，1989.

［21］李瑞岐. 民间侗戏剧本选. 贵阳：贵州人民出版社，1986.

［22］刘锋，龙耀宏. 侗族：贵州黎平县九龙村调查. 昆明：云南大学出版社，2000.

［23］龙耀宏，龙宇晓. 侗族大歌·琵琶歌. 贵阳：贵州人民出版社.

［24］陆中午. 中国侗族歌谣故事精选. 北京：中国文联出版社，2006.

［25］罗竹香. 黔东南苗族侗族民间文学伦文集. 贵阳：贵州人民出版社，1986.

［26］黔东侗族丛书委员会. 黔东侗族丛书·民风民俗编. 北京：作家出版社，2009.

［27］黔东南文学艺术研究室. 民间文学资料集第一集. 1981.

［28］《黔东南州》编委会. 黔东南州志·民族志. 贵阳：贵州人民出版社，2000.

［29］黔东南文学研究室，贵州民间文学研究会. 侗族祖先哪里来. 贵阳：贵州人民出版社，1981.

［30］黔东南州文艺研究室. 侗族民间故事集第一集. 1982.

［31］秦秀强. 金山祖话. 政协天柱县十二届委员会，2010.

［32］人类学与原生态文化棗第九届人类学高级论坛暨首届原生态民族文化高峰伦坛论文集.

［33］石干成. 侗族哲学研究. 北京：中国文联出版社，2016.

［34］石开忠. 侗族款组织及其变迁研究. 北京：民族出版社，2009.

［35］王海明. 伦理学导伦. 上海：复旦大学出版社，2009.

［36］吴大华. 侗族地区经济文化保护与旅游. 北京：中国言实出版社，2011.

［37］吴大华等. 侗族习惯法研究. 北京：北京大学出版社，2012.

［38］吴浩主编. 中国侗族村寨文化. 北京：民族出版社，2004.

［39］吴浩，梁杏云. 侗族款词. 南宁：广西民族出版社，2008.

［40］吴嵘. 贵州侗族民间信仰调查研究. 北京：人民出版社，2014.

［41］冼光位. 侗族通览. 南宁：广西人民出版社，1995.

［42］熊坤新. 民族伦理学. 北京：中央民族大学出版社，1997.

［43］徐晓光. 款约法棗黔东南侗族习惯法的历史人类学考察. 厦门：厦门大学出版社，2012.

［44］杨通山等. 侗族民歌选. 上海：上海文艺出版社，1980.

［45］杨通山等. 侗族民间故事选. 上海：上海文艺出版社，1982.

[46] 杨通山等. 侗族风情录. 成都：四川民族出版社，1983.
[47] 杨筑慧. 中国侗族. 银川：宁夏人民出版社，2011.
[48] 杨永福等. 山花烂漫. 北京：华夏出版社，2011.
[49] 杨宗等. 苗侗文坛. 贵州人民出版社，2005.
[50] 袁显荣. 三门塘. 北京：中国旅游出版社，2003.
[51] 张民. 侗族探源. 北京：中国戏剧出版社，2012.
[52] 张民. 侗族探源. 北京：中国戏剧出版社，2012.
[53] 张盛等. 侗族谚语. 贵阳：贵州民族出版社，1996.
[54] 张勇. 侗族艺苑探寻. 贵阳：贵州民族出版社，2010.
[55] 周之中. 伦理学. 北京：人民出版社，2004.

后 记

我出生在一个古老的侗寨，外出求学工作已六十年了，但对侗族社会成员优秀的道德品质、高尚的道德修养及族群的传统美德仍铭刻于心。长期以来，自己对本民族优秀的道德传统深感欣慰和自豪。可一个时期以来，由于外来文化的影响和市场经济的冲击，一些侗区坑蒙拐骗现象时有发生，卖淫、嫖娼、吸毒、贩毒，乃至抢劫、杀人等丑恶现象及犯罪现象也屡见不鲜，侗区失去了昔日的纯朴、和谐与宁静。面对侗区普遍存在的道德缺失现象，笔者心灵受到巨大的冲击，为本民族优秀的道德传统流失深感担忧、痛惜的同时，也激发了挖掘、整理和出版侗族传统伦理道德文化书籍的愿望和强烈要求。历经数年的坚持和努力，笔者编写完成了《侗族传统伦理道德》一书。该书内容除书写笔者亲身体验外，还参阅和选用了省内外众多学者的相关资料，编写体例也借鉴了有关著作。在编写过程中，还得到了学会领导的大力支持和帮助，尤其得到傅安辉、刘宗碧、龙初凡、吴谋高、吴隆文等学者专家的指导和帮助，在此特向他们表示衷心的感谢！

由于作者视野狭窄，水平有限，著作疏漏之处在所难免，敬请学者、专家和读者批评指正。

杨明兰
2017年9月

图书在版编目（CIP）数据

侗族传统伦理道德 / 杨明兰著 . —北京：中国书籍出版社，2017.8
ISBN 978-7-5068-6342-1

Ⅰ . ①侗… Ⅱ . ①杨… Ⅲ . ①侗族—伦理学—研究 Ⅳ . ① B82

中国版本图书馆 CIP 数据核字（2017）第 189358 号

侗族传统伦理道德

杨明兰　著

策划编辑	李立云
责任编辑	李立云　魏焕威
责任印制	孙马飞　马　芝
装帧设计	黔策策划　龙　华
出版发行	中国书籍出版社
地　　址	北京市丰台区三路居路 97 号（邮编：100073）
电　　话	（010）52257143（总编室）（010）52257140（发行部）
电子邮箱	yywhbjb@126.com
经　　销	全国新华书店
印　　刷	北京振兴源印务有限公司
开　　本	710 毫米 ×1000 毫米　1/16
字　　数	270 千字
印　　张	16.75
版　　次	2018 年 1 月第 1 版　2018 年 1 月第 1 次印刷
书　　号	ISBN 978-7-5068-6342-1
定　　价	58.00 元

版权所有　盗印必究